特大跨桥梁安全性设计与评定基础理论丛书 | Tedakua Qiaoliang Anquanxing Sheji yu Pingding Jichu Lilun Congshu

Mechanical Behavior of Corroded RC Bridge Structures Strengthened by Steel Plate

钢板加固锈蚀钢筋混凝土桥梁结构力学行为

唐皇 彭建新 张建仁 戴理朝 肖林发 著

人民交通出版社股份有限公司

北京

内 容 提 要

本书是"特大跨桥梁安全性设计与评定基础理论丛书"系列成果之一。全书从钢板加固钢筋混凝土(RC)基本理论出发,全面介绍了钢板加固锈蚀 RC 梁试验研究及计算理论分析和钢板加固 RC 桥梁前后可靠指标计算方法。具体内容包括:钢板加固 RC 梁的种类、基本理论和研究现状,锈蚀 RC 梁加固前承载力退化试验研究,粘贴钢板加固锈蚀 RC 梁试验研究,粘贴钢板加固锈蚀 RC 梁承载力计算模型,钢板加固锈蚀 RC 梁短期挠度计算,二次锈蚀对于钢板加固锈蚀 RC 梁承载性能的影响,钢板加固锈蚀 RC 梁有限元仿真模拟,锈蚀 RC 桥梁钢板加固后可靠度指标计算方法,等等。

本书可作为土木工程科研人员、施工技术人员的参考书,亦可供高等院校师生学习参考。

图书在版编目(CIP)数据

钢板加固锈蚀钢筋混凝土桥梁结构力学行为/唐皇等著. — 北京:人民交通出版社股份有限公司,2022.7
ISBN 978-7-114-17849-8

Ⅰ.①钢… Ⅱ.①唐… Ⅲ.①钢板—加固—钢筋混凝土桥—结构力学—研究 Ⅳ.①U488.34

中国版本图书馆 CIP 数据核字(2022)第 024260 号

Gangban Jiagu Xiushi Gangjin Hunningtu Qiaoliang Jiegou Lixue Xingwei

书　　名:	**钢板加固锈蚀钢筋混凝土桥梁结构力学行为**
著 作 者:	唐　皇　彭建新　张建仁　戴理朝　肖林发
策划编辑:	孙　玺
责任编辑:	袁　方　李　喆　卢俊丽
责任校对:	赵媛媛
责任印制:	张　凯
出版发行:	人民交通出版社股份有限公司
地　　址:	(100011)北京市朝阳区安定门外外馆斜街3号
网　　址:	http://www.ccpcl.com.cn
销售电话:	(010)59757973
总 经 销:	人民交通出版社股份有限公司发行部
经　　销:	各地新华书店
印　　刷:	北京虎彩文化传播有限公司
开　　本:	787×1092　1/16
印　　张:	12.25
字　　数:	252 千
版　　次:	2022 年 7 月　第 1 版
印　　次:	2023 年 7 月　第 3 次印刷
书　　号:	ISBN 978-7-114-17849-8
定　　价:	62.00 元

(有印刷、装订质量问题的图书由本公司负责调换)

前言

改革开放40多年来,我国桥梁建设事业不断向前发展,钢筋混凝土(以下简称RC)桥梁数量不断增加。截至2019年底,我国公路桥梁已超过87万座,其中RC桥梁占绝大多数。然而,在桥梁建设大发展时期,成绩有喜有忧。喜的是我国的桥梁建设取得了巨大的成就且后劲十足;忧的是长期存在着只注重初期投入、不考虑今后维护的现象,导致或加剧了桥梁使用寿命短、耐久性差、维护成本高且难度大、交通经常受扰等问题。在现有的RC桥梁中,有15%的RC桥梁由于结构承载性能退化而需要维修加固。因此,采取有效的加固方法对这些桥梁进行维修,使其承载性能达到能继续服役的要求,是一个值得深入研究的课题。

桥梁加固的方法有多种,包括增大截面法、置换混凝土法、体外预应力筋法、外包型钢法、粘贴钢板加固法、粘贴纤维增强复合材料(FRP)加固法、预应力碳纤维复合板加固法、植筋技术、锚栓技术等。钢板具有经济、施工方便、延性好、强度高等特点。作为一种传统的RC结构加固材料,钢板已经在土木工程中广泛运用。国内外学者已经对钢板加固不锈蚀RC结构做了比较深入的研究,但是对于钢板加固锈蚀RC结构研究较少。然而锈蚀RC结构与不锈蚀RC结构的力学性能有明显不同,因此加固后的RC结构性能也不同。另外,在实际工程中需要加固的结构往往服役多年,并且体内钢筋发生锈蚀,加固工程是在结构中钢筋发生锈蚀引起性能退化后进行的,因此有必要针对钢板加固锈蚀RC结构进行更加深入的研究。

本书共9章:第1章介绍了钢板加固RC结构的基本理论、加固方法和国内外发展现状;第2章开展了维修加固前锈蚀RC梁承载力退化试验研究,分析了不同锈蚀率和保护层厚度对于锈蚀RC梁承载力的影响,以及对锈蚀钢筋的材料性能进行的试验研究;第3章开展了钢板加固锈蚀RC梁承载性能试验,考虑了钢板厚度、锈蚀率和加固方式对于加固锈蚀RC梁承载性能的影响;第4章探索了二次锈蚀对于钢板加固锈蚀RC梁承载性能的影响,对比分析了承受二次锈蚀的加固RC

梁和仅一次锈蚀的加固 RC 梁承载力、延性和刚度等方面的差异;第 5 章提出了钢板加固锈蚀 RC 梁承载力计算方法,建立了不同加固方式锈蚀 RC 梁极限承载力计算模型,并利用试验数据验证了理论方法的精确度;第 6 章建立了钢板加固锈蚀 RC 梁短期挠度计算模型,利用试验结果验证了计算模型的正确性;第 7 章利用 ABAQUS 有限元软件,建立钢板加固锈蚀 RC 梁数值模型,通过数值模型对钢板加固锈蚀 RC 梁设计提出了有意义的建议;第 8 章介绍了 RC 梁钢板加固时和钢板加固后,承载能力极限状态下的可靠度计算;第 9 章介绍了 RC 梁钢板加固时和钢板加固后,正常使用极限状态下的可靠度计算。

本书由湖南城市学院唐皇副教授主笔,长沙理工大学彭建新教授和长沙理工大学张建仁教授统稿。具体撰写分工如下:第 1 章由唐皇和彭建新撰写;第 2 章由唐皇撰写;第 3 章由张建仁和戴理朝撰写;第 4 章由唐皇和彭建新撰写;第 5 章由彭建新和戴理朝撰写;第 6 章由唐皇撰写;第 7 章由张建仁和戴理朝撰写;第 8 章由彭建新撰写;第 9 章由唐皇和肖林发撰写。在本书编写的过程中,研究生常西国、钟信和张文钧等协助完成了相关章节的编排和文字编辑工作,在此表示感谢。

感谢国家重点基础研究发展计划(973 计划)项目[2015CB057706]、国家重点研发计划项目[2021YFB2600900]、国家自然科学基金面上项目[52078056]、国家自然科学基金青年项目[52108135]、交通运输部主干学科应用基础研究项目[2014319825160]、"湖南省教育厅科学研究优秀青年项目[21B0721]、湖南省青年骨干教师培养项目、益阳市银城科技人才托举工程、城市地下基础设施结构安全与防灾湖南省工程研究中心"、桥梁结构健康与安全国家重点实验室开放课题[BHSKL 20-07-GF]等对相关研究工作的资助。

由于作者水平有限,书中难免存在不妥之处,恳请广大读者批评指正。

作 者

2020 年 8 月

目 录
Contents

第1章 绪论 ·· 1
  1.1 问题提出 ·· 1
  1.2 RC 桥梁加固方法概述 ·· 2
  1.3 锈蚀 RC 构件承载力研究现状 ·· 6
  1.4 国内外粘贴钢板加固 RC 结构承载性能研究现状 ···························· 7
  1.5 RC 桥梁加固后可靠性能研究现状 ·· 17
  1.6 研究意义 ··· 19
  1.7 小结 ·· 20

第2章 维修加固前锈蚀 RC 梁承载力退化试验研究 ······························ 22
  2.1 引言 ·· 22
  2.2 试验介绍 ··· 22
  2.3 试验结果分析 ·· 29
  2.4 小结 ·· 48

第3章 粘贴钢板加固锈蚀 RC 梁试验研究 ·· 49
  3.1 引言 ·· 49
  3.2 试验方案 ··· 49
  3.3 试验结果分析 ·· 56
  3.4 小结 ·· 74

第4章 粘贴钢板加固锈蚀 RC 梁二次锈蚀试验研究 ······························ 75
  4.1 引言 ·· 75
  4.2 试验方案 ··· 75
  4.3 试验结果分析 ·· 76
  4.4 小结 ·· 84

第5章 粘贴钢板加固锈蚀 RC 梁承载力计算模型 ································ 85
  5.1 引言 ·· 85

5.2 锈蚀钢筋扩展模型 ·85
5.3 材料的本构模型 ·87
5.4 钢板底面抗弯加固锈蚀 RC 梁承载力计算模型 ·88
5.5 U 形箍加固锈蚀 RC 梁承载力计算模型 ·93
5.6 组合加固锈蚀 RC 梁承载力模型 ·95
5.7 理论模型验证 ·97
5.8 小结 ·100

第 6 章 钢板加固锈蚀 RC 梁短期挠度计算 ·101
6.1 引言 ·101
6.2 钢板底面抗弯加固锈蚀 RC 梁荷载-挠度曲线微元法模型 ·101
6.3 U 形箍加固锈蚀 RC 梁荷载-挠度曲线计算 ·111
6.4 U 形箍和底面钢板组合加固锈蚀 RC 梁荷载-挠度曲线计算 ·112
6.5 模型验证 ·113
6.6 小结 ·117

第 7 章 钢板加固锈蚀 RC 梁有限元仿真模拟 ·118
7.1 引言 ·118
7.2 ABAQUS 有限元模型 ·118
7.3 数值结果验证 ·128
7.4 钢板加固锈蚀 RC 梁设计方法分析 ·132
7.5 小结 ·137

第 8 章 承载能力极限状态下加固时/后桥梁可靠度指标的计算与分析 ·138
8.1 引言 ·138
8.2 影响结构抗力不确定性的因素 ·138
8.3 材料的时变强度衰减模型 ·141
8.4 桥梁结构的抗力模型 ·145
8.5 桥梁结构的时变荷载模型 ·151
8.6 桥梁结构极限状态方程和可靠度计算方法 ·154
8.7 工程实例可靠度计算与分析 ·157
8.8 加固后桥梁在后续服役期内的可靠度指标计算与分析 ·161
8.9 小结 ·165

第 9 章 正常使用极限状态下加固完成时/后桥梁可靠度指标的计算与分析 ·166
9.1 引言 ·166
9.2 正常使用极限状态下抗力模型 ·166

9.3 正常使用极限状态下荷载效应模型 ……………………………………………… 167
9.4 正常使用极限状态下极限状态方程和可靠度指标计算方法 ……………… 169
9.5 工程实例的计算与分析 ………………………………………………………… 172
9.6 加固后桥梁的变异系数对可靠度指标影响的计算与分析 ………………… 174
9.7 小结 ……………………………………………………………………………… 175
参考文献 ……………………………………………………………………………………… 177

第 1 章 绪 论

钢板作为一种传统的加固材料，具有经济、施工方便、延性好、强度高等优点，已在实际桥梁加固工程中广泛运用。国内外学者已经对钢板加固不锈蚀钢筋混凝土(以下简称 RC)结构做了比较深入的研究，但是对于钢板加固锈蚀 RC 结构研究较少。然而锈蚀 RC 结构与不锈蚀 RC 结构的力学性能有明显不同，因此加固后的结构性能也不同。在实际工程中需要加固的结构往往服役多年，并且体内钢筋发生锈蚀，加固工程是在结构中钢筋发生锈蚀引起性能退化后进行的，因此有必要针对钢板加固锈蚀 RC 结构进行更加深入的研究。另外，锈蚀 RC 结构加固后仍存在继续锈蚀的可能，结构性能会进一步发生变化，值得进一步研究。研究钢板加固锈蚀 RC 梁承载性能对于 RC 桥梁加固后服役性能评定具有积极的意义。

1.1 问题提出

RC 结构由于其优越的承载性能和现有工业中成熟的生产技术，在国内外土木工程建设中广泛使用，特别是在桥梁建设中，RC 桥梁的数量占绝大部分。自改革开放以来，我国公路桥梁建设取得了举世瞩目的成就，并且在不断地向前发展，截至 2017 年底，我国公路桥梁总数已超过 87 万座。在我国现有桥梁中，有 15% 由于结构承载性能退化而需要维修加固，引起其退化的原因主要有交通量增加、严重超载、氯盐腐蚀、混凝土老化等，如图 1.1 所示。其中，氯盐腐蚀是引起钢筋锈蚀进而导致 RC 桥梁服役性能退化的最主要原因。

从全世界桥梁服役性能状况来看，不仅仅中国存在氯盐腐蚀 RC 桥梁使其服役性能降低的情况，国外许多发达国家也存在相同的问题。有文献表明，由于钢筋锈蚀，日本 103 座混凝土海港码头在使用 20 年以后均出现较大的顺筋裂缝[1]。美国土木工程师学会(ASCE)报告指出，截至 2005 年底，美国有 27.1% 的桥梁的结构性能出现退化损伤，修复所有桥梁的损伤需投入近 2000 亿美元。丹麦和瑞典的所有新旧建筑物中，老旧建筑物所占比例较大，且有增长趋势[2]。由此可见，氯盐腐蚀 RC 桥梁结构引起的结构性能降低已经成为全世界工程界的问题，此问题不仅使维护费用增加、安全事故发生概率增大，而且缩短了 RC 桥梁的服役寿命。因此，如何对锈蚀 RC 桥梁结构进行合理的维修加固，提高锈蚀 RC 桥梁承载性能，使其在氯盐腐蚀环境下继续服役并且减小在加固后的后续维护成本是一个有意义的研究课题。本书的论述就是在上述背景下开展的。

图1.1　RC桥梁服役性能影响因素

1.2　RC桥梁加固方法概述

在《混凝土结构加固设计规范》(GB 50367—2013)[3]中,RC结构加固方法有以下13种:增大截面加固法、置换混凝土加固法、体外预应力筋加固法、外包型钢加固法、粘贴钢板加固法、粘贴纤维增强复合材料(FRP)加固法、预应力碳纤维复合板材加固法、增设支点加固法、预张紧钢丝绳网片-聚合物砂浆面层加固法、绕丝加固法、植筋技术、锚栓技术和裂缝修补技术。下面对桥梁工程中运用较为普遍的几种加固方法进行简要介绍。

1) 增大截面加固法

在我国既有桥梁的加固改造过程中,较多采用了增大截面加固法,即在原结构受力不足的一侧增加一层补强混凝土加固层,与原结构形成整体共同受力[4]。增大截面加固法适用于混凝土截面承载力需要大幅度提高的情况,其中包括混凝土强度严重偏低、不密实、环境腐蚀以及严重灾害等,在满足相关构造要求和荷载传递要求的前提下,可用于RC截面拉、压、弯、剪、扭等各类承载力及其不同组合的承载力加固。图1.2为增大截面加固法实物图。新旧混凝土的粘结质量是增大截面加固法成功与否的关键所在,许多学者对于新旧混凝土之间的粘结性能及其影响因素做了详细的研究[5-10]。

增大截面加固法设计的基本要求:

(1)采用增大截面加固法时,加固施工现场检测到的原结构混凝土强度等级大于或等于C13。

(2)在加固构件时,应该卸除全部或大部分的活载。

(3)在现场采用增大截面加固法施工时,原构件的混凝土表面除经过打毛处理外,还应该采取涂抹结构界面胶或者种植剪切销钉等措施,保证新旧混凝土的整体工作性能。

(4)新增混凝土最小厚度,板大于或等于40mm;在采用现浇普通混凝土、自密实混凝土或灌浆料施工时,梁和柱厚度大于或等于60mm;采用喷射混凝土施工时,梁和柱厚度大于或等于50mm。

(5)加固用钢筋均为热轧钢筋。新增受力钢筋与原结构中的受力钢筋净距应大于或等于25mm。

2)置换混凝土加固法

置换混凝土加固法是指拆除性能退化的桥梁结构中强度较设计强度降低过多或者外观质量不达标的混凝土,然后重新浇筑与原结构同品种但是强度等级较高的新混凝土,使退化结构的承载力达到设计要求,并提高结构刚度和耐久性[11]。此方法的优点是施工方便,需要的加固成本不高,加固之后对环境影响不大,但是与增大截面加固法的问题相同,新旧混凝土之间的粘结质量是加固效果的保证。此方法适用于柱、梁、板等混凝土承重构件的受压区混凝土强度较低,或缺陷较严重的部位,或因为施工原因导致新浇筑的混凝土达不到设计强度的部位。图1.3为置换混凝土加固法实物图。另外,在国外学者的研究中,还有置换其他加固材料,如高性能纤维增强复合材料加固退化混凝土结构[12]。

图1.2 增大截面加固法实物图

图1.3 置换混凝土加固法实物图

置换混凝土加固法设计的基本要求：

(1) 与原结构混凝土相比,置换用的新混凝土的强度等级要提高一级,而且应该大于或等于 C25。

(2) 置换用的新混凝土最小厚度,板为 40mm。对于梁和柱因采用不同的施工方法,其置换方法不同,若采用人工现场浇筑,应大于或等于 60mm;若采用喷射混凝土施工,应大于或等于 50mm。

(3) 此方法同样需要对旧混凝土表面涂抹界面胶,以保证新旧混凝土的协同工作。

3) 体外预应力筋加固法

体外预应力筋加固法是指在桥梁结构外部布置预应力钢筋或钢丝束,通过张拉预应力筋对原结构提供预加力,抵消外荷载产生的内力,提高其承载性能,最终达到加固设计的要求。此方法具有加固、卸载和改变结构内力的三重效果。体外预应力筋加固法适用于中小跨径的桥梁;对于大跨径的桥梁,应采用其他加固方法配合。其优点在于能够大幅度地提高原桥梁结构的承载力,施工设备简单,人力投入少,施工期短,不需要中断交通,对桥梁损伤小,不影响净空。图 1.4 为体外预应力筋加固法实物图。

体外预应力筋加固法设计的基本要求：

(1) 此方法对素混凝土不适用,对于纵向受力钢筋一侧配筋率小于 0.2% 的构件也不适用。

(2) 使用此方法时,原构件混凝土强度等级应大于或等于 C20。

(3) 使用此方法加固的桥梁结构,长期使用环境的温度最大不能超过 60℃。

图 1.4 体外预应力筋加固法实物图

(4) 使用此方法加固时,新增构件(如预应力拉杆、锚具以及各种紧固构件等)应进行防锈处理。

4) 粘贴 FRP 加固法

粘贴 FRP 加固法是目前运用非常广泛的加固技术之一。此方法是通过建筑结构胶将 FRP 粘贴至混凝土表面,FRP 与原结构共同受力。另外,现有工程和研究中也有将 FRP 制作成钢筋,植入混凝土结构中进行加固[13-17]。FRP 具有高强轻质、施工方便、维护费用低、耐腐蚀、耐疲劳等优点,其增强纤维主要包括碳纤维、玻璃纤维、芳纶纤维等。图 1.5 为粘贴 FRP 加固法实物图。

粘贴 FRP 加固法设计的基本要求：

(1) 被加固的混凝土构件,其现场实测混凝土强度等级应大于或等于 C15,混凝土表面正拉粘结强度应大于或等于 1.5MPa。

（2）采用粘贴 FRP 加固法加固混凝土结构时，应该将其设计为仅承担拉应力。

（3）采用粘贴 FRP 加固法加固的混凝土结构，其周围的环境温度应不大于 60℃。

（4）采用粘贴 FRP 加固法加固混凝土结构时，应采取措施卸除或者大部分卸除作用在结构上的活载。

5）粘贴钢板加固法

粘贴钢板加固法同样是目前世界上应用非常广泛的加固方法，它的应用比粘贴 FRP 加固法要早。早在 20 世纪 60 年代，Fleming 和 King[18]就提出使用结构胶粘贴钢板加固混凝土构件是一种有效提高构件抗弯性能的方法。粘贴钢板加固法具有经济实用、施工方便、加固结构延性较好等优点。但是由于其在加固后存在锈蚀的缺点，所以加固后钢板应该进行防锈处理。图 1.6 为粘贴钢板加固法实物图。

图 1.5　粘贴 FRP 加固法实物图

图 1.6　粘贴钢板加固法实物图

粘贴钢板加固法设计的基本要求：

（1）被加固的混凝土构件，其现场实测混凝土强度等级应大于或等于 C15，同时混凝土的表面正拉粘结强度应大于或等于 1.5MPa。

（2）采用粘贴钢板加固法时，应该将钢板的受力方向设计为承受轴向应力作用。

（3）加固钢板的宽度不宜大于 100mm。采用手工涂抹结构胶粘贴钢板的厚度应该小于或等于 5mm，采用压力注浆方法粘贴钢板的厚度大于 10mm。

（4）对 RC 构件正截面加固时，应在集中力作用处或者钢板端部设置 U 形箍。

在上述所有加固方法中，粘贴钢板加固法和粘贴 FRP 加固法是运用较为广泛的加固技术，各有优缺点。国内外学者对粘贴 FRP 加固混凝土结构的抗弯、抗剪、疲劳、有限元分析等方面都进行了较为深入的研究[19]。粘贴 FPR 加固法对于现有的 RC 和预应力混凝土桥梁来说是一种较为新颖和有效的加固方法，但是从经济性角度来看，在我国采用粘贴 FRP 加固法加固 RC 桥梁目前成本较高。FPR 是脆性材料，抗变形能力较弱，相比于 FRP，钢板延性的应力-应变特征以及钢板中低碳钢良好的抗变形能力是粘贴钢板加固法的优点。另外,粘贴钢板加固法施工方便,花费较低。因此,目前我国采用粘贴钢板加固法加固 RC 桥梁在工程中仍然有较大的发展空间。

本书的内容也是围绕粘贴钢板加固法开展的。

1.3 锈蚀 RC 构件承载力研究现状

目前研究锈蚀 RC 构件承载力退化规律的方法有以下几种:
(1)试验研究。
(2)基于试验基础的有限元分析或有限元分析。
(3)建立力学模型进行理论分析。
(4)神经网络方法。

袁迎曙、余索[20]对 3 根锈蚀 RC 梁的结构性能进行了研究。史庆轩等[21]对锈蚀 RC 偏心受压构件的承载力进行了试验研究。对处于长期自然暴露下的 RC 试件的承载力,牛荻涛等[22]做了相应的试验研究。陶峰等[23]研究了从工作现场拆下来的已使用了 36 年的天窗 RC 挡风支架梁和挡风支架立柱的承载力。

相比于静力荷载作用下的锈蚀 RC 构件承载力的试验研究,较少有人研究动力荷载作用下的锈蚀 RC 构件的承载力。颜桂云等[24]对锈蚀 RC 压弯构件在低周反复荷载作用下的恢复力性能进行了试验研究。王学民[25]对 10 根锈蚀 RC 柱试件进行了反复加载试验研究,并分析了反复荷载下锈蚀 RC 构件的抗震性能,基于试验数据分析建立了锈蚀 RC 构件的恢复力模型。易伟健和孙晓东[26]通过锈蚀 RC 梁的疲劳试验,分析了主筋锈蚀与混凝土梁疲劳性能的关系。吴瑾等[27]通过 8 根锈蚀 RC 梁弯曲疲劳试验,研究了疲劳荷载下锈蚀 RC 梁破坏形态、疲劳强度与疲劳寿命及其变形性能。

基于试验基础的有限元分析是锈蚀 RC 构件承载力研究的一个方面。曹芙波等[28]基于 ANSYS 有限元软件对不同钢筋锈蚀率的再生混凝土梁进行模拟分析,并对锈蚀钢筋再生混凝土梁跨中截面的荷载应力关系曲线进行验算,通过有限元分析结果与试验结果对比,验证了有限元分析模型的可靠性。彭建新等[29]为了给锈蚀 RC 结构性能退化评估提供参考,制作了 12 片 RC 梁和 5 个粘结试件,通电加速腐蚀 RC 梁和粘结试件,考虑不同锈蚀率和保护层厚度对锈蚀梁性能退化的影响,建立可以考虑粘结滑移的锈蚀梁性能退化的有限元模型,研究锈蚀梁的抗弯性能退化机理。丁季华等[30]运用有限元软件对均布荷载作用下箍筋锈蚀 RC 梁做了弹塑性数值模拟计算。

将神经网络方法运用于锈蚀 RC 构件的承载力分析,是近年来锈蚀构件承载力研究的又一尝试。范颖芳[31]建立了 BP 网络模型以预测受腐蚀 RC 梁的极限承载力。一些学者还通过建立力学模型对锈蚀 RC 构件的承载力进行分析,并取得了一些研究成果。范颖芳、周晶和黄振国[32]对腐蚀后发生黏结破坏的 RC 构件的承载力进行了计算。吴瑾和吴胜兴[33]考虑受压区钢筋锈胀张力对钢筋周围混凝土抗压强度的降低,基于截面应变保持平面的假定,建立了锈蚀 RC 构件承载力的计算模型。

1.4 国内外粘贴钢板加固 RC 结构承载性能研究现状

从加固形式上看,粘贴钢板加固 RC 结构一般可分为底面抗弯加固、侧面抗剪加固、底面和侧面组合加固。国内外学者就这三种加固方式分别进行了深入研究。

1.4.1 国外粘贴钢板加固 RC 结构研究现状

1) 粘贴钢板抗弯加固

粘贴钢板底面抗弯加固 RC 结构是国外学者针对粘贴钢板加固最早开展研究的方面。早在 1967 年,Fleming 和 King[18]就提出了运用结构胶粘贴钢板加固 RC 梁能够有效提高其抗弯性能。学者们都是从试验室抗弯加固试验研究入手,研究粘贴钢板抗弯加固对 RC 梁的力学性能的影响。Swamy[34]等对粘贴钢板底面抗弯加固 RC 梁进行了试验研究,研究表明钢板能够将试验梁的极限承载力提高 15%左右。Hussain[35]等通过粘贴钢板加固破坏的 RC 梁,研究了钢板厚度对于破坏试验梁延性、承载力和破坏模式的影响,发现随着钢板厚度的增加,加固试验梁的破坏模式从抗弯破坏到钢板剥离破坏。Oh 等[36]研究了粘贴钢板底面抗弯加固 RC 梁静力和疲劳性能,发现钢板的提前剥离是全跨钢板加固试验梁最主要的破坏模式,同时随着钢板厚度增加,试验梁承载力增加,但是当钢板达到一定厚度后会出现提前脱离现象。

从上述学者试验研究中可以看出,粘贴钢板抗弯加固有个显著的缺点,即钢板出现提前破坏。许多学者对于此种加固方式的力学机理和影响参数做了较为深入的研究。Oehlers[37]把剥离破坏分为抗弯剥落和抗剪剥落两种形式。这两种剥落主要是由于剪切斜裂缝和垂直弯曲裂缝引起的。Leung[38]将钢板剥离破坏分为跨中剥落和钢板末端剥落,前者是由于跨中开裂并且延伸到钢板末端引发的,后者是由于钢板末端首先开裂并且斜裂缝延伸到跨中引发的。Roberts[39]通过分析确定了钢板剥离末端的应力和应变。Hamousm 和 Ahmad[40]通过试验研究了受拉面粘贴钢板叠合梁力学性能,运用断裂力学原理建立了钢板从胶层脱落的有限元模型,分析了钢板厚度、裂缝位置以及钢板表面处理情况的敏感性。同时,Hamousm 和 Ahmad[41]运用弹性守恒原理确定了胶层裂缝的能量释放率。Ziraba 等[42]针对钢板剥落和剪切破坏提出了设计方法。Raoof 和 Zhang[43]提出了计算钢板剥落的模型,此模型假设当最外层钢筋表面混凝土达到抗拉强度时,就发生剥离破坏。Raoof[44]等借助此模型分析了混凝土强度、梁的宽度、钢筋数量对于剥离破坏承载力的影响。Colotti 等[45]提出了一种基于压拉杆模型的计算模型,对不同破坏模式(包括钢板脱离)的抗弯加固的 RC 梁极限承载力进行了计算,同时对比了 Ahmed[46]和 ACI[47]的模型的精确性。Mohamed Ali 等[48]提出了单点加载和双点加载钢板底面加固 RC 梁剪切剥离破坏模型,此模型依据简单的抗剪塑性理论,利用计算机程序计算了钢板与混凝土之间胶层的粘结强度。

很多锚固系统已被国外学者提出用于防止粘贴钢板加固 RC 梁钢板提前脱落,包括锚钉在钢板末端加固、纤维锚固、U 形箍加固等。国外学者对锚固系统做了深入研究。Jones 等[49]利用锚固钢板将抗拉面的钢板锚固,并进行了试验研究。Alttassani 等[50]通过试验研究了不同的锚固技术对于加固梁承载力和延性的影响。Sallam 等[51]研究了置换保护层混凝土对于钢板剥落的影响,并且指出锚固钢板末端能够较好地提高钢板加固梁的延性。Foley 等[52]利用膨胀锚钉将槽钢锚固到 RC 梁底面,以提高 RC 梁的抗弯承载力和延性,通过试验验证说明了利用槽钢锚贴加固 RC 梁是一种有效、简单地提高 RC 梁承载力和延性的方法。Saba 等[53]指出夹紧钢板使用的螺丝钳应放置在靠近钢板的紧缩位置,以有效地预防钢板剥落。Aykac 等[54]通过试验研究了外贴钢板加固 RC 梁的抗弯性能,分析了钢板厚度、锚钉锚固、侧贴钢板锚固对试验梁性能的影响,同时比较了钻孔钢板和实心钢板加固对力学性能影响的异同。这几种方法能够一定程度上延迟钢板的脱落。香港城市大学 Wu 等[55]利用机械表面摩擦处理技术(SMAT)将加固钢板进行局部纳米处理,然后用处理后的钢板加固 RC 梁,此方法使加固梁既具有高强度,又具有高延性,同时可以有效预防钢板提前脱落[56]。另外,Wu 等还提出一种混合加固系统来预防胶层与界面的脱离。

2) 粘贴钢板抗剪加固

许多 RC 结构由于设计计算错误、不适当的抗剪钢筋的布置、施工错误等原因存在着抗剪问题。在 RC 梁侧面粘贴或者锚固钢板加固是一种较为有效地提高 RC 梁抗剪强度从而解决上述问题的方法。粘贴钢板抗剪加固是一种有效提高 RC 梁抗剪性能的加固方法,而侧面粘贴钢板加固则是另一种有效提高 RC 梁抗剪承载力的加固方法。此方法一般使用锚钉侧面锚固或者结构胶侧面粘贴钢板加固。Barnes 等[57]比较了粘贴和锚钉侧面钢板加固对 RC 梁抗剪性能的不同影响,比较了两种加固方式的优缺点,并且通过关键截面的应力平衡建立了两种加固方式抗剪承载力的计算公式。两种方式的优缺点见表 1.1。

锚钉锚固和粘贴钢板抗剪加固方法的优缺点　　　　表 1.1

特　点	锚钉锚固	粘贴钢板抗剪加固
优点	(1) 避免了胶层任何不确定的耐久性问题; (2) 避免了胶层末端高应力引起的剥离; (3) 利用锚钉周围混凝土抗压强度传递荷载; (4) 通过锚钉允许三轴应力状态对混凝土提供约束; (5) 超高了抗延迟破坏能力	(1) 能够防止钢板与梁的接触面不受腐蚀; (2) 外表面光滑; (3) 能够有效控制梁表面开裂

续上表

特　点	锚钉锚固	粘贴钢板抗剪加固
缺点	(1) 钢板内表面会发生锈蚀； (2) 钻孔时会引起试验梁性能暂时减弱； (3) 锚钉加固样式不太美观	(1) 可能需要锚钉防止钢板脱落； (2) 可能会出现胶层爆裂破坏； (3) 混凝土表面需要较好的表面处理

Altin 等[58]研究了三种不同的钢板布置类型对侧面粘贴钢板加固 T 形梁的抗剪性能的影响，并且指出侧面钢板不同的形状和布置能够引起不同的破坏模式，试验结果表明，所有钢板布置类型都能显著提高试验梁的刚度和承载力，位移延性系数随着钢条间距的减小而增大。Barnes 和 Mays[59-60]通过试验研究了侧面粘贴钢板加固矩形和 T 形 RC 梁力学性能，指出采用半侧面高度的钢板加固的抗剪加固效果没有全侧面高度钢板加固效果好，同时确定了侧面粘贴钢板加固 RC 梁的斜裂缝开裂角、有效锚固长度和平均剪切应力的数值，并且利用这些数值提出了合理的加固设计方法，此设计方法能够确定侧面粘贴连续型钢板加固 T 形梁和矩形梁的极限承载力。Adhikary 等[61]通过粘贴连续纵向钢板侧面粘贴 RC 梁试验研究，分析了钢板强度和深度对试验梁抗剪强度的影响，试验结果表明，侧面粘贴连续钢板能提高最终抗剪强度，最大为 84%。

对于锚钉侧面锚固钢板加固 RC 梁 (BSP 梁) 的研究，学者主要研究锚钉与钢板的交互作用。BSP 梁不仅存在钢板和混凝土之间的纵向滑移，而且存在混凝土和钢板之间的横向滑移，两种相对滑移称为局部交互作用。Nguyen 等[62]建立了计算 BSP 梁纵向和横向滑移的数学模型，此模型能够确定滑移应变的分布、钢板与混凝土之间的滑移量。Su 等[63]建立了 BSP 梁纵向滑移和部分交互作用的分析模型，并且利用有限元模型验证模型的准确性。Su 等[64]通过试验研究了锚钉布置对于 BSP 梁的力学性能的影响，试验结果表明，锚钉的布置对 BSP 梁的强度增强（极限强度与屈服强度的比值）和位移延性（极限位移和屈服位移的比值）有显著影响，同时通过非线性有限元模型研究了 BSP 梁中的剪力传递[65]。Siu 等[66]通过试验研究了塑性铰对于 BSP 梁钢板与混凝土之间的交互作用的影响，试验结果表明，在关键截面上塑性铰的形成能够使 BSP 梁的局部交互作用减小 50%。

单纯的侧面粘贴钢板加固 RC 梁的加固方法容易导致钢板末端提前剥离，单纯的锚固钢板加固 RC 梁会导致钢板和混凝土之间的交互作用[13]。因此，合理地组合使用粘贴和锚固钢板加固方法有待进一步研究。

3) 粘贴钢板抗弯-抗剪组合加固

除了上述抗弯、抗剪单一的加固方式外，国外学者还对钢板抗弯-抗剪组合加固进行了一定的研究。Arslan 等[67]研究了底面钢板和侧面顶部钢板的长度对于组合加固梁抗弯性能的影响，并且利用非线性有限元模型对试验结果进行了验证。Aykac 等[68]通过试验研究了底面钢板厚度、底面锚固钢板和使用侧面角钢锚固底面钢板，角钢高度等因素对于组合加固 RC 梁抗弯承载性能的影响。Sallam 等[51]对比了底面钢板加固、置换混凝土为胶层加固、底面钢板末端加锚钉加固和底面钢板末端机械夹子加固 4 种不同加固方式的试验梁的力学性能,试验结果表明,利用机械夹子锚固底面钢板加固 RC 梁比单一底面钢板加固的极限承载力提高 217%。

从上述研究中可以看出,国外对于抗弯、抗剪单一加固方式的研究已经相当成熟,而对钢板组合加固的研究相对较少。

4) 粘贴钢板加固 RC 梁抗力理论研究

(1) 底面粘贴钢板加固 RC 梁

底面钢板加固会发生末端提前脱落的现象,许多学者对于此现象提出了计算钢板剥离力的计算模型。

① Malek 等的模型[69]。

$$P_p = \frac{2I_{tr}E_c\tau_p}{(1+l_0\sqrt{A})(d_p-c)E_pt_p} \tag{1.1}$$

$$A = \frac{G_a}{t_p t_a E_p} \tag{1.2}$$

式中:τ_p——破坏时钢板末端的剪应力;

l_0——支座与钢板末端的距离;

t_p、d_p、c——钢板厚、梁受压顶面到钢板中心的距离;

G_a、t_a——胶层的剪切模量和厚度;

I_{tr}——基于混凝土转换截面的惯性矩。

② Oehlers 和 Moran 模型[37]。

$$M_{uc} = \frac{(EI)_{cp}f_t}{0.901E_st} \tag{1.3}$$

$$M_{sc} = \frac{(EI)_{cp}f_t}{1.86E_st} \tag{1.4}$$

式中:M_{uc}、M_{sc}——承载能力极限状态和正常使用极限状态下钢板加固 RC 梁剥离弯矩;

$(EI)_{cp}$——开裂截面抗弯刚度;

E_s——钢筋的弹性模量;

t——钢板厚度。

③ Raoof 等的模型[44]。

Raoof 等提出当钢板的纵向拉应力等于以下两个边界值时剥离破坏出现:

$$\sigma_s(\min) = 0.154\frac{L_ph_1b_2\sqrt{f_{cu}}}{h'b_1t(\sum 0_{bar}+b_1)} \tag{1.5}$$

$$\sigma_s(\max) = 2\sigma_s(\min) \tag{1.6}$$

式中：$\sigma_s(\min)$、$\sigma_s(\max)$——钢板纵向应力的边界值；

h'——保护层厚度净高；

h_1——受拉区混凝土有效高度的一半；

f_{cu}——混凝土立方体抗压强度；

$\sum 0_{bar}$——受拉钢筋圆周长的总长；

L_p——剪跨区钢板的有效长度，取值为 L_{p1} 和 L_{p2} 两者的较小值：

$$L_{p1} = 剪跨段钢板的长度 \tag{1.7}$$

$$L_{p2} = l_{\min}^p (21 - 0.25 l_{\min}^p) \quad (l_{\min}^p \leqslant 72) \tag{1.8}$$

$$L_{p2} = 3 l_{\min}^p \quad (l_{\min}^p > 72) \tag{1.9}$$

$$l_{\min}^p = 2.571 \frac{h_1 b}{\sum 0_{bar} + b_p} \tag{1.10}$$

当钢板纵向拉应力计算出来后，剥离荷载可以通过塑性截面分析求得。

④Mohamed Ali 模型[48]。

Mohamed Ali 等利用简化的 RC 梁抗剪塑性理论，分别得出了钢板加固梁斜裂缝出现荷载 $V_{cr,tfp}$ 和加固梁抗剪强度计算公式 $V_{u,tfp}$，并且指出粘贴钢板加固 RC 梁钢板剥离力 V_{peel} 为上述两荷载在每个斜裂缝可能出现位置处的计算值与斜裂缝与梁底的交点到支座处的距离 L_d 所组成曲线的交点：

$$V_{cr,tfp} = \left(\frac{x^2 + h^2}{a}\right) \left(\frac{f_{tef} b}{2} + \frac{2 m f_t b_{tfp} t_{tfp} (h + 0.5 t_{tfp})}{h^2}\right) \tag{1.11}$$

$$V_{u,tfp} = 0.25 \lambda \left(\frac{3.5}{\sqrt{f_c}}\right) \left(0.27 + \frac{8.54}{\sqrt{h}}\right) f_3(\rho_{tfp}) f_c \left[\sqrt{1 + \left(\frac{x}{h}\right)^2} - \frac{x}{h}\right] bh \tag{1.12}$$

$$f_3(\rho_{tfp}) = \frac{15}{bh}\left(A_s + \frac{P_{b,tfp}}{f_{yp}}\right) + 0.58 \tag{1.13}$$

式中：$V_{cr,tfp}$——加固梁受拉面斜裂缝开裂荷载；

x——斜裂缝的投影长度；

a——剪切跨径；

h——梁高；

f_{tef}——混凝土的有效抗拉强度[70]；

m——钢板与混凝土弹性模量的比值；

f_t——混凝土抗拉强度；

f_c——混凝土抗压强度；

t_{tfp}——受拉面钢板的厚度；

b_{tfp}——受拉面钢板的宽度；

λ——根据试验加载方式确定的试验常数;

$f_3(\rho_{tfp})$——纵向钢筋对于斜裂缝截面滑移破坏约束的限制;

$P_{b,tfp}$——受拉面钢板施加的纵向约束力;

f_{yp}——钢板的屈服强度;

A_s——受拉钢筋的截面积。

(2)侧面粘贴钢板抗剪加固 RC 梁

侧面粘贴钢板抗剪加固 RC 梁能够有效地提高 RC 梁抗剪承载力,许多学者对于侧面粘贴或者锚贴钢板加固不锈蚀 RC 梁抗剪承载力的计算模型做了一定的研究。

①Altin 等的模型[58]。

Altin 等指出侧面粘贴钢板加固梁的抗剪承载力由混凝土、抗剪钢筋、钢板或者钢条提供,分别为 V_c、V_s、V_p、V_c 和 V_s,可以按照 ACI 规范得到。

$$V_c = 2\lambda \sqrt{f'_c} b_w d \tag{1.14}$$

$$V_s = \frac{A_v f_{yt} d}{s} \tag{1.15}$$

式中:λ——修正系数;

b_w——梁宽;

d——梁的高度;

A_v——抗剪钢筋的横截面积;

f_{yt}——抗剪钢筋的屈服强度;

s——抗剪钢筋的间距。

对于钢条抗剪加固:

$$V_p = \frac{2\left[\tau_{ave}\left(\dfrac{t_s h_s}{2}\right)\right] d}{S_p} \tag{1.16}$$

式中:S_p——钢条的间距;

t_s——钢条的宽度;

h_s——钢条的高度;

d——横截面的有效高度;

τ_{ave}——胶层的平均有效剪应力。

对于连续钢板抗剪加固:

$$V_p = 2\left(\tau_{ave} \frac{d h_w}{2}\right) \tag{1.17}$$

式中:h_w——钢板的高度;

d——横截面的有效高度;

τ_{ave}——胶层的平均有效剪应力。

②Barnes 和 Mays 模型[60]。

Barns 和 Mays 依据钢板抗剪加固 RC 矩形梁和 T 形梁试验结果,结合试验中所得的剪切裂缝夹角、有效锚固长度和平均剪切应力,建立了粘贴钢板抗剪加固 RC 梁的抗剪设计计算模型:

$$V_{pb} = V_c + V_{sv} + V_p \tag{1.18}$$

$$V_p = \tau A_p \cos\theta \tag{1.19}$$

$$A_p = 2l_a\left(\frac{h}{\sin\theta} - \frac{l_a}{\tan\theta}\right) \tag{1.20}$$

式中:V_c、V_{sv}——混凝土和抗剪钢筋对抗剪承载力的贡献;

V_p——加固钢板提供的抗剪力;

l_a——钢板有效锚固长度;

τ——剪应力;

A_p——抗剪钢板的面积;

h——梁高;

θ——斜裂缝与梁底面的夹角。

③Barns R. A. 等的模型[57]。

Barns R. A. 等总结了锚固钢板加固和粘贴钢板抗剪加固 RC 梁的利弊,建立了两种加固方法的 RC 梁抗剪承载力的计算模型(图 1.7)。

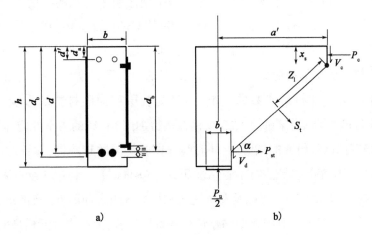

图 1.7 Barn R. A. 计算模型示意图

$$P_u = \frac{2P_c x_s + P_{st}(d - x_s) + S_t z_1 + V_d \dfrac{d - x_s}{\tan\alpha}}{a'} \tag{1.21}$$

式中:P_c——受压区的混凝土所受的压力;

V_c——受压区的剪力;

S_t——垂直于破坏截面的拉应力;

V_d——受拉钢筋的剪力;

P_{st}——受拉钢筋的拉力;

x_s——梁顶到破坏截面顶部的距离;

α——破坏截面与梁纵向的夹角;

z_1——破坏截面拉力作用点 O 到破坏截面顶点的距离;

a'——作用点 O 到支座中点的水平距离。

模型中首先假设一个 x_s 值,然后分别计算上述除 x_s 外所有的参数,P_c、P_{st}、P_u、S_t、V_c、V_d 和 α,利用假设的 x_s 计算得到的 P_c 和 V_c 分别与受压区压力和剪力临界值 $P_{c(\max)}$ 和 $V_{c(\max)}$ 相等时,就可以利用上式计算得出极限抗剪承载力 P_u,如果此平衡条件没有达到,则重新设定 x_s 计算。

5) 对于粘贴钢板加固 RC 结构数值分析

粘贴钢板加固 RC 结构试验研究存在以下缺点:①由于试验测量仪器的缺乏,其并不能全面测量加固 RC 结构的应力、应变和变形;②加固 RC 结构试验往往需要耗费较长的时间和经费。在此种情况下,运用有限元数值模拟能够较好地解决上述问题,同时有限元软件能够较精确地模拟试验中的实际模型,并且得到与试验较为匹配的结果。国外学者运用有限元数值模拟已对粘贴钢板加固 RC 结构进行了一系列的研究。Ziraba 和 Baluch[42]提出了粘贴钢板加固 RC 梁结构弯剪效应的非线性有限元模型,此模型中使用一个特殊的表面单元模拟钢板与混凝土之间的胶层单元(Cohesive Element),同时此模型能够使加固 RC 梁结构的破坏模式从钢板屈服转变为随钢板厚度的增加而发生的剥离破坏。Taljsten[71]建立了计算任意点荷载下粘贴钢板加固 RC 梁中胶层的剪应力和剥离应力的理论和有限元模型,计算结果看出应力的大小不但受 RC 梁的集合和材料参数的影响,而且受胶层和加固材料的影响。Adhikaryhe 和 Mutsuyoshi[72]通过试验研究了侧面粘贴连续钢板抗剪加固 RC 梁的力学性能,同时利用二维有限元非线性模型模拟试验研究的试验梁,同时验证试验结果的正确性,并且对混凝土强度、钢板厚度、板高和梁高比率等参数进行了敏感性研究。Arslan 等[67]利用三维有限元模型检验了较短连续粘贴钢板抗弯加固 RC 梁以及在抗压区和抗弯区组合加固 RC 梁的承载性能,并且和试验结果进行对比,发现由于有限元中粘贴情况要好于试验,因此有限元模型的极限承载力高于试验梁的极限承载力。Wu 和 Chang[73]提出了一种基于应变局部化机理的粘贴钢板加固 RC 梁系统,利用数值模型模拟此加固系统,并且找出了应变局部化后钢板的关键位置,为以后此种加固系统的设计打下基础。Obeidan 等[74]通过建立 3D 有限元模型预测了铝板抗剪加固 RC 梁的力学性能,并且对比了不同加固策略对于 RC 梁加固效应的影响。虽然此文献中使用的是铝板加固,但是有限元模型的建立方法与传统钢板加固 RC 梁加固有限元模型相似。

1.4.2 国内粘贴钢板加固 RC 结构研究现状

1)粘贴钢板抗弯加固

钢板加固由于其经济、施工简单、加固后延性较好等优点,在国内桥梁加固工程中得到广泛运用,同时国内学者对于抗弯加固 RC 结构的静态和动态的力学性能进行了较多的研究。相对于动态力学性能而言,国内学者对于静态力学性能的研究更为成熟。早在 1984 年,卢玉符[75]就通过试验研究了粘贴钢板加固 RC 梁抗弯、抗剪和抗开裂强度。王天稳和王晓光[76]建立了不同持荷状态下粘贴钢板抗弯加固 RC 梁极限承载力计算公式,得出了只要对于抗弯加固的钢板的适用条件做相应的变化就能按照普通的 RC 梁进行计算的结论,同时利用试验梁的极限承载力验证了理论计算值的正确性。欧新新等[76]通过对 RC 梁在其底部二层叠合粘贴钢板、卸载和不卸载加固三种情况下的抗弯承载性能的对比试验研究,提出了 RC 梁在底部二层叠合粘贴钢板和持荷粘贴钢板的抗弯承载力计算模型。李文盛[78]、刘来君等[79]考虑了粘贴钢板加固时二次受力的情况及钢板加固的滞后应变,建立了二次受力状态下粘贴钢板加固 RC 梁承载力计算和刚度计算模型。古松和苏有文[80]运用有限元法对二次受力状态下钢板加固 RC 梁正截面弯矩-曲率关系曲线进行了计算,分析了钢板截面积、钢板强度、粘贴钢板时机对于加固效果的影响。廖民进[81]、陈伟[82]、余术刚和韩大刚[83]对于使用机械锚钉锚贴钢板加固 RC 梁的力学性能进行了试验及理论的研究,并且计算了加固机械锚钉所受剪力,并且对锚钉数量和布置提出了设计建议。王超峰[84]分析了混锚薄板加固预应力和非预应力 RC 梁受弹性和非弹性受力的全过程。鲁恒[85]通过对混锚片材加固 RC 梁界面粘结应力的分析,通过弹性理论得出附加端部锚固系统加固 RC 梁后,加固梁界面应力计算公式。任伟等[86]通过试验研究了锚钉间距和持荷对于粘贴钢板加固 RC 梁的效果的影响,得出减小锚固间距能有效提高开裂荷载和极限荷载,同时对加固 RC 梁的延性也有较大影响。单成林[87]通过试验研究,在 RC 梁裂缝宽度计算模型的基础上,建立了粘贴钢板加固 RC 梁裂缝宽度计算模型。任伟和闫磊[88]利用可靠度的方法对粘贴钢板加固 RC 梁承载力计算模式的不定性进行了分析,通过对不定性统计参数 K_p 的样本值概率分析,得到在信度为 95%、自由度为 4 的条件下 K_p 代表值为 0.76;最后得到修正后的对粘贴钢板加固 RC 梁正截面抗力计算模型。马乐为等[89]通过对粘贴钢板加固 RC 梁框架中点低周反复荷载作用下的试验,探讨了粘贴钢板加固 RC 梁的抗震性能。

综上所述,国内学者对于粘贴钢板抗弯加固 RC 梁的研究主要集中在无锈蚀 RC 梁的静态承载性能,同时锚固系统对于钢板加固的影响进行了研究。

2)粘贴钢板抗剪加固 RC 梁

国内对于粘贴钢板抗剪加固 RC 梁的研究相比于粘贴钢板抗弯加固 RC 梁的研究起步晚。

刘瑛[90]通过粘贴钢板加固 RC 梁框架的低周反复荷载试验,分析了粘贴钢板加固梁的受力性能,提出了加固 RC 梁框架的抗剪承载力的计算公式。肖建庄等[91]对玻璃钢加固、钢板加固和绕丝法抗剪加固 RC 梁进行试验研究,对比了三者的加固效果,并且对三种加固方式的设计提出有益的建议。王天稳等[92]通过 RC 梁抗剪加固对比试验,提出了斜向粘贴和锚固最合理的方式。曹双寅等[93]通过 10 根外部粘贴钢板加固 RC 梁斜截面抗剪试验,对比了外贴 U 形钢板、梁侧竖直钢板、梁侧斜钢板和梁侧面钢丝网对于梁的加固效果,对每种加固方法的加固措施提出建议。潘金炎和曾宪纯[94]通过 11 根由整块钢板加固斜截面抗剪加固 RC 梁的试验研究,分析了加固梁不同的破坏模式,建立了粘贴钢板部分对剪切抗力贡献的计算公式和受剪斜截面限制条件。甘元初等[95]通过试验研究对比了锚贴和粘贴钢板抗剪加固效应的不同特征,提出了锚贴钢板加固能够更有效地提高抗剪承载力。朱勇和周云[96]对两侧锚贴钢板加固 RC 连梁强度进行了分析,得出了钢板和 RC 连梁间纵向和横向滑移位移的表达式,并且以相对滑移为变量,建立了钢板加固连续梁的内力表达式。桑大勇等[97]通过运用异形铆钉锚贴 U 形钢板加固 RC 梁的承载性能静载试验,分析了锚贴 U 形箍加固 RC 梁的受力特点和加固效果,提出锚贴 U 形钢板抗剪加固 RC 梁承载力计算公式。尹道林[98]根据经典的斜截面抗剪计算桁架模型,根据斜截面钢板加固 RC 梁试验结果和破坏模式,改进了桁架模型,建立了新的粘贴钢板加固后 RC 梁的斜截面抗剪承载力公式。林于东等[99]通过对普通 RC 梁和部分预应力 RC 梁采用 U 形箍加固抗剪试验和数值分析,分析了剪跨比、不同损伤程度、U 形箍间距、预应力水平、钢板厚度等因素对于粘贴钢板加固混凝土受剪性能的影响。孙川东[100]结合直剪型锚栓钢板加固系统的工作原理,分析了直剪型锚栓钢板抗剪加固 RC 梁的受力机理。任艳霞[101]通过试验研究对比了 RC 梁侧面钢板加固和碳纤维加固两种加固方法的不同加固效果,从力学性能、经济性和施工工艺角度,对比两种加固方法的优缺点。

3)粘贴钢板加固 RC 结构数值分析

在国内试验条件相对较为简单的情况下,许多学者运用有限元数值模拟的方法研究了粘贴钢板加固 RC 梁的力学性能。刘海洋等[102]分别建立了 RC、胶结层、钢板三个有限元模型,分析了加固 RC 梁整体受力性能以及胶层厚度的影响,结果表明,胶层厚度对于结构整体性能影响较小。刘敏[103]运用 ANSYS 有限元软件,建立了粘贴钢板加固 RC 梁和框架的有限元模型,对粘贴钢板加固 RC 梁的静力应力、应变和动力特性进行分析。鲍安红[104]利用 ANSYS 有限元软件,建立了粘贴钢板抗弯加固 RC 梁有限元模型,对钢板的剥离特征、规律进行了数值分析。雷开贵等[105]利用粘贴钢板加固 RC 梁有限元模型,定义了剥离应力和荷载,提出了钢板厚度优化设计数值计算方法。杜青等[106]利用特殊的具有剥离特征的界面单元模拟钢板与混凝土之间的胶层,指出剥离破坏主要发生在钢板末端和裂缝附近,钢板厚度是影响剥离破坏的因素。钟伟等[107]利用有限元模型模拟了钢板加固 RC 梁的受力全过程,分析了钢板与钢筋的应力变化。黄亚等[108]通过有限元模型考察了胶层厚度对于粘贴钢板加固 RC 梁承载力的影响,得出了钢板的应变粘贴钢板胶层厚度的增加而滞后明显的结论。张鹏[109]利用大型有限元软件 ABAQUS 建立了直剪型锚栓钢板加固 RC 梁有限元模型,分析了钢板厚度和锚栓间距对于加固梁承载力、挠度、钢筋应力、钢板应力的影响。

从上述研究中可以看出,国内对于钢板加固 RC 梁有限元数值分析研究主要集中于钢板抗弯加固 RC 梁的力学性能,对于抗剪加固 RC 梁的有限元研究较少。

1.5 RC 桥梁加固后可靠性能研究现状

1.5.1 加固后桥梁时变抗力模型研究

目前,对于桥梁加固后可靠度的研究主要还是对于构件的理论分析和试验分析,王佶等[110]依据动态可靠度理论,建立了服役 RC 梁加固后构件抗力时变模型,并结合工程实例分析得出粘贴钢板量过高或过低对于加固效果影响都很大,只有适度地粘贴钢板才能达到最好的效果。孙晓燕等[111]通过对国内外大量纤维布加固试验进行研究和计算,得出了 RC 桥梁抗力计算模式不确定性系数的统计参数,在国内外碳纤维板加固混凝土结构的耐久性试验的基础上,提出在加固后不考虑碳纤维板的老化,以及不考虑碳纤维板与混凝土之间粘结性能的退化,这样,加固后 RC 构件承载能力极限状态模型就得到了简化。张宇和李思明[112]建立了粘贴钢板加固 RC 梁的承载能力极限状态方程,计算分析了由使用功能的改变而引起的粘贴钢板加固 RC 梁抗弯可靠度指标的变化。

由于加固技术本身在我国的应用时间不长,很多时候桥梁的加固抗力模型只能依据半经验半理论的公式,正应如此,我国建设部于 2013 年出版了一部《混凝土结构加固设计规范》(GB 50367—2013)[3],该规范进行了大量的调查与验证分析性试验,总结了我国近年来加固维修的实践经验,并与国外先进规范进行了比较和借鉴,具有一定参考价值。本书拟用此规范提供的加固抗力模型来进行可靠度的计算与分析。

1.5.2 荷载效应模型研究

桥梁的荷载主要包括其自重恒载和汽车活载。目前对于自重恒载的研究较多,理论也比较成熟。公路桥梁自重包括桥面铺装重和结构构件自重,它们是由结构尺寸和材料的重度控制的。我国学者郭修武[113]研究了公路桥梁的恒载统计方法和统计结果,得出了公路桥梁恒载通过不同比例组合服从正态分布的规律,《公路工程结构可靠度设计统一标准》(GB/T 50283—1999)[114]也验证了公路桥梁恒载服从正态分布比较符合实际情况。

目前国内外的汽车荷载主要分为两大类:一类是车辆荷载,另一类是车道荷载。车辆荷载主要用于桥梁结构的局部加载,如桥面板、涵洞、桥台、挡土墙压力的计算;车道荷载用于桥梁结构的整体计算。对桥梁进行可靠度分析计算时,我们一般取两者中较不利的荷载;对服役桥梁进行可靠性评估时,一般状况下我们采用随机车流统计回归的方法来反映真实情况的运营荷载,本质上是将汽车荷载当作随机变量来研究其概率分布情况、均值、标准差等。

国内外描述汽车荷载的随机过程的模型也有很多。国外学者 A. S. Nowak[115]统计了大量的实测数据,经过外推求得桥梁设计基准期内的最大车重和最大轴重,利用影响线加载,将实测车辆荷载数据转换为荷载效应,并通过外推的方法求得桥梁设计基准期内的荷载效应极大值。用该方法求得的荷载效应和实际值较为吻合,但是只能适用于跨径桥梁,有一定的局限性。国内学者中,香港学者 Miao T. J. 等[116]通过十多年的数据,运用动态称量法得到了适合香港地区的汽车荷载模型。梅刚等[117]对我国 110 国道上的车辆荷载数据进行统计分析,提出了在实际运营中由普通车辆与超载车组成的车辆荷载用双峰正态分布来表示的模型。王硕[118]收集了上海市区车辆荷载信息并进行了统计分析研究,得到了二轴货车的车重荷载服从单峰分布、三轴至六轴货车轴荷载服从双峰分布的规律,并通过对各种不同桥型的车辆荷载效应进行统计分析归纳,得出了单车车重这个影响因素是控制中小跨径桥梁荷载效应最大值的结论。我国交通运输部"公路桥梁荷载研究组"通过在四个不同省份的四条国道长期观测数据得出汽车荷载模型,该模型能在一定程度上反映我国公路交通的实际情况。

综上所述,各国各地区汽车荷载统计方法大致相同,但是所得出的荷载模型确实差异较大,这是每个地区的实际交通情况不同所致,所以我们应根据自身所在区域的真实情况选取较为符合的车辆荷载模型来进行桥梁可靠度的评估。

1.5.3　可靠度计算方法的研究

当用概率描述结构的可靠性时,结构的可靠度计算实质上就是结构在规定时间、规定条件下完成预定功能的概率计算。最早提出应用概率方法分析结构可靠性的是德国学者迈耶(Mayer H.)和苏联学者(Ксцалсb,B. P.);接着在 1957 年由朱利安(Julian O. G.)在美国土木工程师协会上做了应用概率理论进行结构安全度分析的初步报告;再经过一大批学者进一步发展后,康奈尔首次提出比较全面的一次二阶矩的设计方法,使得结构的可靠性研究进入实用阶段。在 20 世纪 70 年代,结构的可靠性理论研究进展飞快,这些学者均以自己的特点提出了近似的计算方法。1976 年,德国的拉科维次(Rackwitz)提出了改进的验算点法,将结构可靠度计算方法引进了分布类型。

随着国际上结构可靠性的研究进入一个新的阶段,我国结构的可靠性研究也开始进入一个高潮。最初,大连理工大学赵国藩院士曾结合极限状态设计法提出了用一次二阶矩方法来分析结构的安全系数。进入 20 世纪 80 年代,国内大量学者在结构可靠度实用计算方法、二次二阶矩法、结构模糊可靠度、结构体系可靠度、蒙特卡洛法、正常使用极限状态下可靠度的分析等方面的研究都取得了丰硕的成果。在结构可靠性理论应用发面,我国在 1982 年首次完成了《建筑结构可靠度设计统一标准》(GB 50068—2018)的编制工作,其后在其他领域也开始了可靠度标准的编制,并在 20 世纪 90 年代陆续颁布实施,这些标准是指导各行业结构设计的基石。目前,新修订的《建筑结构可靠度设计统一标准》(GB 50068—2018)[119]和《工程结构可靠性设计统一标准》(GB 50153—2008)[120]已颁布实施,可为我国的土木建筑结构可靠度计算研究分析提供一个可靠的平台。

目前,可靠度计算方法主要有一次二阶矩法、二次二阶矩法和蒙特卡洛法(Monte-Carlo 法)等。一次二阶矩法包括中心点法和验算点法,其中验算点法是进行可靠度计算时应用较为普遍的方法。这两种方法都是将非线性功能函数作为一次泰勒级数展开,且使用了随机变量的平均值和方差,其中方差属于是二阶矩,所以称为一次二阶矩法。当结构功能函数非线性程度较高时,此时一次二阶矩法就不再适用了,需要用二次二阶矩法进行分析,二次二阶矩法是在一次二阶矩法的基础上将非线性功能函数在验算点处展开成泰勒级数,并取至二次项,以二次函数曲面代替原函数失效面的方法。

蒙特卡洛法是指进行多次模拟抽样,得到多个结构不同状态,然后得到结构失效占模拟总次数的比率,这个比率就是结构失效概率。蒙特卡洛法的优点是能进行大型复杂系统的可靠度分析计算,能生成更真实的模型,并且适合并行计算;缺点是计算量大,常作为相对精确解来进行可靠度的分析。

1.6 研究意义

从 1.5 节中现有研究现状可以看出,目前国内外对于粘贴钢板加固 RC 梁结构的研究主要集中在不锈蚀 RC 梁的研究上,对于粘贴锈蚀 RC 梁钢板加固的研究较少。然而,普通 RC 梁在钢筋锈蚀后力学性能退化公认的,如果按照普通 RC 梁加固方法加固,加固后结构性能与不锈蚀加固梁会有所不同。对于锈蚀 RC 结构的加固,国内外学者对于 FRP 加固锈蚀 RC 结构力学性能有一定的研究[13,19,121-129],然而,对于粘贴钢板加固锈蚀 RC 结构的研究较少,前文中已经对 FRP 和钢板的材料性能进行了简单的分析,粘贴钢板加固锈蚀 RC 结构与 FRP 加固后的力学性能将有差异。同时,在现有 RC 结构加固设计规范中,主要针对不锈蚀 RC 结构,对于锈蚀 RC 结构还没有明确的设计规范。因此,有必要对于粘贴钢板加固 RC 结构的结构性能做进一步的研究。另外,结构加固后,体内钢筋仍存在二次锈蚀。所谓二次锈蚀,就是锈蚀 RC 结构加固后,在服役期间仍然继续受到环境的腐蚀,造成体内钢筋的继续锈蚀。二次锈蚀进一步降低了加固 RC 结构的力学性能。在国内外研究中对于粘贴钢板加固锈蚀 RC 结构之后二次锈蚀对于结构性能的研究甚少,Shannag 和 Al-Ateek[12]分析了 RC 梁保护层被不同高性能纤维加强水泥基复合材料后钢筋锈蚀对于 RC 梁的力学性能的影响,但是在置换保护层前钢筋是没有锈蚀的。因此,有必要就二次锈蚀对于粘贴钢板加固锈蚀 RC 结构后继结构性能做进一步研究。

1.7 小　　结

　　针对以上存在的问题,本书参考了国内外已有的研究成果和国内《混凝土结构加固设计规范》(GB 50367—2013)[3],设计了不同钢板加固方式加固锈蚀 RC 梁的试验,通过试验研究分析了钢板加固对于锈蚀 RC 梁的力学性能(如承载力、破坏模式、裂缝分布、挠度、延性、混凝土与钢板应变等)的影响,并与不锈蚀加固梁对比,考察钢板加固效应的不同之处。同时,对一次锈蚀加固 RC 梁进行二次锈蚀,研究钢筋二次锈蚀对于加固效应的影响。基于试验研究结果,建立钢板加固锈蚀 RC 梁承载力和短期挠度的计算模型,并且与试验值对比,验证模型的正确性。利用通用有限元软件 ABAQUS,建立钢板加固锈蚀 RC 梁有限元模型,通过对比有限元数值分析结果和试验结果,验证有限元模型和试验结果的正确性,对 RC 梁桥钢板加固后的可靠性进行了分析。利用有限元软件能够分析整个模型在受力过程中任何单元的应力、应变、变形等参数的优点,分析钢板厚度、钢板加固位置等参数对于锈蚀加固梁承载性能的影响,同时对锈蚀 RC 梁的加固设计提出有益的建议。

　　本书的主要章节内容如下:

　　第 1 章为绪论。本章主要讨论了提出问题,粘贴钢板加固 RC 梁的研究现状,研究的意义,本书的章节布置。

　　第 2 章为维修加固前锈蚀 RC 梁承载力退化试验研究。本章通过对不同锈蚀率和保护层厚度的锈蚀梁进行承载性能试验,分析了锈蚀 RC 梁承载性能退化的规律,揭示了钢筋锈蚀率、保护层厚度等对 RC 梁的承载力的影响。

　　第 3 章为粘贴钢板加固锈蚀 RC 梁试验研究。本章通过对 20 片 RC 矩形梁的试验室静载试验,研究钢板抗弯加固、抗剪加固、抗弯抗剪组合加固三种不同的加固方式对于锈蚀 RC 梁承载性能的影响;分析钢板厚度、锈蚀率、保护层厚度对于锈蚀梁承载力、延性、刚度的影响;分析不同加固方式对于锈蚀加固梁破坏模型、裂缝分布、加固效应的异同,并且与不锈蚀加固梁进行了对比研究。

　　第 4 章为粘贴钢板加固锈蚀 RC 梁二次锈蚀试验研究。本章对粘贴钢板加固锈蚀 RC 梁的受拉钢筋进行二次锈蚀处理,对比一次锈蚀加固和二次锈蚀加固 RC 梁混凝土和钢板应变、荷载-挠度曲线、延性、刚度等力学性能指标的异同,分析二次锈蚀引起加固梁承载性能降低的原因,同时考察二次锈蚀对于不同加固方式试验梁破坏模式、裂缝分布、承载性能的影响。

　　第 5 章为粘贴钢板加固锈蚀 RC 梁承载力计算模型。首先,基于传统 RC 矩形梁抗剪承载力计算模型中的桁架模型,根据抗弯加固锈蚀 RC 梁破坏模式的特点,定量考虑锈蚀钢筋力学性能、加固钢板厚度、粘胶层粘结强度、保护层厚度对承载力的影响,建立了钢板锚贴抗弯加固锈蚀 RC 梁后极限承载力的计算公式。其次,依据抗剪加固、组合加固 RC 梁破坏模式,建立两种加固方式锈蚀加固梁的承载力计算模型。最后,通过试验值与理论模型计算值的对比,验证了理论模型的正确性。

第 6 章为钢板加固锈蚀 RC 梁短期挠度计算。本章借助微元法思想,依据裂缝数量将加固锈蚀 RC 梁划分成有限个单元,考虑锈蚀钢筋与混凝土之间的粘结强度退化以及退化后两者之间的滑移,提出了一种基于裂缝之间锈蚀钢筋和加固钢板组合延伸长度计算锈蚀 RC 梁钢板加固短期挠度计算方法;运用了 Matlab 计算软件编制理论计算程序;利用文中锈蚀加固梁荷载-挠度曲线试验值,验证试验模型的正确性。

第 7 章为钢板加固锈蚀 RC 梁有限元仿真模拟。本章借助通用有限元软件 ABAQUS 建立三种不同的加固方式加固锈蚀 RC 梁有限元模型。模型中考虑混凝土塑性损伤,利用弹簧单元模拟锈蚀钢筋与混凝土之间的粘结滑移,使用 MPC 梁约束模拟锚栓和混凝土之间的锚固。将有限元模型荷载-挠度曲线与试验值进行对比,验证模型的正确性。针对试验中钢板加固锈蚀 RC 梁出现脆性破坏模式。参考《混凝土结构加固设计规范》(GB 50367—2013)[3]设计规定,利用有限元模型分析抗弯加固钢板和 U 形箍厚度,U 形箍加固位置对于锈蚀梁的承载性能的影响,提出对于锈蚀梁加固的设计建议。

第 8 章为承载能力极限状态下加固时/后桥梁可靠度指标的计算与分析。本章结合工程中服役桥梁的实际需求,通过对服役桥梁过程中钢筋锈蚀率模型、混凝土时变强度模型、加固后抗力和荷载效应模型进行试验研究,建立了承载能力极限状态和正常使用极限状态方程,运用 JC 验算点法迭代计算一座服役实桥的承载能力极限状态下加固时/后可靠度指标,并进行各种参数敏感性分析,分析了不同因素对承载能力极限状态可靠度指标的影响。

第 9 章为正常使用极限状态下加固完成时/后桥梁可靠度指标的计算与分析。本章应用理论与实际相结合的方法,研究服役桥梁通过不同的加固方案研究加固前后可靠度随时间变化的规律,并做出时变可靠度分析,然后对服役桥梁正常使用极限状态下加固完成时和完成后可靠度分析与计算,并进行各种参数敏感性分析,分析了不同因素对正常使用极限状态可靠度指标的影响。

第 2 章 维修加固前锈蚀 RC 梁承载力退化试验研究

2.1 引　言

钢筋锈蚀对 RC 梁的耐久性影响很大，对锈蚀 RC 梁承载力退化的研究很有意义。目前锈蚀 RC 梁试验方法主要有三种：一是长期自然暴露试验，即将需要锈蚀的构件放置于大气环境中自然锈蚀。该方法的缺点是试验时间较长，财力、物力消耗较大。二是实际工程损伤构件试验。该方法是拆下实际工程的损伤构件进行锈蚀构件力学性能研究。三是室内快速锈蚀构件试验。该方法利用电化学原理，通过外加电流促使钢筋失去电子，从而达到加速锈蚀的目的。该方法的优点是受外界因素干扰较小，试验时间短，因此得到了较为广泛的应用。本章就是应用第三种方法使 RC 梁加速锈蚀，通过单点加载，根据所得试验结果总结 RC 梁的承载力退化规律。

2.2　试验介绍

2.2.1　试验梁设计与制作

1）梁的整体设计

影响 RC 受弯构件承载力的因素很多，包括钢筋的种类和直径、混凝土的强度、保护层的厚度、钢筋的锈蚀而导致的强度降低、钢筋与混凝土的粘结性能（协同工作能力）等。该试验考虑了钢筋锈蚀率和保护层厚度的变化。质量损失率设计变化指标为 0%、5%、10%、15%，保护层设计变化指标为 25mm、30mm、35mm。梁的编号以及主筋锈蚀率、保护层厚度设计见表 2.1。混凝土的 28d 强度见表 2.2。设计采用 C25 混凝土浇筑。钢筋设置如下：主筋为 2ϕ22，箍筋为 ϕ8@100mm，架立钢筋为 2ϕ14。梁的尺寸及其配筋如图 2.1 所示。

12 片梁编号及其主筋锈蚀率和保护层厚度　　　　表 2.1

梁　号	设计锈蚀率(%)	设计保护层(mm)	梁　号	设计锈蚀率(%)	设计保护层(mm)
L1	0	25	L2	0	30

续上表

梁　号	设计锈蚀率(%)	设计保护层(mm)	梁　号	设计锈蚀率(%)	设计保护层(mm)
L3	0	35	L20	10	30
L16	5	25	L21	15	30
L17	10	25	L22	5	35
L18	15	25	L23	10	35
L19	5	30	L24	15	35

混凝土的 28d 强度(MPa)　　　　　表2.2

梁　号	第一组	第二组	第三组	均　值
L1	19.2	17.8	19.6	19
L2	18.3	18	15	18
L3	18.3	18	15	18
L16	25.5	23.3	24	24
L17	20.4	19.1	19.4	20
L18	20.4	19.1	19.4	20
L19	19.2	17.8	19.6	19
L20	19.2	17.8	19.6	19
L21	18.3	18	15	18
L22	20.4	19.1	19.4	20
L23	27.1	24.9	25.5	25.8
L24	27.1	24.9	25.5	25.8

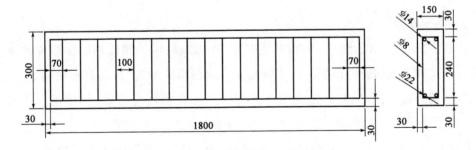

图 2.1　梁的尺寸及其配筋(尺寸单位:mm)

2) 梁的制作

(1) 箍筋的防锈处理

由于试验只考虑主筋的锈蚀,而箍筋则要避免通电锈蚀,箍筋与纵筋接触后就会发生锈蚀，既会影响对主筋锈蚀率的控制，也会影响梁的抗剪承载力，因此有必要保护箍筋在试验过程中不受腐蚀。通常，我们在箍筋上涂一层环氧树脂，并在箍筋与纵筋接触的地方缠上绝缘胶布，以确保纵筋与箍筋的绝缘，具体如图2.2所示。

a）箍筋涂环氧树脂

b）箍筋与纵筋接触处缠绝缘胶布

c）箍筋的晾干

图2.2　箍筋的绝缘处理

（2）主筋的处理

在每根主筋的中间设计贴一个钢筋应变片，在加载时用于测读钢筋的应变数据，从而掌握钢筋以及加载梁的受力情况。由于钢筋应变片在梁的浇筑、加速腐蚀和加载试验的过程中很容易遭到破坏，所以对钢筋应变片的保护工作显得极为重要，具体操作步骤如下：①对主筋的贴片位置进行打磨；②用酒精清洗干净，待该位置表面干燥之后贴上钢筋应变片；③用涂上环氧树脂的纱布缠绕贴片处的主筋，从而保护钢筋应变片不受外界的影响破坏。主筋的处理过程如图2.3所示。

（3）梁的浇筑

用细铁丝将钢筋框架绑扎好，保证箍筋与纵筋的绝缘，用C25混凝土浇筑，养护28d。为减小梁由于人为因素而产生较大误差，这些梁应同一批浇筑，如图2.4所示。

a) 主筋的打磨　　　　　　　　　b) 主筋贴片

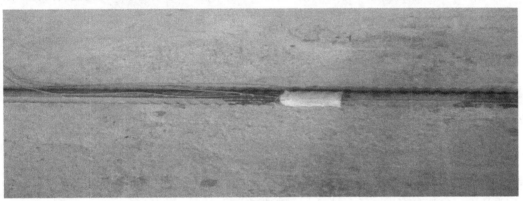

c) 用纱布包裹

图 2.3　主筋的处理过程

a) 钢筋的绑扎　　　　　　　　　b) 梁的浇筑模板

图 2.4　梁的浇筑

2.2.2　人工通电加速锈蚀试验设计

试验梁主筋的锈蚀是采用人工通电加速腐蚀的方法,使钢筋达到所控制的锈蚀率。试验应在温度约为 20℃、湿度约为 84% 的环境中进行。

正极:通电钢筋作为正极,在梁浇筑之前,将两根比较细的钢筋的一端分别焊接在两根主筋上面,另一端分别伸出梁体,将其与通电电线相连接。因为接头处很容易受到 NaCl 溶液环境的腐蚀,必须做好保护工作,所以在连接好通电电线与主筋之后,用环氧树脂密封接头处,使其与外界隔绝以保护接头处,从而保证试验过程中通电的正常进行。

负极:将不锈钢板浸泡在 NaCl 溶液中,与通电电线相连作为负极,为保证负极接头不受锈蚀,需要使接头处高出溶液面,并涂上环氧树脂。

试验步骤如下:

(1)将达到强度的 RC 试件浸泡在 5% 的 NaCl 溶液中若干天,由于氯离子会不断损失,在试验中过程中每隔 8h 左右在溶液里加盐酸,然后用 pH 试纸测溶液的 pH 值,使其保持中性。

(2)用导线的一端连接需要锈蚀的主筋,其另一端连接恒定直流电源正极,再用导线连接不锈钢板与直流电源负极,通电后在 NaCl 溶液中电流将形成回路,阳极的钢筋将发生锈蚀。

(3)钢筋锈蚀率的控制:设需锈蚀的钢筋总质量为 W,由阳极反应 Fe-2e→Fe^{2+} 知,1mol 铁的锈蚀,释放 2mol 的电子。锈蚀 W/M 的铁(M 为铁的摩尔质量),释放的电子数为 $2W/M$,因此消耗电量为

$$Q = \frac{2W}{M} Ne \tag{2.1}$$

式中:N——阿伏伽德罗常数,$6.02 \times 10^{23} \text{mol}^{-1}$。

设通电时电流强度为 i,通电时间为 t,则消耗电量 $Q = it$,即 $it = (2W/M)Ne$;设锈蚀速度为 V,由 $W = Vt$,可得:$V = \frac{Mi}{2Ne}$。因此,确定电流强度 i,计算出锈蚀速度 V 后,由所需要锈蚀的钢筋质量 W,可以算出需要通电的时间:

$$t = \frac{W}{V} = \frac{2WNe}{\frac{M}{i}} \tag{2.2}$$

人工通电加速锈蚀装置如图 2.5 所示。

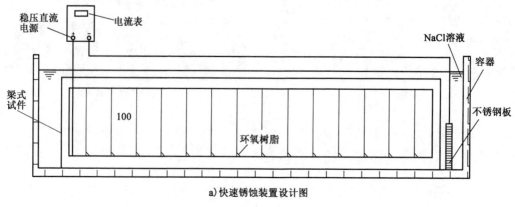

a)快速锈蚀装置设计图

图 2.5

b) 快速锈蚀装置试验图

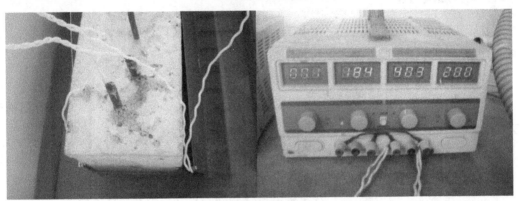

c) 通电接头细部连接图

图 2.5 人工通电加速锈蚀装置

2.2.3 力学试验设计

试验梁采用的加力设备为量程 20t 的千斤顶,采用两端简支进行单点加载,用压力传感器来控制试验荷载的大小。在梁两端支座和跨中共布置 5 个百分表,用于测定试验梁在加载过程中的挠度。沿跨中梁高方向布置 6 个应变片,如果试验条件允许则在梁顶和梁底的跨中再各贴一个应变片,以测定混凝土的应变。梁的试验布置详图如图 2.6 所示。

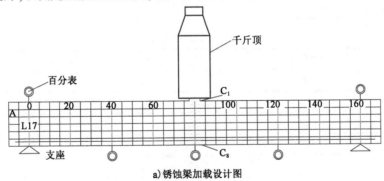

a) 锈蚀梁加载设计图

图 2.6

b)锈蚀梁加载实物照片

图 2.6 梁的试验布置详图

2.2.4 加载方案

本试验采用循环加载的方式,根据实际情况进行加/卸载,以观察弹性和塑性的应变。每次记录好加/卸载工况下的数据。加载程序如下:

(1)预加载:2次加/卸载(加载量为开裂荷载计算值的60%)。

(2)开裂前加载:分4级加载至开裂荷载计算值的80%。每级加载量为20%的开裂荷载计算值。

(3)开裂后加密加载:分4级加载至开裂荷载计算值,每级加载量为5%的开裂荷载计算值。

(4)开裂后至极限荷载的90%:分9级加载,加载分级为10%极限荷载计算值。

(5)极限荷载90%至钢筋屈服:分2级加载,每级为5%的极限荷载计算值。

(6)钢筋屈服后:转入位移控制,根据结构变形来确定;如果所有梁变形能够收敛,则继续下一级加载。

(7)停止加载条件:顶部混凝土压碎,变形不能随时间收敛。

2.2.5 锈蚀钢筋拉伸试验

锈蚀RC梁加载完毕后将锈蚀钢筋取出,同时从实际工程中取出实桥锈蚀钢筋进行拉伸试验。试验分别选取长40cm、不同直径的光圆钢筋和螺纹钢筋母材各3根,其平均单位质量、屈服强度和极限强度见表2.3。

钢筋母材性能试验结果 表2.3

钢筋种类	钢筋直径(mm)	单位质量(g/mm)	屈服强度(MPa)	极限强度(MPa)
光圆钢筋 (HPB235)	18	1.914	247.39	399.37
	20	2.397	258.25	393.39
	22	2.986	274.38	426.17
螺纹钢筋 (HRB335)	18	1.957	366.70	551.96
	20	2.470	373.71	578.28
	22	2.980	380.15	569.56

对两种方式获得的锈蚀钢筋样本做下列工序处理:端部整平→12%稀盐酸清洗→清水冲洗→石灰水中和→清水冲洗→排水法测体积→擦干→烘干。

锈蚀钢筋样本制备完成后,由于不同锈蚀率钢筋样本是从不同构件破坏性试验中得出的,因此,受锈蚀率以及静载破坏性试验影响,部分锈蚀钢筋样本没有屈服台阶,共得到有效的钢筋样本361个。锈蚀钢筋样本的构成见表2.4。

锈蚀钢筋样本的构成 表2.4

构件类型 \ 样本类型	光圆钢筋	螺纹钢筋	屈服强度	极限强度	光圆钢筋直径(mm)			螺纹钢筋直径(mm)		
					18	20	22	18	20	22
自制梁(A)	84	72	147	156	24	40	20	20	32	20
自制小构件(B)	45	45	76	90	15	15	15	15	15	15
自制柱(C)	26	62	76	88	2	19	5	5	44	13
实桥构件(D)	27	—	25	27	—	5	22	—	—	—
共计(个)	182	179	326	361	41	79	62	40	91	48

以上锈蚀钢筋样本中,针对目前耐久性研究中常用的加速锈蚀方法获取334根。334根锈蚀钢筋样本由三部分组成:A组快速锈蚀RC梁中156个,B组单筋构件通电快速腐蚀试验90个,C组快速锈蚀RC柱中88个。另外,D组实桥构件中获得27个。

对加工好的锈蚀钢筋样本进行天平称重,并测量样本的直径,用万能试验机对样本进行拉伸试验,如图2.7所示。

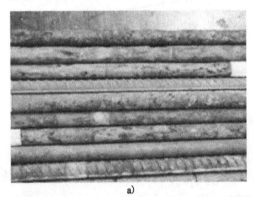

图2.7 锈蚀钢筋样本试验

2.3 试验结果分析

2.3.1 拉伸试验结果分析

1)锈蚀对钢筋屈服荷载和极限荷载的影响

(1)质量锈蚀率与屈服荷载和极限荷载

在工程实际中,准确测量钢筋截面锈蚀率较为困难,质量锈蚀率测量相对容易。因此,建立质量锈蚀率同屈服荷载和极限荷载关系,可更准确、方便地预测钢筋屈服荷载和极限荷载,进而直接应用于实际 RC 桥梁构件承载力计算中。

钢筋屈服荷载和极限荷载分别为实际屈服强度和极限强度与锈蚀钢筋截面积的乘积。为直接反映锈蚀率对二者的影响,这里分别引入与屈服荷载和极限荷载相对应的名义屈服强度和名义极限强度,分别为屈服荷载和极限荷载与初始截面积的比。

两种钢筋类型 HPB235 和 HRB335 不同直径的质量锈蚀率与名义屈服强度及名义极限强度之间的关系如图 2.8 所示。

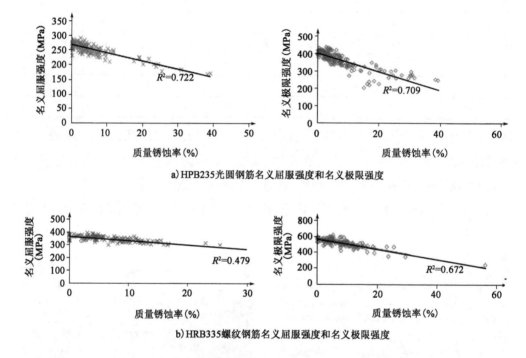

a) HPB235光圆钢筋名义屈服强度和名义极限强度

b) HRB335螺纹钢筋名义屈服强度和名义极限强度

图 2.8 钢筋质量锈蚀率与名义屈服强度和名义极限强度的关系

图 2.8 表明:锈蚀将同时引起屈服荷载和极限荷载的下降;对于同种类型的钢筋,锈蚀对极限荷载影响大于屈服荷载,随着质量锈蚀率的增大,极限荷载下降速度较屈服荷载快;锈蚀对 HRB335 螺纹钢筋的屈服荷载和极限荷载的影响比 HPB235 光圆钢筋大,随着质量锈蚀率的增大,HPB235 光圆钢筋的屈服荷载和极限荷载下降速度比 HRB335 螺纹钢筋慢。

不同条件的样本(如钢筋品种规格),不属于同一母体。为把不同规格的钢筋转换为同条件下的样本,取两种钢筋类型的锈蚀名义屈服强度与初始屈服强度比 η_{ny} 以及名义极限强度与初始极限强度比 η_{nu} 作为统计对象,它们与质量锈蚀率的关系如图 2.9 所示。

对图 2.9 中各结果进行分析后,以质量锈蚀影响系数来反映其对名义屈服强度和名义极限强度的影响,得到钢筋名义屈服强度与初始屈服强度比、名义极限强度与初始极限强度比与质量锈蚀关系如下:

$$\eta_{\mathrm{ny}} = \frac{f_{\mathrm{ny}}}{f_{\mathrm{y0}}} = \frac{1-\alpha_{\mathrm{q}}\rho_{\mathrm{q}}}{1-\rho_{\mathrm{q}}} = \frac{1-1.62\rho_{\mathrm{q}}}{1-\rho_{\mathrm{l}}} \qquad (2.3)$$

$$\eta_{\mathrm{nu}} = \frac{f_{\mathrm{nu}}}{f_{\mathrm{u0}}} = \frac{1-\beta_{\mathrm{q}}\rho_{\mathrm{q}}}{1-\rho_{\mathrm{q}}} = \frac{1-1.75\rho_{\mathrm{q}}}{1-\rho_{\mathrm{l}}} \qquad (2.4)$$

式中：α_{q}、β_{q}——质量锈蚀对名义屈服强度和名义极限强度影响系数；

f_{y0}、f_{u0}——钢筋锈蚀前屈服强度和极限强度。

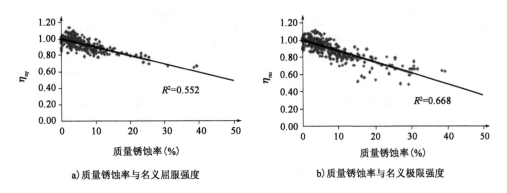

a) 质量锈蚀率与名义屈服强度　　b) 质量锈蚀率与名义极限强度

图 2.9　质量锈蚀率对名义屈服强度和名义极限强度的影响

图 2.9 表明：锈蚀引起不同类型钢筋屈服荷载和极限荷载的下降；钢筋屈服荷载随质量锈蚀率的增加而下降的速度小于极限荷载下降速度。

(2) 截面锈蚀率与屈服荷载和极限荷载

锈蚀引起钢筋截面积缩小，进而导致钢筋抗拉屈服荷载和极限荷载下降。锈蚀引起钢筋物理力学性能发生改变，导致钢筋屈服强度和极限强度发生变化。因此，钢筋屈服荷载和极限荷载的损失率与截面积损失率不成常量关系。同样，引入可以直接反映屈服荷载和极限荷载的名义屈服强度和名义极限强度，其与钢筋截面锈蚀率的关系如图 2.10 所示。

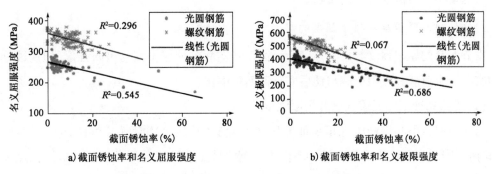

a) 截面锈蚀率和名义屈服强度　　b) 截面锈蚀率和名义极限强度

图 2.10　截面锈蚀率与名义屈服强度和名义极限强度

图 2.10 表明：对于不同类型的钢筋，随截面锈蚀率的增大，HPB235 光圆钢筋的屈服荷载和极限荷载下降速度比 HRB335 螺纹钢筋慢，锈蚀对螺纹钢筋的影响比对光圆钢筋的影响大；对于同种类型的钢筋，随截面锈蚀率的增大，极限荷载下降速度较屈服荷载快，锈蚀对钢筋极

限荷载影响程度大于屈服荷载。

同理,把不同规格钢筋转换为同条件下的样本,取两种钢筋类型的锈后名义屈服强度与初始屈服强度比 η_{ny} 以及名义极限强度与初始极限强度比 η_{nu} 作为统计对象,它们与截面锈蚀率关系如图 2.11 所示。

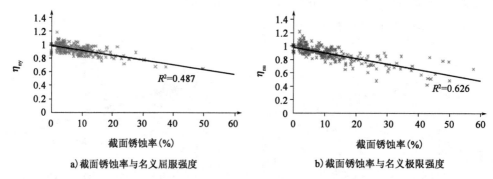

a)截面锈蚀率与名义屈服强度　　　　b)截面锈蚀率与名义极限强度

图 2.11　截面锈蚀率对名义屈服强度和名义极限强度的影响

对图 2.11 中各结果进行分析,以截面锈蚀影响系数来反映其对名义屈服强度和名义极限强度的影响,则钢筋名义屈服强度与初始屈服强度比、名义极限强度与初始极限强度比和截面锈蚀关系如下:

$$\eta_{ny}=\frac{f_{ny}}{f_{y0}}=\frac{1-\alpha_A\rho_A}{1-\rho_A}=\frac{1-1.48\rho_A}{1-\rho_A} \quad (2.5)$$

$$\eta_{nu}=\frac{f_{nu}}{f_{u0}}=\frac{1-\beta_A\rho_A}{1-\rho_A}=\frac{1-1.5\rho_A}{1-\rho_A} \quad (2.6)$$

式中:α_A、β_A——截面锈蚀对名义屈服强度和名义极限强度影响系数。

图 2.11 表明:钢筋屈服荷载和极限荷载都随截面锈蚀率增大而下降,截面锈蚀率对屈服荷载影响稍小于对极限荷载的影响。

2)锈蚀对屈服强度和极限强度的影响

本节涉及的屈服强度与极限强度为锈蚀钢筋实际的屈服强度与极限强度,即锈蚀钢筋样本的实际屈服荷载和极限荷载与锈后实际截面积的比。

(1)质量锈蚀率与屈服强度和极限强度

锈蚀不但会引起钢筋质量和截面损失,而且会影响钢筋的物理力学性能,进而改变钢筋初始/锈前屈服强度和极限强度。两种不同类型钢筋质量锈蚀率与屈服强度和极限强度关系如图 2.12 所示。

图 2.12 表明:锈蚀使屈服强度和极限强度稍有下降,但下降并不显著;对于同种类型的钢筋,锈蚀对极限强度影响稍大于其对屈服强度的影响,随质量锈蚀率的增大,极限荷载下降速度较屈服荷载快;锈蚀对 HRB335 螺纹钢筋的屈服强度和极限强度影响比对 HPB235 光圆钢

筋大,随质量锈蚀率的增大,HPB235 光圆钢筋的屈服强度和极限强度下降速度比 HRB335 螺纹钢筋慢。

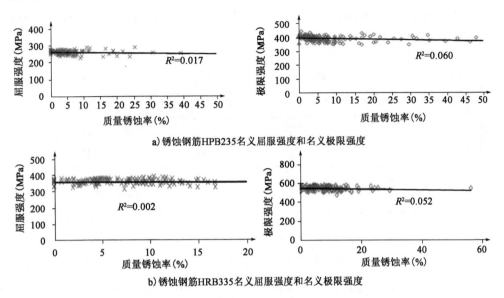

图 2.12 质量锈蚀率与屈服强度和极限强度

同样,把不同规格钢筋转换为同条件下的样本,取两种钢筋类型的锈后屈服强度与初始屈服强度比 η_y 以及锈后极限强度与初始极限强度比 η_u 作为统计对象,它们与质量锈蚀率关系如图 2.13 所示。

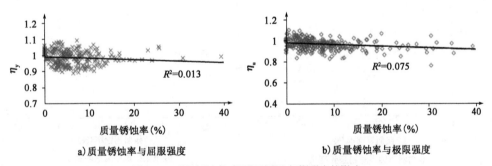

图 2.13 质量锈蚀率对屈服强度和极限强度的影响

对图 2.13 中各结果进行分析,以质量锈蚀影响系数来反映其对屈服强度和极限强度影响,则钢筋屈服强度与初始屈服强度比、极限强度与初始极限强度比与质量锈蚀关系如下:

$$\eta_y = \frac{f_y}{f_{y0}} = \frac{1 - \gamma_q \rho_q}{1 - \rho_q} = \frac{1 - 1.07\rho_q}{1 - \rho_q} \quad (2.7)$$

$$\eta_u = \frac{f_u}{f_{u0}} = \frac{1 - \lambda_q \rho_q}{1 - \rho_q} = \frac{1 - 1.12\rho_q}{1 - \rho_q} \quad (2.8)$$

式中:γ_q、λ_q——质量锈蚀对屈服强度和极限强度的影响系数。

图 2.13 表明:钢筋屈服强度和极限强度随质量锈蚀率增大而略有下降,质量锈蚀率对屈

服强度影响稍小于其对极限强度的影响。

（2）截面锈蚀率与屈服强度和极限强度

图2.14为锈蚀梁、锈蚀小构件、锈蚀柱及旧梁的锈蚀钢筋实际屈服强度和极限强度与最薄弱截面锈蚀率的关系图。

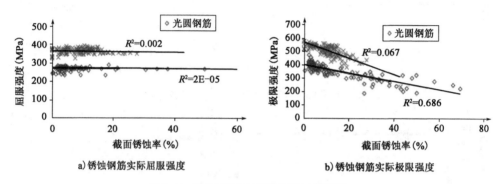

图2.14 截面锈蚀率与屈服强度和极限强度

图2.14表明：锈蚀引起屈服强度和极限强度下降并不显著；同种类型的钢筋，随截面锈蚀率的增大，极限荷载下降速度较屈服荷载快；随截面锈蚀率的增大，HPB235光圆钢筋的屈服强度和极限强度下降速度比HRB335螺纹钢筋慢。

同样，把不同规格钢筋转换为不同条件下的样本，取两种钢筋类型的锈后屈服强度与初始屈服强度比η_y以及锈后极限强度与初始极限强度比η_u作为统计对象，它们与截面锈蚀率关系如图2.15所示。

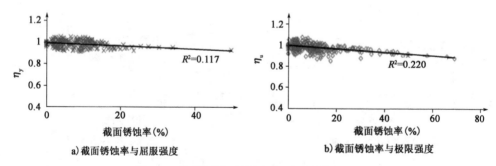

图2.15 截面锈蚀率对屈服强度和极限强度的影响

对图2.15进行分析后，以截面锈蚀影响系数来反映其对屈服强度和极限强度的影响，钢筋屈服强度与初始屈服强度比、极限强度与初始极限强度比与截面锈蚀关系如下：

$$\eta_y = \frac{f_y}{f_{y_0}} = \frac{1-\gamma_A \rho_A}{1-\rho_A} = \frac{1-1.10\rho_A}{1-\rho_A} \tag{2.9}$$

$$\eta_u = \frac{f_u}{f_{u_0}} = \frac{1-\lambda_A \rho_A}{1-\rho_A} = \frac{1-1.12\rho_A}{1-\rho_A} \tag{2.10}$$

式中：γ_A、λ_A——截面锈蚀对屈服强度和极限强度的影响系数。

图 2.15 表明:钢筋屈服强度和极限强度随截面锈蚀率增大而略有下降;截面锈蚀率对屈服强度影响稍小于对极限强度的影响。

2.3.2 自然锈蚀和快速锈蚀的差异性

混凝土内钢筋自然环境中腐蚀和外加电流加速腐蚀后的表面呈现大量的凸起凹陷,形状很不规则,大小分布不匀,难以用经典的几何方法进行描述。两者腐蚀对钢筋表面都会形成坑蚀,但差异也是明显的,自然环境中的蚀坑相对较小,且褶皱有棱角。出现以上差异的主要原因:前者钢筋上有许多微电池和宏电池,阴阳极相间,钢筋腐蚀速率相对较慢,而快速锈蚀是强制型的宏电池主导,整体上都是阳极,腐蚀速率很快,导致原本会出现的棱角被快速腐蚀。这种差异对钢筋物理力学性能影响程度不同,进而将可能影响钢筋锈蚀率与屈服荷载和极限荷载的关系。

腐蚀引起钢筋强度退化的本质是钢筋内部晶体结构发生改变以及截面积减小后有应力集中现象等,至于哪个因素影响更大还需进一步研究。由于本试验中从实桥现场运回的旧梁中钢筋样本全部为 HPB235 光圆钢筋,本分析对象为快速锈蚀和实桥中 HPB235 光圆钢筋。取可以直接反映钢筋屈服荷载和极限的名义屈服强度和名义极限强度为研究对象,各自与质量锈蚀率关系分别如图 2.16、图 2.17 所示。

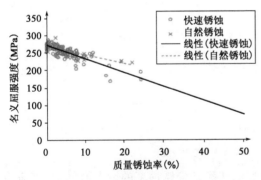

图 2.16　快速锈蚀和自然锈蚀下的名义屈服强度

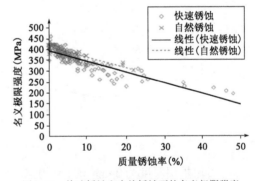

图 2.17　快速锈蚀和自然锈蚀下的名义极限强度

图 2.16、图 2.17 表明:快速锈蚀的钢筋屈服荷载和极限荷载下降速度要分别略高于自然环境中锈蚀钢筋屈服荷载和极限荷载;RC 桥梁中钢筋腐蚀环境对屈服荷载的影响稍大于对极限荷载的影响;但两种不同环境下锈蚀引起屈服荷载和极限荷载变化的差异不大,所以采用试验室快速锈蚀条件下获得锈蚀钢筋样本的方式开展锈蚀钢筋物理力学性能试验研究。

2.3.3　试验梁挠度分析

加载时梁的挠度会随着锈蚀率和保护层厚度的改变而出现不同的规律,现对具有代表性的跨中挠度进行分析。

对比图 2.18 ~ 图 2.20 可知：

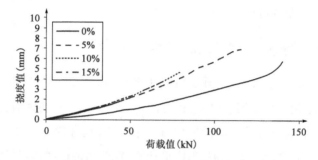

图 2.18　保护层为 25mm 时锈蚀梁跨中挠度

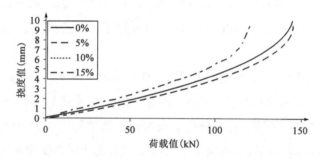

图 2.19　保护层为 30mm 时锈蚀梁跨中挠度

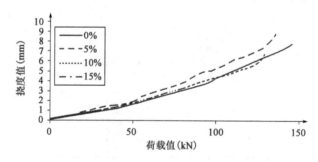

图 2.20　保护层为 35mm 时锈蚀梁跨中挠度

（1）当保护层厚度为 25mm 时，梁的挠度增加的速率随着锈蚀率的增大而增大，当荷载值为 50kN 时，锈蚀率为 0%、5%、10%、15% 的梁跨中挠度分别为 1.0mm、2.2mm、2.25mm、2.32mm，此时，三个不同锈蚀率的梁跨中挠度比较接近；当荷载增加到 100kN 时，锈蚀率为 0%、5% 的梁跨中挠度分别为 3.0mm、5.82mm，此时锈蚀率为 10%、15% 的梁挠度急剧变增大，数据无法测出，最终导致梁的破坏。随着保护层厚度增加到 30mm，锈蚀梁与未锈蚀梁的挠度随荷载增加的速率差别不大，当荷载值为 50kN 时，锈蚀率为 0%、5%、10%、15% 的梁跨中挠度分别为 1.79mm、1.82mm、2.33mm、2.64mm；当荷载增加到 100kN 时，锈蚀率为 0%、5%、10%、15% 的梁跨中挠度分别为 4.48mm、4.11mm、4.48mm、5.57mm，此时锈蚀率为 5% 的梁跨中挠度比未锈蚀梁还要小 8.3%，说明锈蚀率较小（这里为 5%）时钢筋的锈蚀反而增强了钢筋与混凝土的协同工作能力，使梁的抗弯性能变强。当保护层厚度增加到 35mm，荷载值为 50kN 时,锈蚀率为 0%、5%、10%、15% 的梁跨中挠度分别为 1.79mm、1.82mm、1.87mm、1.89mm;当荷载增加到 100kN 时,锈蚀率为 0%、5%、10%、15% 的梁跨中挠度分别为 4.29mm、4.32mm、4.35mm、5.24mm,挠度变化规律更为接近。这些数据说明,保护层较小时,钢筋的性能以及钢筋与混凝土的协同工作能力都会受到外界较大的影响,加载时表现为挠度增大较快,梁破坏较为迅速;而随着保护层厚度的增大,钢筋受外界的影响逐渐变小,当保护层厚度达到 30mm 以后,各锈蚀率的梁的挠度随荷载增加的速率基本相同,如果锈蚀率较小,反而能增加梁的承载力。

(2)分析试验所得的各片梁极限承载力数据,结合以上各图,可以认为当挠度增大到一定程度,梁体无法继续加载时即达到了梁的极限承载力。当保护层厚度为 25mm 时,梁的极限承载力随锈蚀率的增大而急剧减小,锈蚀率为 5% 时极限承载力减小 17.2%,锈蚀率为 10% 时极限承载力减小 37.9%,锈蚀率为 15% 时极限承载力减小 48.3%;而当保护层厚度为 30mm 时,梁的极限承载力受锈蚀率影响较小,极限承载力呈先增后减的趋势,锈蚀率为 5% 时增加 3.3%,锈蚀率为 10% 时减小 6.7%,锈蚀率为 15% 时减小 10%;当保护层厚度为 35mm 时,梁的极限承载力受锈蚀率影响更小,锈蚀率为 5% 时减小 3%,锈蚀率为 10% 和 15% 时承载力分别减小 6.5% 与 8.3%。由于保护层厚度小时,钢筋性能受到外界的影响很明显,以致钢筋锈蚀严重,混凝土出现剥落,钢筋与混凝土之间的粘结力破坏严重,因而梁的极限承载力大幅度减小;当保护层厚度达到 30mm 后,对钢筋的保护作用增强,锈蚀率较小时钢筋的锈蚀产物会增大钢筋与混凝土之间的粘结力,此时梁的极限承载力会小幅增大。

2.3.4 混凝土应变分析

锈蚀率的改变会影响混凝土应变,现在取保护层厚度为 30mm 的三片梁 L19、L20、L21 的跨中截面混凝土应变来分析。跨中截面混凝土应变片的位置共八个(图 2.21),分别为距离梁顶 0cm、2.5cm、7.5cm、12.5cm、17.5cm、22.5cm、27.5cm、30cm,其中 0cm 为梁顶处,和千斤顶加载点冲突而无法贴混凝土应变片。

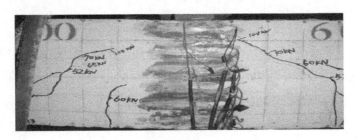

图 2.21 跨中截面混凝土应变片位置

L19 的混凝土荷载-应变曲线如图 2.22 所示。

L19 锈蚀率为 5%,当荷载为 0 时,各混凝土应变片的应变值均为 0。随着荷载的增加,各混凝土应变片的应变值将出现变化。其中，C_2 处于受压区，C_4、C_5、C_6、C_7、C_8 处于受拉区。当荷载值为 20kN 时，C_2 应变值为 $-113\mu\varepsilon$，C_3 应变值为 $-36\mu\varepsilon$，C_4 应变值为 $-15\mu\varepsilon$，C_5 应变值为 $104\mu\varepsilon$，C_6 应变值为 $229\mu\varepsilon$，C_7 应变值为 $382\mu\varepsilon$，C_8 应变值为 $408\mu\varepsilon$，此时混凝土应变片的应变值都较小，但是受拉区越靠近梁底端的混凝土的拉应变越大，而受压区越靠近梁顶的混凝土的拉应变越大；当荷载值为 40kN 时，C_2 应变值为 $-264\mu\varepsilon$，C_3 应变值为 $-43\mu\varepsilon$，C_4 应变值为 $202\mu\varepsilon$，C_5 应变值为 $486\mu\varepsilon$，C_6 应变值为 $2342\mu\varepsilon$，C_7 应变值为 $1395\mu\varepsilon$，C_8 应变值为 $1535\mu\varepsilon$，此时各混凝土应变片的应变值继续增大，离梁底较近的混凝土应变片 C_6、C_7、C_8 的应变值都已经很大，接近 $2000\mu\varepsilon$，当荷载值达到 45kN 左右时应变值都是 $32767\mu\varepsilon$，说明在 45kN 的荷载下跨中裂缝已经延伸到距梁顶 22.5cm 处，混凝土应变片因为裂缝宽度增大而被拉坏；当荷载值为 90kN 时，C_2 应变值为 $-689\mu\varepsilon$，C_3 应变值为 $-79\mu\varepsilon$，C_4 应变值为 $1061\mu\varepsilon$，C_5 应变值为 $32767\mu\varepsilon$，说明在 90kN 的荷载下跨中裂缝已经延伸到距梁顶 17.5cm 处，混凝土应变片因为裂缝宽度增大而被拉坏，受压区高度不断减小，C_2 的应变值不断增大；当荷载值为 140kN 时，C_2 应变值为 $-1647\mu\varepsilon$，C_3 应变值为 $552\mu\varepsilon$，C_4 应变值为 $32767\mu\varepsilon$，说明在 140kN 的荷载下跨中裂缝已经延伸到距梁顶 12.5cm 处；当荷载值为 147kN 时，C_2 应变值为 $-2680\mu\varepsilon$，C_3 应变值为 $32767\mu\varepsilon$，说明在 147kN 的荷载下跨中裂缝已经延伸到距梁顶 7.5cm 处，此时梁底裂缝宽度剧增，梁顶混凝土被压碎。

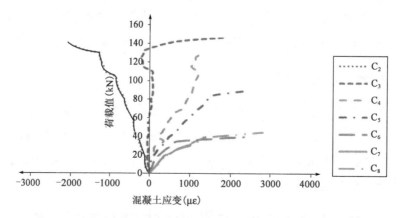

图 2.22　L19 混凝土荷载-应变曲线

从图 2.22 中可以发现，C_3 的应变值开始一直在 $0\mu\varepsilon$ 附近，说明混凝土应变片 C_3 处于中和轴附近，在荷载达到 110kN 后由于裂缝的不断向上延伸，才使得中和轴上移，受压区减小。

L20 混凝土荷载-应变曲线如图 2.23 所示。

L20 锈蚀率为 10%，梁顶处的混凝土应变片 C_1 因为和千斤顶加载点位置冲突而无法粘贴。当荷载值为 0 时，各混凝土应变片的应变值均为 0，随着荷载的增加，各混凝土应变片的应变值将出现变化，其中 C_2 处于受压区，C_4、C_5、C_6、C_7、C_8 处于受拉区，当荷载值为 20kN 时，C_2 应变值为 $-145\mu\varepsilon$，C_3 应变值为 $-74\mu\varepsilon$，C_4 应变值为 $36\mu\varepsilon$，C_5 应变值为 $164\mu\varepsilon$，C_6 应变值为 345$\mu\varepsilon$，C_7 应变值为 552$\mu\varepsilon$，C_8 应变值为 421$\mu\varepsilon$，受拉区越靠近梁底端的混凝土的拉应变越大，而受压区越靠近梁顶的混凝土的拉应变越大；当荷载值为 40kN 时，C_2 应变值为 $-288\mu\varepsilon$，C_3 应变值为 $-25\mu\varepsilon$，C_4 应变值为 277$\mu\varepsilon$，C_5 应变值为 549$\mu\varepsilon$，C_6 应变值为 920$\mu\varepsilon$，C_7 应变值为 1350$\mu\varepsilon$，C_8 应变值为 1114$\mu\varepsilon$，此时各混凝土应变片的应变值继续增大，离梁底较近的应变片 C_6、C_7、C_8 的应变值都已经较大；当荷载值为 60kN 左右时应变值都是 32767$\mu\varepsilon$，说明在 60kN 的荷载下跨中裂缝已经延伸到距梁顶 22.5cm 处，应变片因为裂缝宽度增大而被拉坏；当荷载值为 65kN 时，C_2 应变值为 $-484\mu\varepsilon$，C_3 应变值为 120$\mu\varepsilon$，C_4 应变值为 667$\mu\varepsilon$，C_5 应变值为 1051$\mu\varepsilon$，此时 C_3 应变值偏离 0 较远，说明中和轴上移，C_3 位置处转为受拉区；当荷载值达到 140kN 时，C_2 应变值为 $-2030\mu\varepsilon$，C_3 应变值为 2943$\mu\varepsilon$，C_4、C_5 应变值为 32767$\mu\varepsilon$，说明在 140kN 的荷载下跨中裂缝已经延伸到距梁顶 12.5cm 处，此时梁底裂缝宽度剧增，梁顶混凝土被压碎。

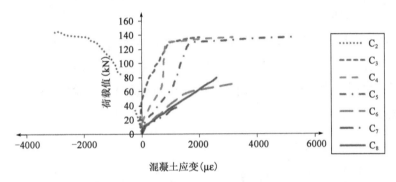

图 2.23　L20 混凝土荷载-应变曲线

从图 2.23 中可以发现，C_3 的应变值开始一直在 0 附近，说明混凝土应变片 C_3 处于中和轴附近，在荷载到达 65kN 时由于裂缝的不断向上延伸，才使得中和轴上移，受压区减小。

L21 混凝土荷载-应变曲线如图 2.24 所示。

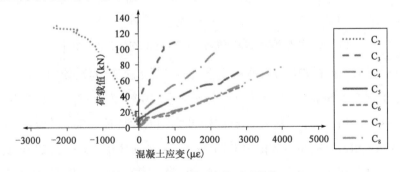

图 2.24　L21 混凝土荷载-应变曲线

L21 锈蚀率为 15%，梁顶处的混凝土应变片 C_1 因为和千斤顶加载点冲突而无法粘贴，当荷载值为 0 时，各混凝土应变片的应变值均为 0，随着荷载的增加，各混凝土应变片的应变值将出现变化，其中 C_2 处于受压区，C_3、C_4、C_5、C_6、C_7、C_8 处于受拉区；当荷载值为 20kN 时，C_2 应变值

为 $-213\mu\varepsilon$，C_3 应变值为 $-98\mu\varepsilon$，C_4 应变值为 $109\mu\varepsilon$，C_5 应变值为 $307\mu\varepsilon$，C_6 应变值为 $1058\mu\varepsilon$，C_7 应变值为 $872\mu\varepsilon$，C_8 应变值为 $958\mu\varepsilon$，受拉区越靠近梁底端的混凝土的拉应变越大，而受压区越靠近梁顶的混凝土的拉应变越大；当荷载值为 55kN 时，C_2 应变值为 $-553\mu\varepsilon$，C_3 应变值为 $289\mu\varepsilon$，此时 C_3 的应变值偏离 0 较远，说明中和轴上移，C_3 转为受拉区，C_4 应变值为 $1188\mu\varepsilon$，C_5 应变值为 $2229\mu\varepsilon$，C_6、C_7、C_8 应变值为 $32767\mu\varepsilon$，说明在 55kN 的荷载下跨中裂缝已经延伸到距梁顶 22.5cm 处，混凝土应变片因为裂缝宽度增大而被拉坏；当荷载值为 75kN 时，C_2 应变值为 $-813\mu\varepsilon$，C_3 应变值为 $468\mu\varepsilon$，C_4 应变值为 $1702\mu\varepsilon$，C_5 应变值为 $32767\mu\varepsilon$，说明在 75kN 的荷载下跨中裂缝已经延伸到距梁顶 17.5cm 处，混凝土应变片因为裂缝宽度增大而被拉坏；当荷载值达到 100kN 时，C_2 应变值为 $-1168\mu\varepsilon$，C_3 应变值为 $701\mu\varepsilon$，C_4 应变值为 $32767\mu\varepsilon$，说明在 100kN 的荷载下跨中裂缝已经延伸到距梁顶 12.5cm 处；当荷载达到 135kN 时，C_2 应变值为 $-2255\mu\varepsilon$，C_3 应变值为 $32767\mu\varepsilon$，说明在 135kN 的荷载下跨中裂缝已经延伸到距梁顶 7.5cm 处，此时梁底裂缝宽度剧增，梁顶混凝土被压碎。

从图 2.24 中可以发现，C_3 的应变值开始一直在 0 附近，说明应变片 C_3 处于中和轴附近，在荷载到达 55kN 时由于裂缝的不断向上延伸，才使得中和轴上移，受压区减小。

现在取保护层厚度为 25mm、荷载值为 20kN 时不同锈蚀率的梁跨中截面混凝土应变，数据分布图如图 2.25 所示。

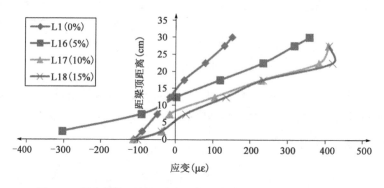

图 2.25 梁跨中截面混凝土应变分布图（荷载 20kN，保护层 25mm）

由图 2.25 可知，相同保护层厚度和荷载下梁的混凝土应变随着锈蚀率的增大而增大，各锈蚀率的梁在距梁顶 2.5cm 的位置处其应变分别是 L1（0%）为 $-88\mu\varepsilon$、L16（5%）为 $-304\mu\varepsilon$、L17（10%）为 $-40\mu\varepsilon$、L18（15%）为 $-37\mu\varepsilon$，此处均受压；在距梁顶 7.5cm 的位置处其应变分别为 L1（0%）为 $-49\mu\varepsilon$、L16（5%）为 $-90\mu\varepsilon$、L17（10%）为 $-15\mu\varepsilon$、L18（15%）为 $27\mu\varepsilon$，此时 L1（0%）、L16（5%）、L17（10%）仍为压应变，而 L18（15%）已经转为拉应变，其相对受压区高度为 5.5cm；在距梁顶 12.5cm 的位置处其应变分别为 L1（0%）为 $-15\mu\varepsilon$、L16（5%）为 $33\mu\varepsilon$、L17（10%）为 $104\mu\varepsilon$、L18（15%）为 $135\mu\varepsilon$，此时 L1（0%）、L16（5%）仍为压应变，而 L17（10%）已经转为拉应变，其相对受压区高度为 7.8cm；在距梁顶 17.5cm 的位置处其应变分别是 L1（0%）为 $23\mu\varepsilon$、

L16(5%)为119με、L17(10%)为231με、L18(15%)为233με,此时L1(0%)、L16(5%)都转为拉应变,其相对受压区高度分别为12.8cm、14.3cm;此后,随着距梁顶高度的增大,各梁相应位置处的拉应变不断增大,当达到梁底处时,L1(0%)、L16(5%)的拉应变分别为150με、357με,而此时L17(10%)、L18(15%)拉应变已经超出了混凝土应变片的量程,混凝土应变片被拉坏。

从上述数据对比可以看出,截面受压区高度随着锈蚀率的增大而减小。

随着荷载的增加,跨中截面的混凝土应变将出现相应的规律,现取L19、L20和L21进行分析:

对比图2.26～图2.28可知,当锈蚀率较小时,跨中混凝土截面应变较好地符合平截面假定,如L19(5%),在距梁顶7.5cm处,当荷载值为20kN、30kN、40kN、50kN、60kN、90kN时,对应的应变值分别为15με(拉应变)、142με(拉应变)、380με(拉应变)、382με(拉应变)、813με(拉应变)、1135με(拉应变);在距梁顶12.5cm处,当荷载值为20kN、30kN、40kN、50kN、60kN时,对应的应变值都为拉应变,分别为104με、300με、718με、1214με、2481με,而此处在90kN混凝土应变片已经被拉坏,无法测出应变数据,观察发现锈蚀率较小时,混凝土应变变化比较有规律,能较好地符合平截面假定。同样,观察锈蚀率分别为10%、15%的梁时,发现其混凝土应变的发展规律性较差,由于锈蚀率增大到一定程度,钢筋与混凝土之间发生较大滑移,导致跨中混凝土不再符合平截面假定。

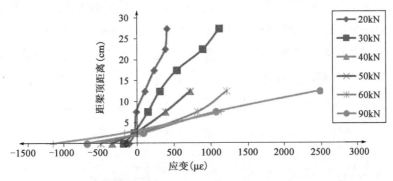

图2.26 L19(5%)梁截面应变图

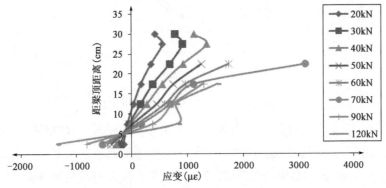

图2.27 L20(10%)梁截面应变图

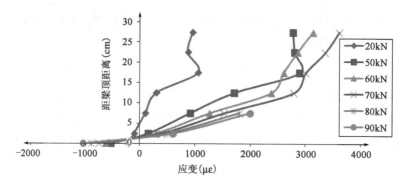

图2.28 L21(15%)梁截面应变图

2.3.5 裂缝规律分析

(1)RC梁加载时裂缝的发展规律会随着主筋锈蚀率和保护层厚度的变化而变化,下面选取各试验梁的跨中裂缝和最大斜裂缝进行分析:

①从图2.29、图2.30可以看出,当保护层厚度为25mm时,锈蚀率为15%的梁在荷载值为22kN时就已经出现跨中裂缝,宽度为0.02mm;锈蚀率为10%的梁在荷载值为24kN时出现跨中裂缝,宽度为0.016mm;锈蚀率为5%的梁在荷载值为27kN时出现跨中裂缝,宽度为0.011mm;上述三种锈蚀率的梁在荷载值为20~30kN时会出现跨中裂缝,但在荷载值为60kN左右这些跨中裂缝会基本停止发展,裂缝宽度停留在0.15mm左右。之后梁的两端会先后出现斜裂缝,当荷载值达到80kN时,5%与10%的梁斜裂缝已经分别增大到0.18mm和0.74mm,而此时15%锈蚀率的梁已经出现斜拉破坏,斜裂缝宽度无法测出,各梁的斜裂缝都是随着荷载的增加而不断发展,在梁快要达到极限荷载时斜裂缝会急剧增大,直至梁的破坏。比较图2.19可知,斜裂缝的增长速率随着锈蚀率的增大而变快,可见锈蚀率对裂缝的发展有着极大的影响。

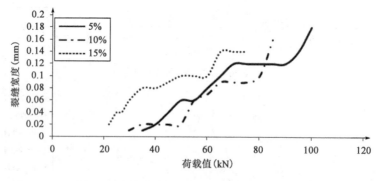

图2.29 保护层厚度为25mm时的跨中裂缝宽度

②从图2.31、图2.32可以看出,当保护层厚度为30mm时,三种锈蚀率的梁在荷载值为20kN左右时会出现跨中裂缝,之后它们会随着荷载的增加而不断发展,直至梁的破坏。三片梁在荷载值为75~80kN时会出现斜裂缝,这些斜裂缝会随着荷载的增加而不断发展,但发展的速率很慢。当荷载值达到80kN时,5%、10%和15%的梁斜裂缝宽度已经分别增大到

0.13mm、0.07mm 和 0.11mm,相对于保护层厚度为 25mm 的三片梁来说速率较小,而此时跨中裂缝分别已经达到 0.17mm、0.14mm 和 0.155mm。比较图 2.20 和图 2.21 可以发现,跨中裂缝的增长速率要远远超过斜裂缝的增长速率,最终导致梁的受弯适筋破坏。

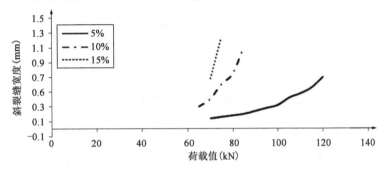

图 2.30　保护层厚度为 25mm 时的最大斜裂缝宽度

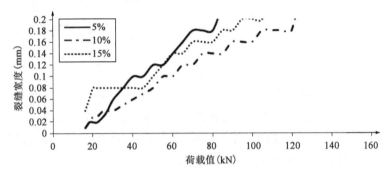

图 2.31　保护层厚度为 30mm 时的跨中裂缝宽度

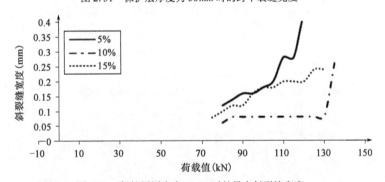

图 2.32　保护层厚度为 30mm 时的最大斜裂缝宽度

③从图 2.33、图 2.34 可以看出,保护层厚度为 35mm 时与保护层厚度为 30mm 时的三片梁裂缝的发展过程相似,最终都出现了梁的受弯适筋破坏,但是与图 2.20、图 2.21 对比可以看出,对于保护层厚度为 35mm 的三片梁,无论是跨中裂缝还是斜裂缝的发展速率都要比保护层厚度为 30mm 的三片梁的小,当荷载值达到 80kN 时,5%、10% 和 15% 的梁斜裂缝已经分别增大到 0.04mm、0.025mm 和 0.08mm,此时跨中裂缝分别为 0.07mm、0.16mm 和 0.2mm。总体来说,相对于保护层厚度为 30mm 的三片梁的裂缝宽度要小。这说明保护层厚度对裂缝的发展速率也有较大的影响。

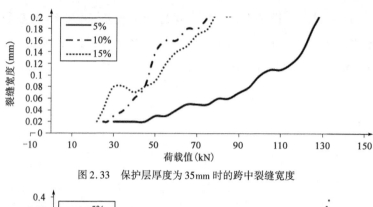

图 2.33 保护层厚度为 35mm 时的跨中裂缝宽度

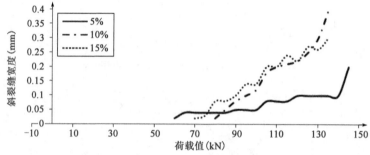

图 2.34 保护层厚度为 35mm 时的最大斜裂缝宽度

（2）当保护层厚度相同时，裂缝的平均间距会随着锈蚀率的增大而逐渐增大，而裂缝的数量会逐渐减小。如图 2.35 所示，L19 加载裂缝的平均间距为 95mm，L20 加载裂缝的平均间距为 120mm，而 L21 加载裂缝的平均间距为 150mm。

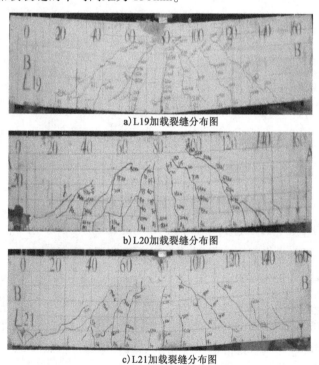

a) L19 加载裂缝分布图

b) L20 加载裂缝分布图

c) L21 加载裂缝分布图

图 2.35 不同锈蚀率的梁加载裂缝分布示意图

2.3.6 破坏模式分析

对 12 片梁进行观察,发现随着保护层厚度和锈蚀率的变化具有不同的破坏模式,加载后梁的不同破坏模式统计表见表 2.5。

加载后梁的不同破坏模式统计表　　　　表 2.5

梁编号	保护层厚度（mm）	混凝土强度（MPa）	锈蚀率（%）	极限承载力（kN）	加载方式	破坏形式
L1	25	19	0	140	单点	斜拉破坏
L2	30	18	0	150	单点	斜拉破坏
L3	35	18	0	148	单点	斜拉破坏
L16	25	18	5	120	单点	斜拉破坏
L17	25	20	10	85	单点	斜拉破坏
L18	25	20	15	74	单点	斜拉破坏
L19	30	19	5	149	单点	适筋
L20	30	19	10	145	单点	适筋
L21	30	18	15	137	单点	适筋
L22	35	20	5	144	单点	适筋
L23	35	25.8	10	137	单点	适筋
L24	35	25.8	15	138	单点	适筋

总结如下:

(1)三种保护层厚度的未锈蚀梁都出现了斜拉破坏。在荷载作用下,开始时出现竖向裂缝,随着荷载的增大,梁底竖向裂缝逐渐向上延伸,最后发展成斜裂缝。其中,临界裂缝的形成较快,临界裂缝将会在很短的时间内延伸至荷载垫板边缘,且此处的裂缝宽度都会急剧增大,进而使梁体混凝土形成裂通。梁之后便会被撕裂成两部分,从而丧失承载力。由于在梁的跨中配置了箍筋,因而梁的抗剪能力也会增强。图 2.36 为未锈蚀梁的破坏裂缝。

图 2.36　未锈蚀梁的破坏裂缝

(2)保护层厚度为 30mm 和 35mm 的梁都出现抗弯适筋破坏(图 2.37)。保护层厚度为 30mm 的梁,即 L19(5%)、L20(10%)和 L21(51%)抗弯承载力分别降低 0.6%、3.3% 和 8.7%;保护层厚度为 35mm 的梁,抗弯承载力分别降低 2.7%、3.4% 和 6.8%。由于主筋被锈蚀,但箍筋进行了绝缘保护而没有被锈蚀,致使梁的抗弯承载力降低,从而使其破坏模式由斜拉破坏转变为抗弯适筋破坏。由于保护层厚度较大,对钢筋有较好的保护作用,对梁截面的影响不大,加载时,随着荷载的增大,纵筋首先屈服,跨中裂缝增大,梁顶混凝土压碎,最终出现了抗弯适筋破坏。

图 2.37　抗弯适筋破坏裂缝

(3)保护层厚度为 25mm 的梁都出现斜拉破坏(图 2.38)。保护层厚度为 25mm 的梁,即 L16(5%)、L17(10%)和 L18(15%)抗剪承载力分别降低了 14.3%、39.3% 和 47.1%。由于保护层厚度较小,对梁的保护作用小,钢筋锈蚀会造成混凝土脱落,梁的截面积减小,抗剪能力减小,梁截面减小对抗剪能力的影响要比锈蚀率降低对梁抗弯能力的影响大,造成保护层厚度为 25mm 的试验梁出现斜拉破坏。

图 2.38　斜拉破坏裂缝

(4)从上述对比可以看出,混凝土保护层厚度以及主筋锈蚀率对梁的破坏模式都有着很大影响,有效截面尺寸会随着保护层厚度的减小而减小,抗弯能力会随着纵筋锈蚀率的增大而逐渐减小,在两者的相互作用下最终出现了不同的破坏模式。

2.3.7　锈蚀 RC 梁承载力退化规律

RC 梁在锈蚀后,抗弯或抗剪承载力将会退化。试验梁在主筋产生不同程度的锈蚀率后,其抗弯或抗剪承载力也产生了不同程度的降低,为了对 9 片锈蚀 RC 梁的承载力进行分析,定义比值函数 λ,λ 会将试验梁的抗弯或抗剪承载力降低程度具体表现出来。该比值函数整体地反映了多种因素对锈蚀 RC 梁承载力作用的影响,因此将其称为综合折减系数。综合折减系数的表达式为

$$\lambda = \frac{P}{P_0} \tag{2.11}$$

式中：λ——综合折减系数；

P——锈蚀梁试验屈服荷载值；

P_0——未锈蚀梁的试验屈服荷载。

不同保护层厚度下的综合折减系数如图 2.39 所示，不同锈蚀率下的综合折减系数如图 2.40 所示。

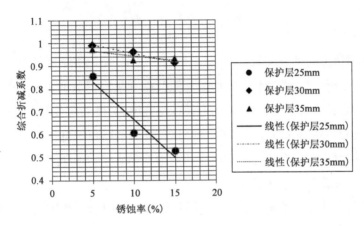

图 2.39　不同保护层厚度下的综合折减系数

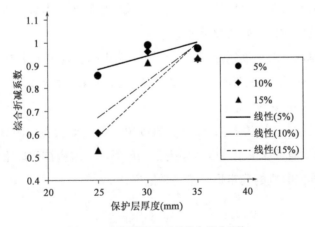

图 2.40　不同锈蚀率下的综合折减系数

从图 2.39、图 2.40 中可以看出，当保护层厚度相同时，RC 梁的承载力随着锈蚀率的增大而减小；当保护层厚度为 25mm 时，RC 梁锈蚀率从 5% 增加到 15%，综合折减系数从 0.857 降到 0.529；当保护层厚度为 30mm 时，RC 梁锈蚀率从 5% 增加到 15%，综合折减系数则从 0.990 降低到 0.925；当保护层厚度为 35mm 时，RC 梁锈蚀率从 5% 增加到 15%，综合折减系数则从 0.986 降低到 0.932。由上述对比中可以得出，当保护层厚度较小时，综合折减系数下降很快。当锈蚀率相同时，梁的承载力随着保护层厚度的增大而增大。当锈蚀率为 5% 时，保护层厚度从 25mm 增加到 35mm，综合折减系数则从 0.857 增大到 0.973；当锈蚀率为 10% 时，保护层厚度从 25mm 增加到 35mm，综合折减系数则从 0.607 增大到 0.969；当锈蚀率为 15% 时，保护层厚度从 25mm 增加到 35mm，综合折减系数则从 0.529 增大到 0.932。从上述对比中可以发现，当锈蚀率较小时，保护层厚度对承载力的影响不明显；当锈蚀率变大时，保护层厚度对承载力的影响逐渐明显。因此，锈蚀率与保护层厚度对梁的承载力的影响是较为显著且不可忽视的。

2.4 小　　结

本章通过试验研究得到有关数据，揭示了钢筋锈蚀率、保护层厚度等对 RC 梁的承载力的影响，从试验研究分析可知，锈蚀将同时引起屈服荷载和极限荷载的下降；对于同种类型的钢筋，锈蚀对极限荷载影响大于屈服荷载，随着锈蚀率的增大，极限荷载下降速度较屈服荷载快。

快速锈蚀的钢筋屈服荷载和极限荷载下降速度要分别略高于自然条件锈蚀钢筋屈服荷载和极限荷载；RC 桥梁中钢筋腐蚀环境对屈服荷载影响稍大于对极限荷载影响；但两种不同环境下锈蚀引起屈服荷载和极限荷载变化的差异不大。

锈蚀率对梁的承载力的影响比较大，而保护层厚度对梁的承载力的影响程度会随着其厚度的增大而减小。当保护层厚度达到 30mm 后，对钢筋的保护作用增强，锈蚀率较小时钢筋的锈蚀产物会增大钢筋与混凝土之间的粘结力，此时梁的极限承载力会小幅增大。因此，保护层厚度对梁的承载力的影响也是较为显著的。

混凝土保护层厚度以及主筋锈蚀率对梁的破坏模式都有着很大影响，有效截面尺寸会随着保护层厚度的减小而减小，抗弯能力会随着纵筋锈蚀率的增大而逐渐减小，在两者的相互作用下最终会出现不同的破坏模式。

将其应用到在役的 RC 梁桥上仍然适用，通过预估梁桥承载能力的衰减能够得到其可靠度随时间的变化规律，当可靠度下降到桥梁的目标可靠度时就应该采取维修加固措施了，这为有关部门对危桥的维修时机的确定提供了科学依据。

第3章 粘贴钢板加固锈蚀RC梁试验研究

3.1 引言

本章通过对20片矩形RC简支梁试验室静载试验[130],研究不同钢板加固方式(抗弯、抗剪、抗弯-抗剪组合加固)对于锈蚀梁力学性能的影响,分析钢板厚度、保护层厚度、锈蚀率对于粘贴钢板加固锈蚀RC梁承载力和挠度的影响。同时,对比不同加固方法对于锈蚀RC梁的破坏模式、延性、承载力及刚度的影响。

3.2 试验方案

3.2.1 RC梁设计制作

本试验设计了20片梁,共有14片加固梁,其中12片梁通过底面粘贴钢板加固,这12片底面加固梁中有3片不锈蚀加固梁;另外2片加固梁中,1片通过U形箍在梁端部加固,1片为底面钢板和U形箍组合加固梁。所有加固梁的锈蚀率均为10%。在剩余的6片梁(包括3片普通RC梁和3片普通锈蚀梁)中,锈蚀梁设计锈蚀率也为10%。试验梁设计参数汇总见表3.1。

表3.1 试验梁设计参数汇总

试验梁编号	保护层厚度(mm)	锈蚀率(%)	加固钢板厚度(mm)
C0C25	25	0	—
C0C30	30	0	—
C0C35	35	0	—
S0C25-3	25	0	5
S0C30-3	30	0	5
S0C35-3	35	0	5
C10C25	25	10	—
S10C25-1	25	10	3
S10C25-2	25	10	4

续上表

试验梁编号	保护层厚度(mm)	锈蚀率(%)	加固钢板厚度(mm)
S10C25-3	25	10	5
C10C30	30	10	—
S10C30-1	30	10	3
S10C30-2	30	10	4
S10C30-3	30	10	5
C10C35	35	10	—
S10C35-1	35	10	3
S10C35-2	35	10	4
S10C35-3	35	10	5
U10C30	30	10	3
SU10C30	30	10	3(U形箍)和5(底面钢板)

注：表3.1中，第一个字母C表示锈蚀率；第二个字母C表示保护层厚度；S表示底面抗弯加固；横杠后的数字1、2、3表示加固钢板三种不同的厚度，分别是3mm、4mm和5mm；U表示U形箍加固；SU表示U形箍和底面钢板组合加固。

每片梁的尺寸(长×宽×高)为1800mm×300mm×150mm，受拉钢筋为2根直径22mm的螺纹钢筋，受压架立钢筋为直径14mm的螺纹钢筋，箍筋直径为8mm，箍筋间距在梁的中部为100mm，在梁端为70mm。所有钢筋的牌号为HRB335，试验梁配筋详图如图3.1所示。

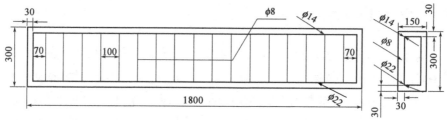

图3.1 试验梁配筋详图(尺寸单位:mm)

3.2.2 试验梁材料性能

试验梁浇筑使用的混凝土质量配合比为C42.5(水泥:粗集料:细集料:水灰比=1:4.1:2.21:0.61)。通过《混凝土结构设计规范》(GB 50010—2010)[131]中要求的标准混凝土立方体抗压强度试验，测得所有试验梁混凝土立方体抗压强度。表3.2和表3.3分别给出了混凝土各材料构成和力学特征，表3.4为各试验梁混凝土立方体抗压强度试验值。

混凝土材料构成　　　　　　　　　表3.2

成分	质量	成分	质量
水泥(kg)	303	水(L)	1850
粗集料(kg)	256	水灰比	0.61
细集料(kg)	413		

混凝土力学特性 表3.3

特 性	值
弹性模量(GPa)	25.5
泊松比	0.2

混凝土立方体抗压强度试验值 表3.4

试验梁编号	抗压强度值(MPa)	试验梁编号	抗压强度值(MPa)
C0C25	19	C10C30	19
C0C30	18	S10C30-1	18
C0C35	18	S10C30-2	18
S0C25-3	23	S10C30-3	18
S0C30-3	20	C10C35	25.8
S0C35-3	25.8	S10C35-1	25.8
C10C25	20	S10C35-2	20
S10C25-1	19	S10C35-3	19
S10C25-2	19	U10C30	23
S10C25-3	20	SU10C30	23

注：表中字母符号意义同表3.1。

表3.5列出了钢筋的力学性能。抗弯加固梁使用建筑结构胶和M12锚钉将Q235钢板粘贴至试验梁底部。加固材料中JN-S化学锚钉和JN建筑结构胶由固特邦公司提供。表3.6为钢板、建筑结构胶和化学锚钉的材料性能,图3.2为化学锚钉的实物图。在图3.2中,化学药包的作用是使锚钉和混凝土可靠地锚固在一起。

钢筋力学性能 表3.5

钢筋类型和直径	屈服强度(N/mm^2)	弹性模量(N/mm^2)
HRB335($\phi 22$)	366	2.0×10^5
HRB335($\phi 14$)	362	2.0×10^5
HRB335($\phi 8$)	368	2.0×10^5

钢板、建筑结构胶和化学锚钉的材料性能 表3.6

材 料	抗压强度(MPa)	抗剪强度(MPa)	抗拉强度(MPa)	屈服强度(MPa)	弹性模量(MPa)	粘结强度(MPa)	对混凝土的锚固强度(kN)
Q235钢板	—	—	380	236	2.05×10^5	—	—
建筑结构胶	89.5	21.0	—	—	—	4.0	—
化学锚钉	—	—	789	611	—	—	65.0

3.2.3 受拉钢筋快速锈蚀

图3.3为本试验中试验梁电化学腐锈蚀装置。人工腐蚀箱的尺寸(长×宽×高)为

图 3.2 化学锚钉实物图

2200mm×700mm×800mm。NaCl 溶液作为电化学腐蚀的媒介,液面位于距试验梁底部 100mm 处。纵向钢筋通过两根竖直钢筋与直流电源的阳极相连,不锈钢板与直流电源的阴极相连,不锈钢板的尺寸(长×宽×厚)为 1800mm×350mm×1.2mm。在锈蚀过程中直流电源提供的电流密度平均为 14.6mA/cm^2。为了保证直流电源的稳定性,锈蚀过程中按照固定的时刻表定期查看电流情况,调整电流大小。统计的电流大小和时间加权平均之后,依据法拉第定理估计锈蚀程度。

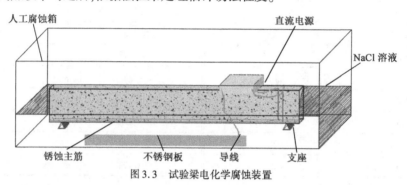

图 3.3 试验梁电化学腐蚀装置

3.2.4 RC 矩形梁加固设计

1) RC 矩形梁底面抗弯加固

本试验中共有 12 片梁进行底面钢板抗弯加固。加固钢板厚度分别为 3mm、4mm 和 5mm。所有加固梁的加固程序相同。加固钢板位于梁底面中部,钢板具体位置和钢板钻孔设计如图 3.4、图 3.5 所示。

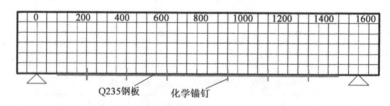

图 3.4 加固钢板位置布置(尺寸单位:mm)

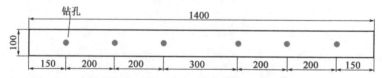

图 3.5 底面钢板钻孔位置设计(尺寸单位:mm)

RC 矩形梁底面抗弯加固具体可以分为以下三步:

(1) 钢板与结构胶接触的一面使用打磨机打磨到出现粗糙有光泽的痕迹。试验梁底面同样使用打磨机打磨到出现粗集料颗粒,最后使用真空吸尘器将试验梁底面清洗干净。

(2)试验梁底面使用电钻打孔,孔的位置由图3.5中钢板设计的钻孔位置确定,孔的直径为16mm,孔深为110mm。钻孔完毕后,清洗孔中灰尘,将化学药包放入孔中。

(3)将建筑结构胶涂抹在打磨好的钢板面上,放置在梁底面设计位置上。使用轻型钻机将化学锚钉旋入试验梁和钢板的钻孔中,拧紧螺母,加固完成。试验梁加固完成后在室温25℃下养护7d即可进行加载试验。图3.6为底面加固梁实物图。

图3.6 底面加固梁实物图

2)RC 矩形梁 U 形箍抗剪加固

U 形箍和压条详细尺寸如图3.7所示,U 形箍加固示意图如图3.8所示。使用与底面抗弯加固相同的方法清洁梁侧面,使用 JN-S 建筑结构胶粘贴 U 形箍和混凝土表面,然后使用2mm 的压条固定 U 形箍,压条钻孔直径为12mm。U 形箍加固实物图如图3.9所示。

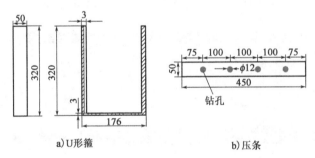

a) U 形箍　　　　　　b) 压条

图3.7 U 形箍和压条详细尺寸(尺寸单位:mm)

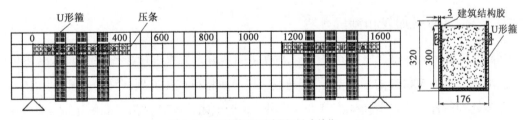

图3.8 U 形箍加固示意图(尺寸单位:mm)

3)RC 矩形梁 U 形箍和底面钢板组合加固

组合加固使用的 U 形箍与单纯 U 形箍加固的钢板尺寸完全相同,加固方法与单纯的底面抗弯加固和 U 形箍加固也相同。由于 U 形箍的存在,加固底面钢板钻孔减少2个,如图3.10所示。组合加固钢板布置示意图如图3.11所示,组合加固实物图如图3.12所示。

图 3.9 U 形箍加固实物图

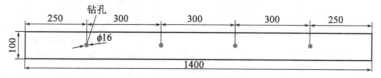

图 3.10 组合加固底面钢板钻孔布置(尺寸单位:mm)

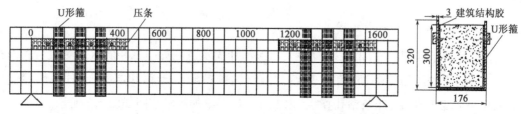

图 3.11 组合加固钢板布置示意图(尺寸单位:mm)

图 3.12 组合加固实物图(尺寸单位:mm)

3.2.5 试验梁加载和测试方案

加固完成后将试验梁在室内养护 7d 之后便可对所有试验梁进行静载加载,试验采用单点加载。加载装置为 500kN 的油压千斤顶,通过一块垫块将荷载传递到试验梁。量程为 150mm 的百分表分别放置于梁支座、1/4 点处和跨中处。6 个电阻应变片贴沿梁高贴至混凝土表面,测量混凝土应变。钢板的应变片贴在两锚钉之间的钢板中部。试验梁加载如图 3.13 所示。

试验梁加载具体过程如下:

(1)试验开始时以每级 2kN 的荷载施加,加载到 12kN,查看应变变化是否构成线性、受拉区和受压区混凝土应变变化是否合理。如果各项测量指标显示合理,便卸除荷载,重新加载。

(2)重新加载后,当荷载变为 5kN 一级,直到试验梁出现裂缝。

(3)当试验梁开裂后,荷载调至10kN一级,每一级测量裂缝宽度,用签字笔描绘裂缝发展情况,记录应变和挠度数据。

(4)当荷载达到锈蚀梁理论极限荷载的80%时,荷载变为2kN一级,直到试验梁破坏。

试验梁达到承载能力极限状态的依据:①梁的跨中挠度达到梁跨径的1/105,或者某级荷载下的挠度数值大于此荷载之前5级荷载-挠度增量的总和;②在某级荷载之后,荷载无法增长,而跨中挠度持续快速增长;③受压区混凝土压碎;④加固钢板末端脱落;⑤锚钉脱落。

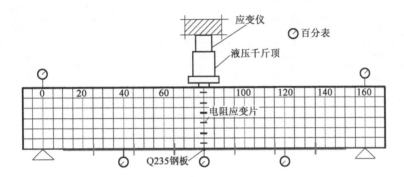

图3.13 试验梁加载(尺寸单位:mm)

3.2.6 锈蚀率的测定

在试验加载完成后,从试验梁中取出锈蚀受拉钢筋,用砂纸打磨钢筋表面的铁锈和混凝土,然后将质量分数12%的稀盐酸溶解入水中进一步清洗铁锈(图3.14),并且用钢刷去除表面残余的混凝土,随后用石灰溶液中和,烘干钢筋,测定钢筋的质量,便可得出锈蚀钢筋的质量锈蚀率,试验梁锈蚀率统计见表3.7。

图3.14 锈蚀钢筋的清洗

试验梁锈蚀率统计表 表3.7

试验梁编号	加固前设计锈蚀率(%)	实际锈蚀率(%)
C10C25	10	8.5
S10C25-1	10	9.60
S10C25-2	10	11.20
S10C25-3	10	11.60

续上表

试验梁编号	加固前设计锈蚀率(%)	实际锈蚀率(%)
C10C30	10	9.2
S10C30-1	10	7.43
S10C30-2	10	10.30
S10C30-3	10	10.94
C10C35	10	10.93
S10C35-1	10	9.15
S10C35-2	10	10.35
S10C35-3	10	10.40
U10C30	10	10.71
SU10C30	10	10.32

注：表中各字母符号意义同表3.1。

3.3 试验结果分析

本试验中所有试验梁的试验结果见表3.8。

试验梁试验结果　　　　表3.8

试验梁编号	P_{cf}(kN)	P_{cd}(kN)	P_u(kN)	D_u(mm)	破坏模式
C0C25	22	90	140	7.2	F
C0C30	25	70	150	13.44	F
C0C35	27	55	150	12.84	F
C10C25	20	65	128	11.23	F
C10C30	18	67	142	12.80	F
C10C35	25	68	135	20.48	F
S0C25-3	60	115	215	10.68	DT
S0C30-3	70	105	218	11.65	DT
S0C35-3	80	135	225	15.25	DT
S10C25-1	34	90	165	10.80	DT、EPS
S10C25-2	35	95	172	10.45	DT
S10C25-3	45	75	190	9.02	DT
S10C30-1	40	100	170	12.05	DT

续上表

试验梁编号	P_{cf}(kN)	P_{cd}(kN)	P_u(kN)	D_u(mm)	破坏模式
S10C30-2	50	90	175	11.45	DT
S10C30-3	55	90	185	9.65	DT
S10C35-1	45	80	179	9.45	DT
S10C35-2	50	95	183	9.35	DT
S10C35-3	55	95	195	8.52	DT
U30C30	25	120	172	9.53	F
SU10C30	45	110	190	8.25	SF

注：表3.8中，P_{cf}、P_{cd}和P_u分别表示弯曲裂缝开裂荷载、斜裂缝出现荷载和极限荷载；D_u为跨中极限荷载对应的极限挠度；F表示弯曲破坏；DT表示斜拉破坏；EPS表示钢板脱落；SF表示支座破坏；其他各字母符号意义同表3.1。

3.3.1 破坏模式

表3.8中列出了试验梁的开裂荷载和破坏模式。图3.15为部分试验梁破坏模式示意图。试验梁存在三种典型的破坏模式，梁C0C30和梁C10C30是由受拉钢筋屈服和顶部混凝土压碎所引起的受弯破坏，属于正常的普通简支梁的破坏模式。

抗弯加固的梁S0C30-3、梁S10C30-3、梁S10C30-2、梁S10C30-1和梁S10C30的破坏模式为斜拉破坏。这种破坏是由从钢板末端向跨中发展的斜裂缝引起的。斜拉破坏主要是由于底面钢板加固明显提高了锈蚀梁的抗弯承载性能，在抗剪能力没有提高的情况下，抗弯钢板限制了弯曲裂缝的发展，在斜裂缝出现后，斜裂缝迅速发展，最终导致斜拉破坏。

在图3.15d)中，试验梁跨中底面存在较宽的受拉裂缝，说明梁U10C30的破坏模式同样为受弯破坏。这种破坏模式与U形箍FRP加固锈蚀梁和不锈蚀梁，以及U形箍钢板加固不锈蚀RC梁的破坏模式明显不同，U形箍FRP加固锈蚀梁和不锈蚀梁的破坏模式主要是FRP拉裂脆断或者FRP板剥落[132]，U形箍侧贴不锈蚀梁的破坏模式为抗剪破坏[56]。与梁C10C30相对比，梁U10C30的顶部混凝土没有明显的压碎，但是在梁底面出现了宽度大于界限宽度2mm的受拉裂缝，此裂缝与梁前后两面弯曲裂缝相连。引起梁U10C30破坏模式的原因：U形箍加固能够显著地提高锈蚀梁的抗剪性能，并且其提供的锚固力能够提高加固部位锈蚀钢筋和混凝土之间的组合作用，然而跨中部位由于钢筋锈蚀、锈蚀钢筋与混凝土的粘结力退化，抗弯承载力下降。另外，U形箍被压条固定，避免U形箍末端从梁上剥落，使其能够更好地发挥抗剪效应。

在图3.15e)中，SU10C30的破坏模式为支座破坏，这种破坏模式为脆性破坏模式。抗弯和抗剪加固同时提高了锈蚀梁的抗弯和抗剪承载性能，支座处钢筋锈蚀较为严重，受拉钢筋和混凝土的锚固力降低；U形箍和底面钢板同时加固部位的刚度和强度明显提高，因此导致了支座与加固部位间混凝土的破碎。此外,导致支座破坏的原因可能是 U 形箍和底面加固钢板过厚,加固效应过强。

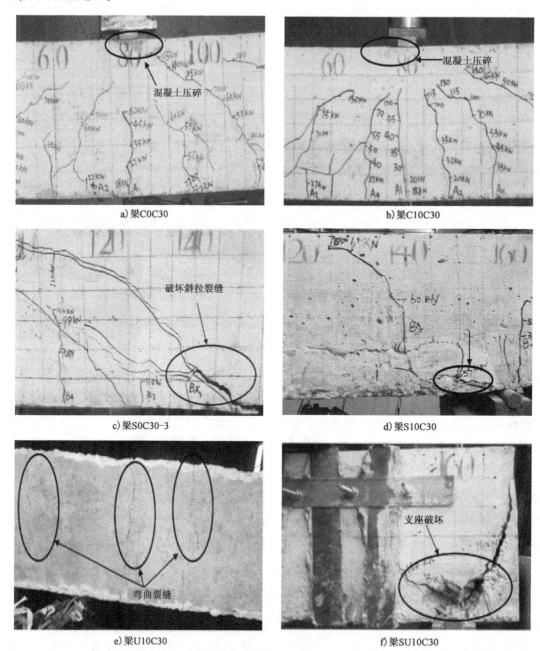

图 3.15 试验梁破坏模式

3.3.2 开裂荷载和裂缝分布

从表 3.8 中的试验梁开裂荷载可以看出,加固不锈蚀梁的开裂荷载比不锈蚀梁的开裂荷载略微降低。所有锈蚀加固梁的弯曲开裂荷载比锈蚀梁的弯曲开裂荷载提高了 39% ~

200%,斜裂缝出现荷载提高了28%~43%。相比于不锈蚀加固梁,在相同保护层情况下,锈蚀加固梁的抗弯开裂荷载和斜裂缝出现荷载分别提高了27%~45%和16%~42%。上述分析说明了钢板加固可以有效地提高试验梁开裂荷载。然而,由于钢筋锈蚀,锈蚀加固梁的开裂荷载比不锈蚀加固梁的开裂荷载有所降低。在所有加固梁中,U形箍加固和组合加固的试验梁抗弯开裂荷载最大,斜裂缝出现荷载也与不锈蚀加固梁较为接近,说明U形箍有效地限制了斜裂缝的发展,组合加固能够有效提高锈蚀梁的抗裂能力。

图3.16为部分试验梁的裂缝分布图。在图3.16中,AX表示斜裂缝,A1-A7表示主要弯曲裂缝。在所有试验梁中,不锈蚀加固梁的裂缝数量最多、间距最小。相比于锈蚀梁,锈蚀抗弯加固梁裂缝数量增多,这是因为底面钢板增加了试验梁的延性,但是,由于U形箍的锚固作用,U形箍加固锈蚀试验梁没有斜裂缝出现。对于组合加固梁,底面钢板和U形箍共同限制了试验梁裂缝的发展,并且其破坏模式为提前破坏,裂缝在荷载较低的情况下不发展。

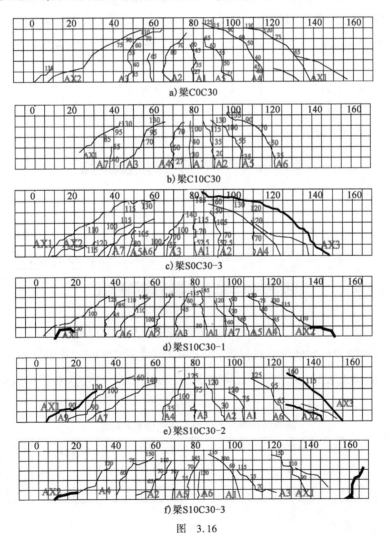

图 3.16

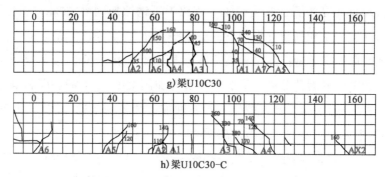

图3.16 部分试验梁的裂缝分布(尺寸单位:mm)

3.3.3 锈蚀效率和钢筋锈蚀分布

锈蚀产物所产生的径向应力使得在受拉钢筋附近出现了锈胀裂缝。图3.17为钢筋锈蚀分布举例和对应的锈蚀梁锈胀裂缝的分布。从图3.17中可以看出,钢筋的锈蚀已经达到了Zhang等[133]所提出的全面锈蚀的阶段。钢筋的每个部位都有锈蚀,而且某些部位锈坑较为显著。

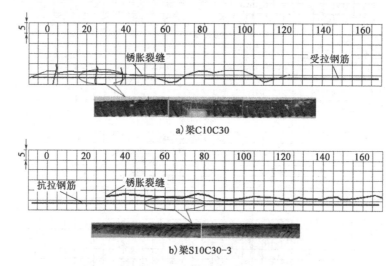

图3.17 钢筋锈蚀分布和锈胀裂缝分布(尺寸单位:mm)

为了研究中锈蚀效率和锈坑分布规律,本书引入了宋波[134]的试验中另外6片锈蚀梁(梁C5C25、梁C5C30、梁C5C35、梁C15C25、梁C15C30和梁C15C35),这6片梁取自同一批制作的试验梁。所有锈蚀钢筋的锈蚀分布统计试验结果见表3.9。

表3.9 所有锈蚀钢筋的锈蚀分布统计试验结果

试验梁编号	钢筋编号	η	ΔW_g	ΔW_f	E	x_{AVE}	x_{AVE}/r_0	pit_{MAX}	pit_{MAX}/r_0	RLC
C10C25	1	0.121	627	2834	0.22	0.66	0.060	2.45	0.22	0.91
	2	0.121	627	2834	0.22	0.66	0.060	2.8	0.25	—

续上表

试验梁编号	钢筋编号	η	ΔW_g	ΔW_f	E	x_{AVE}	x_{AVE}/r_0	pit_{MAX}	pit_{MAX}/r_0	RLC
C10C30	1	0.080	414	2864	0.14	0.44	0.040	3.83	0.35	0.95
	2	0.080	414	2864	0.14	0.44	0.040	2.44	0.22	—
C10C35	1	0.080	418	2846	0.15	0.44	0.040	2.86	0.26	0.91
	2	0.080	418	2846	0.15	0.44	0.040	3.18	0.29	—
C5C25	1	0.085	441	1424	0.31	0.47	0.042	2.22	0.20	0.86
	2	0.073	381	1424	0.27	0.40	0.037	1.57	0.14	—
C5C30	1	0.067	348	1422	0.25	0.37	0.034	1.21	0.11	0.99
	2	0.060	309	1422	0.22	0.33	0.030	1.32	0.12	—
C5C35	1	0.040	207	1426	0.15	0.22	0.020	1.22	0.11	0.97
	2	0.040	207	1426	0.15	0.22	0.020	1.82	0.17	—
C15C25	1	0.166	860	4290	0.20	0.91	0.083	3.63	0.33	0.71
	2	0.141	731	4290	0.17	0.77	0.070	4.42	0.40	—
C15C30	1	0.131	679	4254	0.16	0.72	0.065	4.92	0.45	0.65
	2	0.108	560	4254	0.13	0.59	0.054	4.49	0.41	—
C15C35	1	0.145	752	4263	0.18	0.80	0.072	4.1	0.37	0.73
	2	0.145	752	4263	0.18	0.80	0.072	4.41	0.40	—
S10C25-1	1	0.100	518	2834	0.18	0.55	0.050	2.25	—	—
	2	0.093	482	2834	0.17	0.51	0.046	3.54	—	—
S10C25-2	1	0.084	435	2846	0.15	0.46	0.042	3.51	—	—
	2	0.140	726	2846	0.26	0.77	0.070	1.35	—	—
S10C25-3	1	0.107	555	2850	0.19	0.59	0.053	2.79	—	—
	2	0.125	648	2850	0.23	0.69	0.062	2.58	—	—
S10C30-1	1	0.084	435	2853	0.15	0.46	0.042	2.66	—	—
	2	0.065	337	2853	0.12	0.36	0.032	1.52	—	—
S10C30-2	1	0.091	472	2846	0.17	0.50	0.045	1.66	—	—
	2	0.115	596	2846	0.21	0.63	0.057	2.27	—	—
S10C30-3	1	0.120	622	2846	0.22	0.66	0.060	2.74	—	—
	2	0.099	512	2846	0.18	0.54	0.049	2.86	—	—
S10C35-1	1	0.100	519	2849	0.18	0.55	0.050	3.49	—	—
	2	0.108	560	2849	0.20	0.59	0.054	2.92	—	—
S10C35-2	1	0.109	565	2849	0.20	0.60	0.054	8.55	—	—
	2	0.096	499	2849	0.18	0.53	0.048	3	—	—
S10C35-3	1	0.111	576	2848	0.20	0.61	0.055	2.72	—	—
	2	0.072	373	2848	0.13	0.40	0.036	1.87	—	—

续上表

试验梁编号	钢筋编号	η	ΔW_g	ΔW_f	E	x_{AVE}	x_{AVE}/r_0	pit_{MAX}	pit_{MAX}/r_0	RLC
U10C30	1	0.0898	466	2930	0.16	0.49	0.045	6.49	—	—
	2	0.124	645	2930	0.22	0.68	0.062	3.55	—	—
SU10C30	1	0.109	565	2970	0.19	0.60	0.054	3.43	—	—
	2	0.097	505	2970	0.17	0.53	0.049	2.85	—	—

注:表3.9中,η 表示钢筋的质量锈蚀率;ΔW_g 表示钢筋的实际质量损失;ΔW_f 表示按照法拉第定理计算的理论质量损失,其计算方法见式(3.1);E 表示锈蚀效率,其值为 ΔW_g 和 ΔW_f 的比值;x_{AVE} 表示锈蚀钢筋平均锈蚀深度,其计算方法见式(3.2);r_0 表示钢筋的半径,取值为 11;pit_{MAX} 表示钢筋表面最大锈坑深度;RLC 表示锈蚀梁剩余承载力比,其值为锈蚀梁极限荷载和不锈蚀梁极限荷载的比值。

$$\Delta W_f = \frac{MIt}{zF} \quad (3.1)$$

式中:M——铁的原子质量;

I——电流,A;

t——锈蚀时间,s;

z——电子转换数,取值为 2;

F——法拉第常数(96500A/s)。

$$x_{AVE} = \frac{\Delta W_g \times 10^3}{\rho_{Fe} \pi \phi L} \quad (3.2)$$

式中:ρ_{Fe}——钢筋密度;

ϕ、L——钢筋的直径和长度。

从表3.9中可以看出,试验梁的锈蚀效率为 13% ~ 31%,此结果远远小于学者 Torres-Acosta A[135]的试验结果。本试验中试验梁同样处于高湿度环境下,锈蚀效率低的原因在于阳极的反应产生 Fe^{2+},Fe^{2+} 与阴极的产物 OH^- 和 Cl^- 结合,生成锈蚀产物 $Fe(OH)_2$ 和 $FeCl_2$,锈蚀产物吸附在锈蚀钢筋表面形成保护膜,使得氯离子到达钢筋表面的速率减慢。因此,在同样的锈蚀时间内实际锈蚀引起的质量损失小于理论计算值。

图 3.18 为 pit_{MAX} 和 x_{AVE} 对比试验结果。从图 3.18 中可以看出,pit_{MAX} 约为 x_{AVE} 的 3.7 倍,该值小于 Torres-Acosta A 的试验结果,但是,仍然在 Rodriguez 等[135]和 Andrade 等[136]的结果范围内,在这两篇文章中,$pit_{MAX} = ax_{AVE}(3 \leq a \leq 10)$。

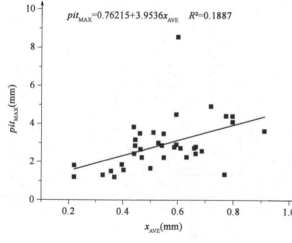

图 3.18 x_{AVE} 和 pit_{MAX} 对比试验结果

图 3.18 和图 3.19 分别为 pit_{MAX}/r_0 和 RLC、x_{AVE}/r_0 和 RLC 之间的统计关系。图 3.18 中的 pit_{MAX}/r_0 值为表 3.9 中同一片梁中两根钢筋 pit_{MAX}/r_0 值的平均值,图 3.19 中的 x_{AVE}/r_0 同样如此。

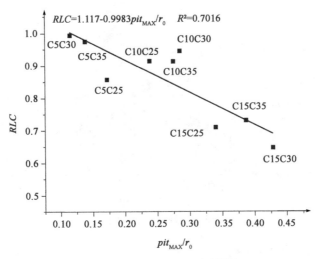

图 3.19 pit_{MAX}/r_0 和 RLC 试验结果

从图 3.18 和图 3.19 中可以看出,图 3.18 中的相关系数大于图 3.19 中的相关系数,同时,在图 3.20 中,具有相似 x_{AVE}/r_0 值的试验梁的 RLC 值不相同,如梁 C10C30、梁 C10C35 和梁 C5C25,梁 C10C25 和梁 C15C30,这是不正确的,但是图 3.19 中的 pit_{MAX}/r_0 值没有出现此情况。

图 3.20 为 x_{AVE}/r_0 和 RLC 试验结果。在图 3.20 中可以看出,锈坑位置大部分集中在跨中附近,此区域正是锈蚀梁受弯破坏区域。此结果与 Malumbela G 等[138]的试验结果相似。上述分析可以表明,最大锈坑深度是影响锈蚀梁承载力的主要因素。

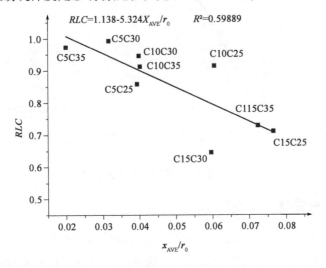

图 3.20 x_{AVE}/r_0 和 RLC 试验结果

图3.21为最大锈坑统计分布。从图3.21中可以看出,最大锈坑沿着锈蚀纵向钢筋近似成高斯分布,相应的均值和标准差分别是97.33cm和28.06cm。

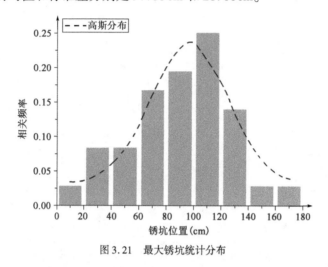

图3.21 最大锈坑统计分布

3.3.4 锈蚀对挠度的影响

图3.22为不加固对比梁荷载-跨中挠度曲线。锈蚀梁的极限承载力随着锈蚀钢筋的面积和屈服强度的降低而降低,并且随着锈蚀率的增加降低得更快。从图3.22中可以得到,锈蚀率为8%的梁C10C30的极限承载力比对比梁C0C30低5.6%,同时,其极限挠度比梁C0C30高10.1%。不加固梁的破坏模式为弯曲破坏,抗拉钢筋屈服,受压区混凝土压碎。

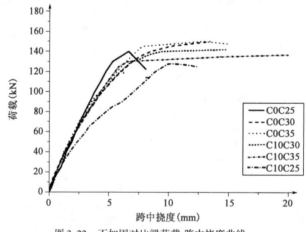

图3.22 不加固对比梁荷载-跨中挠度曲线

3.3.5 锈蚀对混凝土应变的影响

图3.23中列出了不同荷载下试验梁混凝土沿梁高的应变。从图3.23中可以看出,抗弯加固梁S0C30-3和梁S10C30-3的中和轴高于不锈蚀加固梁C0C30和梁C10C30。这是因为钢板加固提高了试验梁受拉面的拉应力。从图3.23中同样能看出,由于钢筋锈蚀的原因,抗弯

加固梁 S10C30-3 的中和轴高度低于不锈蚀加固梁 S0C30-3。在三种加固方式的锈蚀加固梁中，梁 SU10C30 的中和轴高度最大。

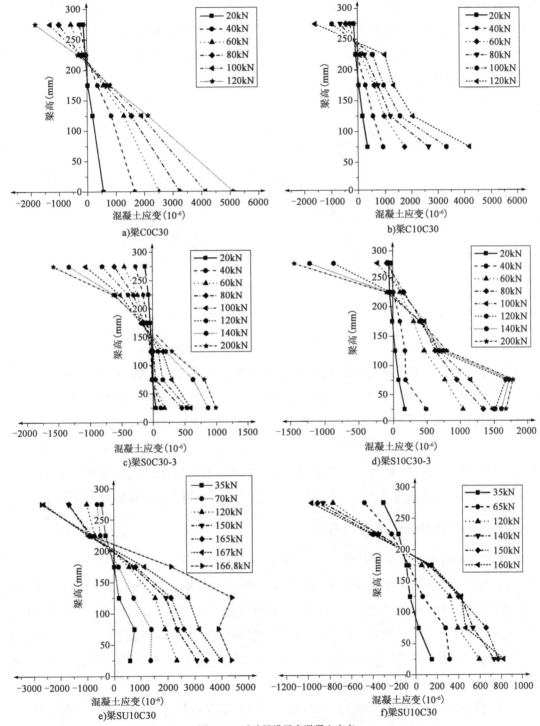

图 3.23 试验梁沿梁高混凝土应变

图3.24为距离试验梁底面25mm处的混凝土应变。在相同荷载下,加固梁混凝土应变明显低于未加固梁混凝土应变。由于弯曲裂缝的形成,未加固梁的混凝土应变片在荷载较低的情况下便失效。这说明加固钢板有效地限制了混凝土应变。由于钢筋的锈蚀引起的钢筋与混凝土的粘结滑移,试验梁S10C30-3的混凝土应变小于梁S0C30-3的应变。在同一荷载下,组合加固梁SU10C30的混凝土应变最小。由于梁U10C30的破坏模式为抗弯破坏,在受拉钢筋屈服后,混凝土应变仍然增大。

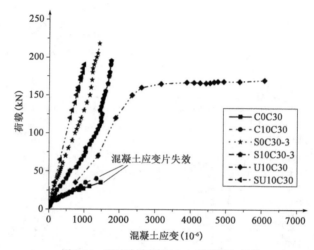

图3.24 距试验梁底部25mm处混凝土应变

钢筋与混凝土之间的应力是依靠两者之间的粘结传递的。然而,在许多研究中发现[139-140],对于锈蚀梁,钢筋和混凝土之间的粘结力降低。在不锈蚀加固梁中,在荷载作用下,钢板、混凝土、胶层、钢筋之间组合成整体,因此,沿梁高的应变应该成线性的,但是,在图3.23b)~图3.23f)中,混凝土沿梁高的应变是非线性的。这是因为钢筋锈蚀使得钢筋与混凝土之间的粘结力局部降低,致使钢筋和混凝土之间粘结滑移加大,钢筋对混凝土的锚固作用减小,致使受拉混凝土应变增大。另外,锈蚀产物产生的锈胀裂缝进一步增大了混凝土应变。

3.3.6 钢板加固对锈蚀梁的效应

1）钢板加固对跨中挠度的影响

图3.25为保护层厚度为30mm的试验梁荷载-跨中挠度曲线。从图3.25和表3.8中可以看出,试验梁S0C30-3和梁S10C30-3的极限荷载比试验梁C0C30和梁C10C30的极限荷载分别大84.7%和39.4%。同时,试验梁S0C30-3和梁S10C30-3的极限跨中挠度比试验梁C0C30和梁C10C30的极限挠度小15.36%和27.58%。这是由于5mm厚的钢板使得试验梁S0C30-3和梁S10C30-3强度和刚度显著增强。

对于锈蚀加固梁,5mm厚的钢板加固能够使梁获得极限承载力,接下来是试验梁S10C30-2和梁S10C30-1。从图3.25中可以看出,锈蚀加固梁S10C30-1、梁S10C30-2和梁S10C30-3三者的极限强度值分别比对比梁 C10C30 大 19.7%、23.2% 和 39.4%,而且锈蚀加固梁 S10C30-1、梁 S10C30-2 和梁 S10C30-3 与对比梁 C0C30 和梁 C10C30 相比,有更强的抗变形能力。从图 3.25 和表 3.8 中还可以看出,钢板厚度每提高 1mm,锈蚀加固梁的承载力提高 5~18kN。

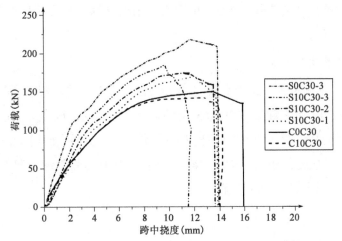

图 3.25　保护层厚度为 30mm 的对比梁和抗弯加固梁荷载-跨中挠度曲线

图 3.26 为保护层厚度为 30mm 的不同加固方式的试验梁荷载-挠度曲线。从图 3.26 中可以看出,为了表征三种加固方式破坏模式特征,绘出了梁 SU10C30 和梁 S10C30-3 的极限承载力之后的挠度曲线。每种加固方式都能够极大地提高锈蚀梁的承载性能和抗变形性能,相比于对比梁 C10C30,虽然梁 SU10C30 为脆性提前破坏,但极限承载力仍提高了 33.8%,梁 S10C30 和梁 U10C30 极限承载力分别提高了 30.28% 和 21.83%,并且在同一荷载下梁 SU0C30 的挠度相比其他两片梁都低,这意味着组合加固能够有效地提高锈蚀梁的抗变形能力。

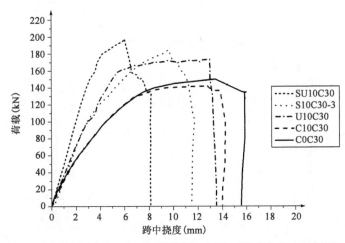

图 3.26　保护层厚度为 30mm 的不同加固方式的试验梁荷载-跨中挠度曲线

2)加固对开裂荷载的影响

从表 3.8 试验梁的开裂荷载可以看出,不加固锈蚀梁的开裂荷载比不锈蚀梁的开裂荷载略微降低。锈蚀加固梁的弯曲开裂荷载比锈蚀梁的弯曲开裂荷载提高了70%～200%,斜裂缝出现荷载提高了28%～43%。相比于不锈蚀加固梁,相同保护层情况下,锈蚀加固梁的抗弯开裂荷载和斜裂缝出现荷载提高了27%～45%和16%～42%。上述分析说明了钢板加固可以有效地提高试验梁开裂荷载。然而,由于钢筋锈蚀,锈蚀加固梁的开裂荷载比不锈蚀加固梁的开裂荷载有所降低。

3) 加固对钢板应变的影响

图3.27为部分加固梁钢板跨中荷载-应变曲线图。在斜裂缝出现前,同一荷载下,锈蚀加固梁S10C30-1、梁S10C30-2和梁S10C30-3钢板应变比不锈蚀加固梁大。这是由于锈蚀使得钢筋与混凝土之间的粘结滑移增大,钢板应变随着混凝土应变增大而增大。当斜裂缝出现后,斜裂缝处的钢板由于应力集中,使其与混凝土之间出现剥离,斜裂缝引起的斜拉破坏是脆性的,致使钢板应变出现突然下降的情况。

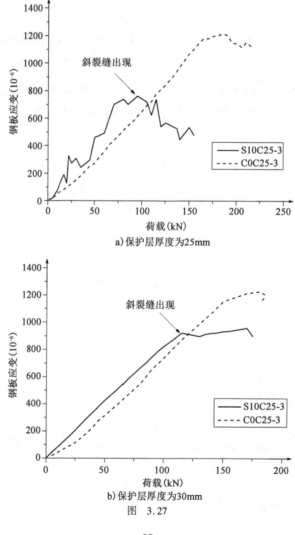

a) 保护层厚度为25mm

b) 保护层厚度为30mm

图 3.27

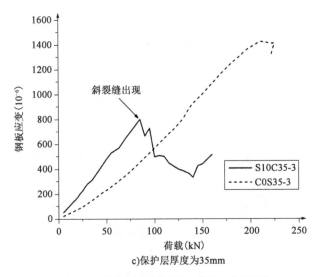

c) 保护层厚度为35mm

图 3.27 部分加固梁钢板跨中荷载—应变曲线

图 3.28 为极限荷载下不同加固方式试验梁沿梁纵向长度的底面钢板应变。从图 3.28 中可以看出，梁 SU10C30 底面钢板应变整体上大于梁 S10C30-3，说明增加 U 形箍加固提高了梁的延性，同时，由于 U 形箍对底面钢板的紧固效应，底面钢板两端的应变小于中间钢板应变，但是由于梁 SU10C30 右边支座提前破坏，右边钢板末端的应变在破坏时降低。

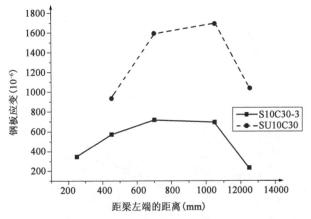

图 3.28 极限荷载下不同加固方式试验梁沿梁纵向长度的底面钢板应变

3.3.7 保护层厚度的影响

图 3.29 为不同保护层厚的锈蚀加固梁、不锈蚀不加固梁、锈蚀不加固梁跨中挠度对比曲线。其中，加固梁钢板厚度为 4mm。从图 3.29 中可以看出，在不同保护层厚度的情况下，加固梁和对比梁的跨中挠度没有明显区别。表 3.8 中保护层厚度对使用 3mm、5mm 加固的锈蚀加固梁极限跨中挠度影响不大。

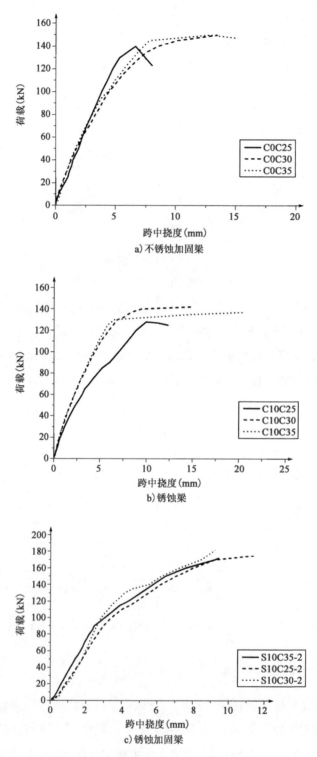

图3.29 不同保护层厚度下试验梁跨中挠度

3.3.8 试验梁延性和刚度

在工程中,一般使用曲率来描绘 RC 梁的延性。然而在试验梁加载过程中,曲率存在缺陷。对于双点加载的试验梁(存在常弯矩区),曲率分析可以分为两个阶段:屈服前阶段和屈服后阶段。当受拉钢筋屈服前,所有的变形都是弹性的,曲率随荷载的增长而线性增长。当跨中弯矩超过屈服弯矩后,在常弯矩区便产生塑性铰。在这个阶段,由于过多的非弹性旋转,塑性铰急剧增长。随着荷载增加,塑性铰在常弯矩区域继续扩大。当达到极限荷载的时候,曲率从塑性铰区域到荷载加载点处会急剧减小。在荷载试验中,塑性铰区域的位置和范围由于以下几个原因会发生变化:

(1)在加载过程中,试验误差引起的加载点的微小变化。
(2)在加载过程中,左右两加载点的微小不均匀性。
(3)曲率在常弯矩区是变化的,存在波动。

从上述分析可以看出,对于双点加载的试验梁,使用曲率对比试验梁之间的延性存在问题。对于单点加载的试验梁来说,没有常弯矩区,在两裂缝之间的混凝土仍有抗拉能力,两裂缝之间的曲率也存在波动,其峰值出现在裂缝位置处。因此,使用曲率也不能较好地预测试验梁的延性。

试验梁在破坏前为保持延性需要吸收能量,此能量的总和称为韧性模量(MOT)[54]。MOT 的取值为荷载-挠度曲线的总面积,包括极限荷载后挠度继续延伸段。试验梁跨中挠度表示沿梁长曲率的合集,说明 MOT 相比于曲率能够更好地描述梁的延性。

表 3.10 为所有试验梁的 MOT 和刚度,其中刚度为荷载-挠度曲线开始直线段的斜率。

试验梁的 MOT 和刚度　　　　　表 3.10

试验梁编号	MOT (Joule)	比对比梁提高量 (%)	刚度 (kN/mm)	比对比梁提高量 (%)
C0C25	1726.19	—	19.34	—
C0C30	1802.90	—	17.83	—
C0C35	1823.91	—	18.76	—
C10C25	1555.94	—	14.80	—
C10C30	1533.87	—	18.97	—
C10C35	1598.50	—	24.41	—
S0C25-3	1853.30	7.36	49.56	156.26
S0C30-3	1858.25	3.07	48.24	170.56
S0C35-3	1891.30	3.69	53.49	185.13
S10C25-1	1579.60	1.52	27.90	88.51
S10C25-2	1695.13	8.9	32.84	121.94

续上表

试验梁编号	MOT (Joule)	比对比梁提高量 (%)	刚度 (kN/mm)	比对比梁提高量 (%)
S10C25-3	1720.30	10.56	35.84	142.16
S10C30-1	1678.10	9.40	24.53	29.31
S10C30-2	1705.50	11.19	27.50	44.97
S10C30-3	1461.50	-4.71	30.61	61.36
S10C35-1	1682.09	5.23	32.14	31.67
S10C35-2	1701.13	6.42	34.70	42.15
S10C35-3	1790.15	11.99	35.67	46.13
U10C30	1794.20	16.97	29.09	53.35
SU10C30	1091.90	-28.87	43.17	127.57

注：与对比梁比较中，提高百分数为负值时表示与对比梁相比延性降低。

从表3.10中可以看出，不锈蚀加固梁相比于不锈蚀梁，延性提高了3.07%~7.36%。由于钢筋锈蚀，锈蚀梁的延性低于不锈蚀梁。对于底面钢板加固锈蚀梁，除了梁S10C30-3外，其余抗弯加固锈蚀梁的延性较锈蚀对比梁均有所提高，提高量最大为11.99%（梁S10C35-3），延性提高量不明显是因为抗弯加固锈蚀梁的破坏模式为斜拉破坏，此种破坏为脆性破坏。

梁S10C30-3和梁SU10C30的延性较对比梁C10C30的延性分别降低了4.71%和28.87%，这是因为梁S10C30-3和梁SU10C30在支座处的混凝土发生破裂压碎，提前发生破坏，导致极限荷载降低。梁U10C30的延性相比于梁S10C30-3和梁SU10C30都高，这是因为梁U10C30的破坏模式为抗弯破坏，而梁S10C30-3和梁SU10C30都是脆性破坏，这点能够从图3.24中混凝土应变和图3.25中不同加固方式试验梁荷载-挠度曲线可以证实。图3.24中梁U10C30混凝土应变在钢筋屈服后存在明显的延伸，同时图3.15中梁U10C30的荷载-挠度曲线与对比梁相似。梁S10C30-3和梁SU10C30为脆性破坏，当荷载达到极限强度后迅速降低，导致延性也降低。

从表3.10中可以看出，不锈蚀加固梁的刚度相比于不锈蚀梁提高了156.26%~185.13%。锈蚀加固梁的刚度相对于对比锈蚀梁提高了29.31%~142.16%，并且所有抗弯加固锈蚀梁刚度随钢板厚度增加而增大。在不同加固方式锈蚀加固梁中，由于没有底面钢板，加固梁U10C30底面的抗拉效应低于梁S10C30-3和梁SU10C30，因此其刚度低于其他两片梁。梁SU10C30刚度最大，说明组合加固能有效地提高锈蚀梁刚度。

3.3.9 ANOVA分析

ANOVA分析（方差分析），又称为变异数分析，用于两个及两个以上样本均数差别的显著性检验。由于各种因素的影响，研究所得的数据呈现波动状。造成波动的原因包括两类：一类是不可控的随机因素,另一类是研究中对结果施加的影响的可控因素。

根据 ANOVA 分析的基本原理可得,不同处理组的均数间的差别基本来源有以下两个:

(1)试验条件,即不同的处理造成的差异,称为组间差异。它用变量在各组的均值与总均值之偏差平方和的总和表示,记作 SS_b,组间自由度 df_b。

(2)随机误差,如测量误差造成的差异或个体间的差异,称为组内差异。它用变量在各组的均值与该组内变量值的偏差平方和的总和表示,记作 SS_w,组内自由度 df_w。

总偏差平方和 $SS_t = SS_b + SS_w$。

组内差异 SS_w、组间差异 SS_b 除以各自的自由度(组内 $df_w = n - m$,组间 $df_b = m - 1$,其中 n 为样本总数,m 为组数),得到其均方 MS_w 和 MS_b 有两种情况:一种情况是处理没有作用,即各组样本均来自同一总体,$MS_b/MS_w \approx 1$;另一种情况是处理确实有作用,组间均方是由于误差与不同处理共同导致的结果,即各样本来自不同总体。那么,$MS_b \gg MS_w$(远远大于)。

MS_b/MS_w 比值构成 F 分布。用 F 值与其临界值比较,推断各样本是否来自相同的总体。

为了论证上述试验结果的正确性以及锈蚀加固梁的力学特性,本节对试验结果进行了方差分析。锈蚀加固梁的性能参数包括极限承载力和极限跨中挠度。

表 3.11 为钢板厚度和保护层厚度对加固梁性能参数影响的单方向 ANOVA 分析。锈蚀加固梁性能参数取值来自表 2.8。ANOVA 分析显著性水平为 0.05。

钢板厚度和保护层厚度对于试验梁结构性能参数单方向 ANOVA 分析　　表 3.11

平方和	修正参数	平方和		df	均方差		F-统计量		P 值	
		D_u	P_u		D_u	P_u	D_u	P_u	D_u	P_u
组间	d_s	38.537	948.667	2	3.656	474.333	2.567	19.317	0.157	0.002
	C	9.099	114.667	2	4.549	57.333	0.551	0.351	0.606	0.718
组内	d_s	20.061	147.333	6	1.424	24.556	—	—	—	—
	C	49.499	981.333	6	8.25	163.556	—	—	—	—
总平方和	d_s	58.598	1096.0	8	—	—	—	—	—	—
	C	58.598	1096.0	8	—	—	—	—	—	—

对于极限挠度(D_u)、钢板厚度(d_s)和保护层厚度(C)的组间平方和分别占总平方和的 65.77% 和 15.36%。保护层厚度的统计参数 F 值为 0.606,但是钢板厚度的 F 值仅为 0.157。钢板的 P 值更加接近显著水平。同样,对于结构性能参数极限荷载,钢板厚度和保护层厚度对其的方差影响分析结果在表 3.8 中列出。从表 3.11 中可以看出,钢板厚度对于试验梁的极限承载力和挠度有显著的影响,保护层对极限承载力和挠度的影响不大。

上述 ANOVA 分析量化了试验参数对于锈蚀加固梁结构性能参数的影响,其结果与试验结果相符。

3.4 小　　结

本章通过 20 片 RC 矩形梁静载试验,研究了钢板加固对于锈蚀梁结构性能的影响,同时对比了不同加固方法对于加固锈蚀梁力学性能的不同影响。根据试验分析结果,得出了如下结论:

(1)破坏位置处的最大锈坑深度是影响锈蚀梁极限承载力的主要因素。锈坑沿钢筋长度近似呈高斯分布。

(2)不同的加固方法会导致不同的破坏模式,U 形箍抗剪加固为抗弯破坏,底面钢板抗弯加固试验梁的破坏模式为脆性斜拉破坏。组合加固试验梁由于支座处锈蚀严重出现了提前破坏的模式。从抗弯-抗剪组合加固试验梁破坏模式来看,组合加固试验梁加固效应可能过剩,因此如何合理设计锈蚀梁加固钢板的尺寸和位置是值得进一步研究的要点。

(3)相比于锈蚀梁和不锈蚀梁,钢板加固能够有效地提高梁的极限承载力,对于锈蚀加固梁,组合加固效应最明显,其极限承载力和刚度相比于锈蚀梁分别提高了39.44%和127.57%。对于抗弯加固试验梁,底面钢板每提高 1mm,极限承载力提高 5~18kN。

(4)由于抗弯底面加固和组合加固试验梁的破坏模式是脆性的,因此其延性相比于锈蚀梁分别将降低了 4.6% 和 28.8%,U 形箍加固锈蚀梁能有效地抑制斜裂缝的开展,较其他两种加固方法能更有效地提高锈蚀梁的延性。

(5)ANOVA 分析与试验结果分析表明,钢板厚度对于抗弯加固锈蚀梁的极限承载力和极限挠度影响显著,而保护层厚度影响较小。

第4章 粘贴钢板加固锈蚀RC梁二次锈蚀试验研究

4.1 引 言

在RC梁加固后,其仍然处在自然腐蚀环境中,因此加固后的RC梁存在二次锈蚀的情况。本章通过对第2章中一次锈蚀RC简支梁加固后再锈蚀,对比一次锈蚀加固和二次锈蚀加固RC梁混凝土和钢板应变、荷载-挠度曲线、延性、刚度等力学性能指标的异同,分析二次锈蚀引起加固梁承载性能降低的原因,同时分析二次锈蚀对于不同加固方式试验梁的影响。

4.2 试 验 方 案

本试验的试验梁尺寸和第2章中的试验梁完全相同,试验梁配筋、初次锈蚀、钢板尺寸和加固方式也完全相同,二次锈蚀便是把初次锈蚀的加固梁以同样的锈蚀方法进行再次锈蚀,直到达到设计锈蚀率,二次锈蚀前用环氧树脂涂抹钢板防止钢板锈蚀。试验梁设计见表4.1,表中同时引入了第2章中的试验梁。

二次锈蚀试验梁加固参数　　　　表4.1

分组	试验梁编号	保护层厚度(mm)	锈蚀率(%)	加固钢板厚度(mm)	二次锈蚀率(%)	U形箍厚度(mm)	钢板压条厚度(mm)
A	S10C25-3	25	10	5	—	—	—
A	S10C25-C	25	10	5	5	—	—
A	SU10C25-C	25	10	5	5	3	2
A	U10C25-C	25	10	—	5	3	2
B	S10C30-3	30	10	5	—	—	—
B	U10C30	30	10	—	—	3	2
B	SU10C30	30	10	5	—	3	2
B	S10C30-C	30	10	5	5	—	—
B	SU10C30-C	30	10	5	5	3	2
B	U10C30-C	30	10	—	5	3	2

本试验的测量方案与第2章中的测量方案完全相同,锈蚀率的测定也完全相同。加载试验完成后,试验梁受拉钢筋的锈蚀率测定见表4.2。

试验梁受拉钢筋的锈蚀率测定　　　　　　　　　　　表 4.2

试验梁编号	加固前设计锈蚀率(%)	加固后设计锈蚀率(%)	实际锈蚀率(%)
S10C25-3	10	—	11.60
S10C25-C	10	5	15.14
SU10C25-C	10	5	12.99
U10C25-C	10	5	13.28
S10C30-3	10	—	10.94
U10C30	10	—	10.71
SU10C30	10	—	10.32
S10C30-C	10	5	17.02
U10C30-C	10	5	18.19
SU10C30-C	10	5	12.81

4.3　试验结果分析

表 4.3 总结了所有试验梁的开裂荷载 P_{cf}、极限荷载 P_u、极限荷载对应的极限挠度 f_u 以及破坏模式。

二次锈蚀试验结果　　　　　　　　　　　　　　　表 4.3

试验梁编号	P_{cf}(kN)	P_u(kN)	f_u(mm)	破坏模式
S10C25-3	45	190	9.02	DT
S10C25-C	50	124	8.5	DT
SU10C25-C	40	245	9.15	DT
U10C25-C	20	170	10.24	F
S10C30-3	25	185	9.65	DT
U10C30	25	173	9.53	F
SU10C30	45	190	5.44	SF
S10C30-C	25	86.7	5.8	DT、SF
U10C30-C	20	96	6.2	F
SU10C30-C	50	124	4.09	SF

注：F 表示受弯破坏；DT 表示斜拉破坏；SF 表示支座压碎破坏。

4.3.1　破坏模式和裂缝分布

表 4.3 总结了试验梁的破坏模式，图 4.1 列出了部分试验梁的破坏模式。如图 4.1c)~图 4.1f)所示，对于底面抗弯加固的试验梁，一次锈蚀梁的破坏模式为斜拉破坏，二次锈蚀梁的破坏模式为斜拉破坏和支座处破坏。试验梁的裂缝从钢板末端朝着加载点处发展，裂缝较宽、开裂早，试验梁的破坏是由此斜拉裂缝引起的。发生这种破坏的主要原因是，底面钢板加固显著地提高了锈蚀梁的抗弯承载力，但是试验梁的抗剪承载力并没有提高，因此限制了弯曲裂缝发展，并

且使得斜裂缝出现后快速发展,最终导致试验梁提前破坏,没有达到理论的极限抗弯承载力。梁 S10C30-C 支座处破坏的原因是二次锈蚀导致支座处钢筋与混凝土之间的锚固力降低,同时二次锈蚀也使得支座处混凝土强度降低。如图 4.1g)和图 4.1j)所示,组合加固梁 SU10C30-C 与梁 SU10C30 一样也发生支座处破坏,二次锈蚀加剧了支座处钢筋的锈蚀,U 形箍和底面钢板组合加固,提高了梁抗弯剪性能,导致支座处混凝土压碎。如图 4.1b)、图 4.1i)、图 4.1j)所示,二次锈蚀 U 形箍加固试验梁,其破坏模式与一次锈蚀 U 形箍加固梁相同,为受弯破坏。从图 4.1 中可以看出,在二次锈蚀影响下,跨中底面横向裂缝宽度较一次锈蚀加固梁大。

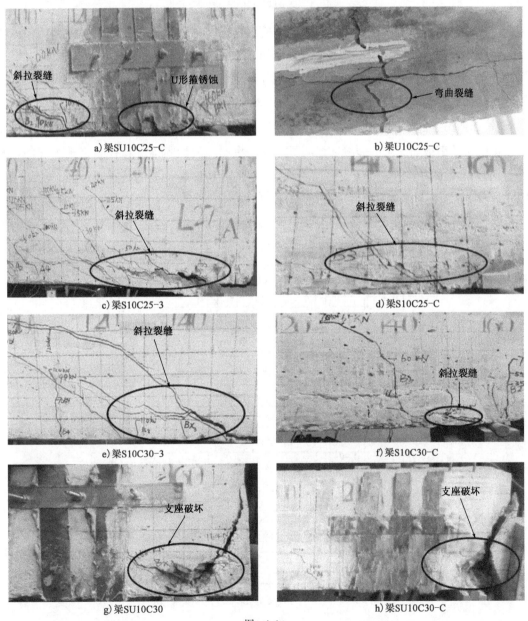

图 4.1

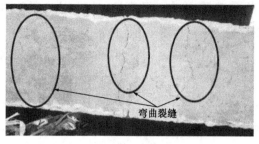
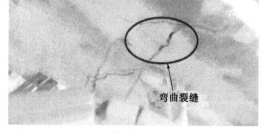

i) 梁U10C30　　　　　　　　　　　j) 梁U10C30-C

图 4.1　部分试验梁的破坏模式

图 4.1 中,除梁 SU10C25-C 外,其余试验梁的破坏模式符合上述分析中同类型的试验梁相同,破坏特征相同。梁 SU10C25-C 在锈蚀过程中,底面钢板和 U 形箍存在不同程度的锈蚀,导致 U 形箍在加载过程中断裂,U 形箍的锚固作用消失,之后底面钢板末端出现斜裂缝,并且随荷载的增加延伸迅速,最终导致斜拉破坏,破坏特征与抗弯加固试验梁相似。

图 4.2 列出了部分试验梁的裂缝分布。对比图中一次锈蚀梁和二次锈蚀的试验梁可以看出,二次锈蚀的钢板加固梁的裂缝数量明显少于一次锈蚀的加固梁。具有 U 形箍加固的试验梁,由于 U 形箍加固区域对混凝土的锚固作用,单纯用 U 形箍加固的一次锈蚀和二次锈蚀的试验梁仅在跨中出现弯曲裂缝,没有斜裂缝出现。而组合加固的试验梁,由于支座破坏,支座处出现了由支座处延伸出的裂缝,同时,由于试验梁支座处提前破坏,梁中部裂缝在荷载较低时便停止延伸。

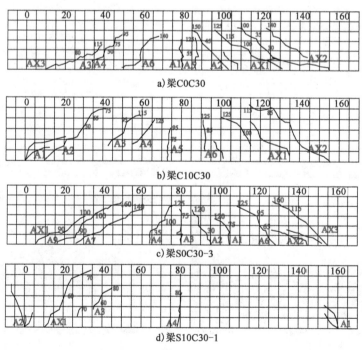

a) 梁C0C30

b) 梁C10C30

c) 梁S0C30-3

d) 梁S10C30-1

图　4.2

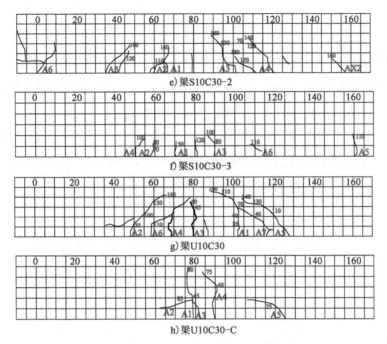

e) 梁S10C30-2

f) 梁S10C30-3

g) 梁U10C30

h) 梁U10C30-C

图 4.2　部分试验梁的裂缝分布(尺寸单位:mm)

4.3.2　二次锈蚀对钢板应变的影响

图 4.3 为有底面钢板加固锈蚀梁极限荷载时的钢板应变。从图 4.3 中可以看出,二次锈蚀的试验梁在相同位置处钢板应变大于没有二次锈蚀的试验梁。在跨中处,钢板应变最大,梁 S10C25-3、梁 S10C30-3 和梁 SU10C30 的跨中钢板应变分别比梁 S10C25-C、梁 S10C30-C 和梁 SU10C30-C 小 29.9%、32.45% 和 20.97%。二次锈蚀组合加固梁的钢板应变同样大于抗弯加固试验梁。对于带有 U 形箍的试验梁 SU10C30-C、梁 SU10C30 和梁 SU10C25-C,U 形箍的锚固作用同样使得钢板末端应变低于跨中应变。

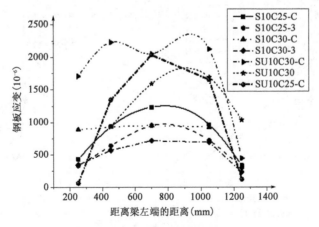

图 4.3　有底面钢板加固锈蚀梁极限荷载时的钢板应变

4.3.3 二次锈蚀对混凝土应变的影响

图 4.4 为加固梁距离试验梁底面 25mm 处混凝土应变。从图 4.4 中可以看出，由于二次锈蚀，在相同荷载作用下，梁 S10C25-C、梁 S10C30-C 和梁 U10C30-C 混凝土应变明显大于梁 S10C25-3、梁 S10C30-3 和梁 U10C30-3，然而，对于组合加固梁，梁 SU10C30-C 和梁 SU10C30 的混凝土应变值在同等荷载作用下比较接近，这是因为梁 SU10C30-C 的二次锈蚀率比较小，只有 2%，对于锈蚀钢筋与混凝土之间的粘结滑移影响不大，进而对梁底部混凝土应变影响也不大。

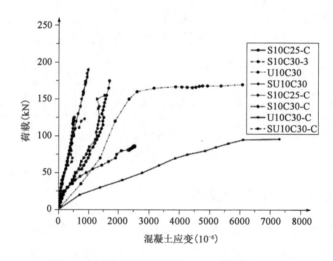

图 4.4 加固梁距离试验梁底面 25mm 处混凝土应变

图 4.5 为部分加固试验梁沿梁高混凝土应变。从图 4.5 中可以发现，二次锈蚀使沿梁高混凝土应变的非线性加剧，距离量底面高 75mm 位置的混凝土由于锈胀裂缝在二次锈蚀作用下开裂更明显，混凝土应变较一次锈蚀加固梁更大。

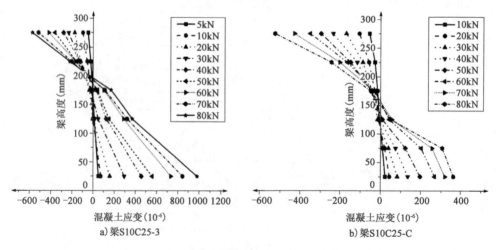

图 4.5

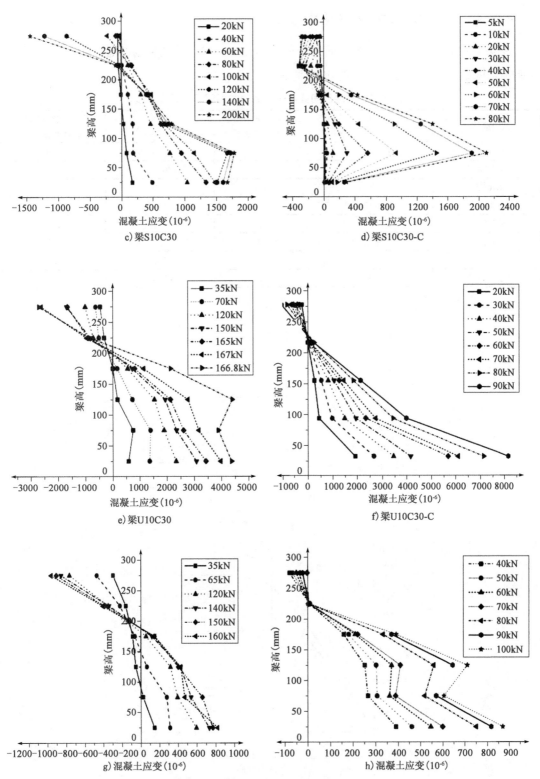

图4.5 部分加固试验梁沿梁高混凝土应变

4.3.4 二次锈蚀对挠度和延性的影响

表4.4列出了部分二次锈蚀加固梁与一次锈蚀加固梁的延性和刚度值。图4.6为部分一次锈蚀加固梁和二次锈蚀加固梁荷载-挠度曲线。

部分二次锈蚀加固梁与一次锈蚀加固梁的延性和刚度 表4.4

试验梁编号	延 性	比一次锈蚀加固梁降低量(%)	刚度(kN/mm)	比一次锈蚀加固梁降低量(%)
S10C25-3	420.3	—	35.84	—
S10C30-3	392.23	—	30.61	—
U10C30	615.72	—	29.09	—
SU10C30	517.47	—	43.17	—
S10C25-C	258.4	38.52	34.96	2.46
S10C30-C	175.95	55.14	29.91	2.27
U10C30-C	163.81	73.39	20.68	28.91
SU10C30-C	201.01	61.15	42.01	2.68

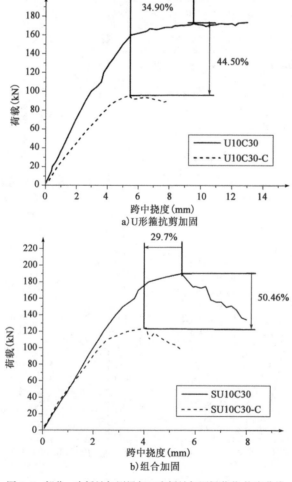

a) U形箍抗剪加固

b) 组合加固

图4.6 部分一次锈蚀加固梁与二次锈蚀加固梁荷载-挠度曲线

结合表 4.3、表 4.4 可知，二次锈蚀加固梁 S10C25-C、梁 S10C30-C、梁 U10C30-C 和梁 SU10C30-C 的极限承载力比一次锈蚀加固梁 S10C25-3、梁 S10C30、梁 U10C30-C 和梁 SU10C30分别降低了 34.2%、53.51%、44.50% 和 34.74%。相对应的极限挠度，二次锈蚀加固梁 S10C25-C、梁 S10C30-C、梁 U10C30-C 和梁 SU10C30-C 的极限承载力比一次锈蚀加固梁 S10C25-3、梁 S10C30、梁 U10C30 和梁 SU10C30 分别降低了 16.02%、39.09%、34.09% 和 29.7%。二次锈蚀明显降低了一次锈蚀加固梁的延性，梁 S10C25-C、梁 S10C30-C、梁 U10C30-C 和梁 SU10C30-C 的延性相比梁 S10C25-3、梁 S10C30、梁 U10C30 和梁 SU10C30 分别降低了 38.52%、55.14%、73.39% 和 61.15%。

对于梁 S10C30-C 和梁 SU10C30-C，从其破坏模式来看，两片梁的破坏是脆性的提前破坏。二次锈蚀进一步使得受拉钢筋与混凝土之间的粘结力降低。随着荷载的增加，锈蚀钢筋与混凝土之间的应力逐渐向梁两端传递，最后集中在梁端锚固区，此区域钢筋与混凝土的锚固由钢筋的弯曲提供，然而，支座处的严重锈蚀明显降低了钢筋与混凝土之间的锚固作用，锈蚀产物的膨胀压力使得混凝土开裂，并且随着荷载的增加而不断增长，支座处的锈蚀情况和裂缝分布如图 4.6a)所示，此裂缝最终导致了梁 S10C30-C 和梁 SU10C30-C 支座处提前破坏，极限承载力未达到其理论极限承载力，因此其极限承载力比梁 S10C30 和梁 SU10C30降低较多。

对于梁 U10C30-C，二次锈蚀后其破坏模式仍然为跨中抗弯破坏，没有提前破坏，但是，其极限承载力比锈蚀梁 C10C30 还要低 32.3%，由此可见，二次锈蚀对于 U 形箍对试验抗弯性能的提高明显削弱。其主要原因如下：

(1) 二次锈蚀进一步增长了试验梁锈胀裂缝的宽度，从而进一步降低了混凝土的有效截面积。

(2) 严重的二次锈蚀进一步降低了受拉钢筋对混凝土的锚固作用，使得混凝土在开裂后弯曲裂缝随荷载迅速发展，跨中前面弯曲裂缝与底面横向裂缝相连，最终导致试验梁破坏。

(3) U 形箍底面的钢板距离跨中中点位置为 450mm，其对锈蚀梁抗弯能力的贡献小于底面加固钢板试验梁(梁 S10C30)，依据《混凝土结构加固设计规范》(GB 50367—2013)[3]中钢板加固抗弯承载力计算公式，考虑 U 形箍底面钢板应变折减和锈蚀钢筋与混凝土之间的应变不协调性，可以得出跨中弯矩主要是由锈蚀钢筋与混凝土承受，U 形箍提供的抗弯承载力较少，在二次锈蚀作用下，锈蚀钢筋的截面积和屈服强度进一步降低，混凝土强度依据 Vecchio 和 Collins[141]的理论模型和试验结果判断，也会随着二次锈蚀引起的裂缝宽度增加而减小。因此，在二次锈蚀的影响下，梁 U10C30-C 的极限抗弯承载力将明显低于梁 U10C30。

从图 4.6 中还能看出，二次锈蚀对于底面有钢板加固的锈蚀梁早期荷载-挠度曲线影响不大，结合表 4.4 中的刚度值，具有底面钢板加固的二次锈蚀加固梁 S10C25-C、梁 S10C30-C 和梁 SU10C30-C 的刚度仅比一次锈蚀加固梁 S10C25-3、梁 S10C30-3 和梁 SU10C30 分别降低了 2.46%、2.27% 和 2.68%，而梁 U10C30-C 的刚度则降低了 28.91%。从张建仁等[142]提出的锈蚀加固梁挠度分析模型中可以得出，底面钢板和锈蚀钢筋是影响加固梁的挠度的主要因素。底面钢板加固提高了锈蚀梁的抗变形性能。梁 U10C30-C 没有底面钢板加固，并且 U 形箍加固提高了抗剪性能，跨中早期荷载作用下变形主要由锈蚀钢筋和混凝土承担，因此在二次锈蚀的影响下，跨中挠度增大，最终导致刚度降低较大。

4.4 小　　结

本章通过试验室二次锈蚀的方法，将一次锈蚀加固梁进行二次锈蚀，利用试验室静载试验方法对二次锈蚀加固梁进行加载试验，测试试验梁各力学性能指标，将测试指标与加固方法相同的一次锈蚀加固梁进行对比分析，得出了如下几点有意义的结论：

(1) 加固钢板不锈蚀时，二次锈蚀加固梁的破坏模式与一次锈蚀加固梁的破坏模式基本相同，U 形箍加固的二次锈蚀梁破坏模式为抗弯破坏，底面抗弯加固的二次锈蚀梁为斜拉破坏。但是，由于二次锈蚀的作用，组合加固试验梁的两端钢筋锈蚀严重，支座处钢筋锚固作用消失，导致支座处破坏。在 U 形箍发生锈蚀的情况下，由于 U 形箍断裂，组合加固试验梁发生斜拉破坏。

(2) 二次锈蚀的试验梁在相同位置处钢板应变大于一次锈蚀加固梁，二次锈蚀组合加固梁的钢板应变同样大于抗弯加固试验梁，U 形箍的锚固作用同样使得钢板末端应变低于跨中应变。

(3) 二次锈蚀使沿梁高混凝土应变的非线性加剧，距离梁底面高 75mm 位置的混凝土由于锈胀裂缝在二次锈蚀作用下开裂更明显，混凝土应变较一次锈蚀加固梁更大。

(4) 二次锈蚀明显降低了加固梁的延性和极限承载力，对于 U 形箍加固的试验梁二次锈蚀还降低了其刚度，由于底面加固试验梁的刚度主要是由底面钢板控制，因此二次锈蚀对于抗弯加固和抗弯-抗剪组合加固的试验梁的刚度影响不大。

第 5 章 粘贴钢板加固锈蚀 RC 梁承载力计算模型

5.1 引　言

钢筋锈蚀和混凝土性能劣化等使得 RC 受压构件承载能力退化，破坏形态发生改变。目前，在国内外研究中，对于钢板加固不锈蚀 RC 梁的计算模型较为成熟，但是对于钢板加固锈蚀 RC 梁的承载力计算模型研究较少。本章基于桁架理论模型，定量考虑锈蚀钢筋力学性能、加固钢板厚度、粘胶层粘结强度、保护层厚度对承载力的影响，建立了锚贴钢板抗弯加固 RC 梁锈蚀极限承载力的计算公式。通过第 2 章中 9 片锈蚀加固梁的试验研究，验证了理论模型的正确性。同时，依据 U 形箍加固锈蚀 RC 梁破坏形态，考虑 U 形箍对抗弯效应的贡献，建立了 U 形箍加固和组合加固锈蚀 RC 梁承载力计算模型。

5.2 锈蚀钢筋扩展模型

在实际工程中，钢筋锈蚀往往是不均匀的坑蚀，因此在实际计算中应该采取坑蚀模型。最经典的坑蚀模型是 V. Val 等[143]的椭圆模型，此模型并没有考虑除顶部坑蚀外钢筋四周的锈蚀。然而，通过彭建新等[144]的试验研究可以发现，钢筋截面边缘轮廓也存在不均匀锈蚀，为不光滑曲面，所以在经典坑蚀的基础上，考虑钢筋四周轮廓的锈蚀，建立了锈蚀钢筋坑蚀改进模型。具体钢筋坑蚀模型如图 5.1 所示。

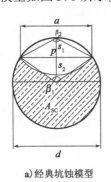
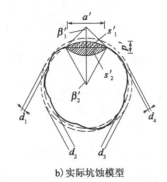

a) 经典坑蚀模型　　　　b) 实际坑蚀模型

图 5.1　钢筋坑蚀模型

图 5.1 中钢筋锈蚀后剩余截面积 A_{sc} 可用以下公式表示：

$$A_{sc} = A_s - (A_{pit} + A_{rou}) \tag{5.1}$$

$$A_{rou} = 2\pi r_1 d_{avg} \tag{5.2}$$

$$A_{pit} = \begin{cases} S_1' + S_2' & \left(p' \leq \dfrac{\sqrt{2}}{2}d'\right) \\ \dfrac{1}{4}\pi d'^2 - (S_1' - S_2') & \left(\dfrac{\sqrt{2}}{2}d' < p' \leq d'\right) \\ \dfrac{1}{4}\pi d'^2 & (p' > d') \end{cases} \tag{5.3}$$

式中：A_s——未锈蚀钢筋的截面积；

A_{pit}——锈蚀部分面积；

A_{rou}——钢筋边缘环状部分锈蚀面积；

r_1——钢筋截面除边缘环状部分剩余部分半径，即 $r_1 = d/2 - d_{avg}$；

d_{avg}——d_1、d_3、d_2 和 d_4 的平均值；

d——钢筋原始直径；

d'——除边缘环状部分剩余部分直径；

S_1'、S_2'——阴影面积外两个半椭圆形面积，可以由下式表示：

$$S_1' = \dfrac{1}{2}\left[\beta_1'\left(\dfrac{d'}{2}\right)^2 - a'\left|\dfrac{d'}{2} - \dfrac{p'^2}{d'}\right|\right]$$

$$S_2' = \dfrac{1}{2}\left(\beta_2' p'^2 - a'\dfrac{p'^2}{d'}\right)$$

其中：

$$a' = 2p'\sqrt{1 - \left(\dfrac{p'}{d'}\right)^2}$$

$$\beta_1' = 2\arcsin\left(\dfrac{2a'}{d'}\right)$$

$$\beta_2' = 2\arcsin\left(\dfrac{a'}{p'}\right)$$

钢筋锈蚀后其屈服强度将会降低，本书采用彭建新等[145]的计算模型：

$$f_{yc} = \left(1 - k\dfrac{A_s - A_{sc}}{A_s} \times 100\right)f_{y0} \tag{5.4}$$

式中：f_{yc}——锈蚀后钢筋的屈服强度；

f_{y0}——未锈蚀时钢筋的屈服强度，MPa；

A_s——未锈蚀钢筋的截面积；

k——试验系数，光圆钢筋和螺纹钢筋取值为 0.0035。

5.3 材料的本构模型

5.3.1 混凝土本构

本节混凝土的本构模型采用加拿大预制混凝土协会(Canadian Prestressed Concrete Institute,CPCI)所提规范中的模型。图5.2所示为梁顶部混凝土受压应力-应变关系[146]。受压区混凝土的应力与应变的关系用抛物线表示,图5.2中ε_c表示受压区顶部混凝土应变,ε_{cu}表示混凝土抗压强度对应的应变。

混凝土的受拉应力-应变曲线假设为线弹性的,依据CAN/CSA A23.3-94[147],其抗折强度可由式(5.5)表示:

$$f_r = 0.62\sqrt{f_{cu}} \tag{5.5}$$

式中:f_{cu}——混凝土立方体的抗压强度。

5.3.2 锈蚀钢筋本构

张伟平等[148]通过大量的锈蚀钢筋拉拔试验指出锈蚀钢筋应力-应变曲线中屈服平台缩短,随着锈蚀率的增加,钢筋的弹性模量变化不大,并且利用锈蚀钢筋弹性模量、屈服强度、极限强度、强化应变、极限应变等特征参数变化规律的统计结果,提出锈蚀钢筋与未锈蚀钢筋应力-应变曲线。图5.3中的曲线(1)和(2)分别表示未锈蚀和锈蚀钢筋应力-应变曲线,而式(5.6)是依据曲线(2)得到的钢筋应力计算模型。假设锈蚀钢筋弹性模量不变,则

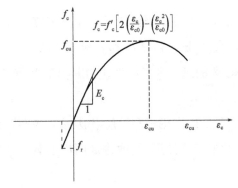

图5.2 梁顶部混凝土受压应力—应变关系

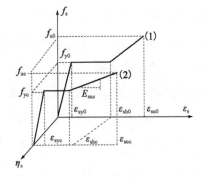

图5.3 锈蚀钢筋本构关系

$$f_s = \begin{cases} \varepsilon_s E_{s0} & \text{屈服前}(\varepsilon \leq f_{y0}/E_{s0}) \\ f_{yc} & \text{屈服}(f_{yc}/E_{s0} < \varepsilon_s \leq \varepsilon_{shc}) \\ f_{yc} + \dfrac{\varepsilon_s - \varepsilon_{shc}}{\varepsilon_{suc} - \varepsilon_{shc}}(f_{uc} - f_{yc}) & \text{屈服后}(\varepsilon_s \geq \varepsilon_{shc}) \end{cases} \tag{5.6}$$

式中：ε_{syc}、ε_{shc}、ε_{suc}——锈蚀钢筋屈服应变、屈服后的强化应变、极限应变；

E_{s0}——未锈蚀钢筋的弹性模量；

E_{suc}——屈服平台过后强化阶段的模量；

f_{y0}、f_{yc}——未锈蚀和锈蚀钢筋屈服时的钢筋应力；

f_{u0}、f_{uc}——未锈蚀和锈蚀钢筋极限应力。

5.3.3 钢板本构

钢板本构模型采用较为简单的双线性模型，如图 5.4 所示。

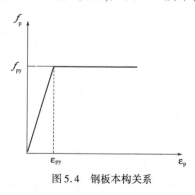

图 5.4 钢板本构关系

5.4 钢板底面抗弯加固锈蚀 RC 梁承载力计算模型

5.4.1 桁架模型

钢筋锈蚀导致梁结构本身的承载能力降低，同时由于锚贴钢板加固以后，梁的抗弯承载力提高较大，破坏时，锚钉与混凝土以及钢板之间没有出现粘结滑移。根据 Aykac 等[68]和 Hussain 等[35]的试验结果，锚钉对于薄钢板加固 RC 梁的延性和承载性能的影响不大，因此，计算时可以忽略锚钉强度对承载力计算值的影响。

模型假设加固梁为平面桁架，其受拉部件由下弦的纵向钢板和箍筋组成，受压部件由位于上弦的混凝土和网状斜支架构成。张建仁等[149]考虑了锈蚀因素，改进加固后承载力计算模型，模型假设如图 5.5 所示。

依据桁架模型，将开裂的加固梁看作一个平面桁架，纵向钢筋和箍筋组成受拉区，受压区由顶部混凝土和斜压对角线组成。桁架具体模拟如下：

(1) 将受压区理想化为受压力 C 的弦，将受拉区理想化为承受拉力 T 的弦。

(2) 受拉弦和受压弦之间的距离 h_{sp} 等于在截面最大弯矩处弯曲拉力和压力的杠杆臂。

(3) 梁的抗剪钢筋为竖向箍筋，箍筋的间距为 S，单位长度内箍筋承受的力为 $p_s = A_t f_t / S$。

(4)受拉弦和受压弦之间的混凝土假设为斜向受压。斜向受压区的应力 σ_c 与受拉弦的夹角为 θ。在支座处和梁加载处为 0 应力区。

(5)受压区纵向钢筋和箍筋的销栓作用忽略不计,受压区剪力忽略不计。

(6)加固梁底面钢板假设为钢筋,其与混凝土之间的粘结假设为理想粘结。当考虑粘结破坏时,在极限状态下纵向钢筋的贡献忽略不计。

(7)混凝土与钢板之间的粘结应力模型为常数粘结模型,粘结应力的变化忽略不计。

根据桁架模型的假设,加固梁的计算图示如图 5.6 所示。钢板末端与支座处的距离为 l_c,加载处到梁端的距离为 a。

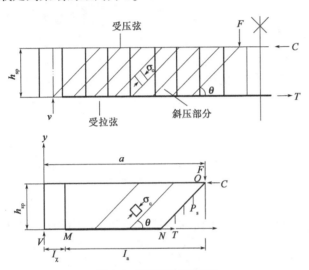

图 5.5 桁架理论模型假设　　图 5.6 加固梁的计算图示

在图 5.5 所示 x-y 坐标中,应力关系可以表示为[150]:

$$\left.\begin{array}{l}\sigma_x = -\sigma_c\cos^2\theta \\ \sigma_y = -\sigma_c\sin^2\theta + \dfrac{p_s}{b} \\ \tau_{xy} = \sigma_c\sin\theta\cos\theta\end{array}\right\} \quad (5.7)$$

式中: b——梁的宽度;

σ_c——混凝土的压应力;

σ_x、σ_y、τ_{xy}——x-y 坐标中的应力。

根据梁底面和顶面的边界条件以及粘贴应力定义式:

$$U = \frac{dT}{dx} = \tau_{xy}b = \tau_b b_p \quad (5.8)$$

式中: b_p——板的宽度;

τ_b——粘贴应力。

进而可以得出如下应力关系：

$$P_s = U\tan\theta \tag{5.9a}$$

$$\sigma_c = \frac{U}{b}\frac{\cot^2\theta + 1}{\cot\theta} \tag{5.9b}$$

模型中钢板和钢筋屈服条件：

$$\left.\begin{array}{l} |U| \leqslant U_y \\ T \leqslant T_y = A_{sc}f_{yc} + A_{py}f_{py} \\ P_s \leqslant P_y = \dfrac{A_t f_{ty}}{S} \\ -f_{cu} \leqslant \sigma_c \leqslant 0 \end{array}\right\} \tag{5.10}$$

式中：f_{cu}——立方体抗压强度；

f_{yc}、f_{ty}、f_{py}——锈蚀受拉钢筋、箍筋和钢板的屈服强度；

$\quad A_t$——箍筋的横截面积；

$\quad A_{sc}$——锈蚀钢筋面积；

$\quad P_s$——单位长度箍筋的抗剪力$(A_t f_{ty}/S)$；

$\quad S$——箍筋的间距；

$\quad P_y$——箍筋的强度。

在图 5.5 中，依据力的平衡条件，可以得出 x 和 y 方向的力平衡关系，以及对 O 点取矩的计算式：

$$\left.\begin{array}{l} C - T = 0 \\ V = \displaystyle\int_{x_n}^{x_0} P_s \mathrm{d}x \\ M = Va - \displaystyle\int_{x_n}^{x_0}(x_0 - x)P_s \mathrm{d}x - Td = 0 \end{array}\right\} \tag{5.11}$$

由以上应力传递关系式(5.9)、屈服条件式(5.10)和平衡条件式(5.11)可得极限荷载。

梁的破坏是由受力钢筋、混凝土和钢板的受力效应组合导致的，因此梁受剪破坏时，可以认为混凝土与钢板间的应力达到极限粘结强度 U_y，受压区迹线相交的箍筋达到屈服强度。

$$U = U_y \quad (x_m \leqslant x \leqslant x_n) \tag{5.12a}$$

$$P_s = P_y \quad (x_n \leqslant x \leqslant x_0) \tag{5.12b}$$

将式(5.12a)代入式(5.9a)中并且从点 $N(x=x_n)$ 到点 $M(x=x_m)$ 做积分运算可得：

$$T = U_y(x_n - x_m) = U_y(l_a - \Delta x) \tag{5.13}$$

式中：l_a——剪跨区的钢板长度；

$\Delta x = (x_0 - x_n) = h_{sp}\cot\theta$，表示沿受拉弦无应力区的伸长量。

由应力关系、屈服条件和平衡关系。将式(5.12b)和式(5.13)代入式(5.11)，可以得出桁架模型的极限荷载：

$$V = P_y h_{sp} \left[\varphi + \alpha - \sqrt{(\phi+\alpha)^2 - 2\phi m} \right] \quad (P_y > 0) \tag{5.14}$$

式中，$\varphi = U_y/P_y$ 为粘结强度与箍筋抗拉强度的比值。$\alpha = a/h_{sp}$、$m = l_a/h_{sp}$ 表示钢板粘贴长度与梁有效高度的比值。梁的有效高度 h_{sp} 可由矩心法[151]得出。

若极限应力状态没有违反式(5.10)的屈服条件，式(5.14)中的极限破坏荷载为下限值，这就说明：

$$T_{max} = V \frac{a}{h_{sp}} \leq T_y \tag{5.15a}$$

$$|\sigma_c| = \frac{U_y \cot^2\theta + 1}{b \cot\theta} \leq |f_{cu}| \tag{5.15b}$$

引入参量 τ、ν 和 γ，式(5.14)和式(5.15)可变为

$$\tau = \frac{V}{bh_{sp}}; \nu = \frac{P_y}{bf_{cu}}; \gamma = \frac{T_y}{bh_{sp}f_{cu}} \tag{5.16}$$

$$\frac{\tau}{f_{cu}} = \nu \left[\alpha + \varphi - \sqrt{(\alpha+\varphi)^2 - 2\varphi m} \right] \quad (\nu > 0)$$

$$\frac{\tau}{f_{cu}} \alpha \leq \gamma; \left|\frac{\sigma_c}{f_{cu}}\right| = \frac{U_y \cot^2\theta + 1}{bf_{cu} \cot\theta} \leq 1 \tag{5.17}$$

从上述分析结果可以进一步得出斜压区与纵向钢筋的夹角为

$$\nu = \int_{x_n}^{x_0} P_s \mathrm{d}x = P_y(x_0 - x_n) = P_y h_{sp} \cot\theta$$

$$\cot\theta = \frac{V}{P_y h_{sp}} = \frac{\tau}{\nu f_{cu}} \tag{5.18}$$

当破坏模式为混凝土网压碎，箍筋屈服时，屈服条件：$\sigma_c = f_{cu}$ 和 $P_s \leq P_y$。式(5.17)可以表示为

$$\begin{cases} \dfrac{\tau}{f_{cu}} = \dfrac{\sqrt{1+\alpha^2} - \alpha}{2\sqrt{1+\alpha^2}} & (0 < \nu \leq \nu_0) \\[2mm] \dfrac{\tau}{f_{cu}} = \sqrt{\nu - \nu^2} & (\nu_0 < \nu \leq 0.5) \\[2mm] \dfrac{\tau}{f_{cu}} = 0.5 & (\nu > 0.5) \end{cases} \tag{5.19}$$

当纵向钢筋和钢板屈服时，屈服条件：$P_s = P_y$、$f_s = f_{yc}$ 和 $f_p = f_{py}$。式(5.17)可表示为

$$\frac{\tau}{f_{cu}} = \nu \left(\sqrt{\frac{2\gamma}{\nu} + \alpha^2} - \alpha \right) \tag{5.20}$$

当破坏模式为混凝土网压碎，或者受力钢筋屈服，又或者是两者同时达到时，屈服条件：$\sigma_c = f_{cu}$，$f_s \leq f_{yc}$ 和 $f_p \leq f_{py}$。式(5.17)可表示为

$$\begin{cases} \dfrac{\tau}{f_{cu}} = \dfrac{1}{2}[\sqrt{4\gamma(1-\gamma)+\alpha^2}-\alpha] & (\gamma \leq 0.5) \\ \dfrac{\tau}{f_{cu}} = \dfrac{1}{2}(\sqrt{1+\alpha^2}-\alpha) & (\gamma > 0.5) \end{cases} \quad (5.21)$$

5.4.2 粘结强度计算模型

将钢板加固锈蚀 RC 梁的特征参数带入式(5.19)~式(5.21),可以得出试验梁在不同破坏模式下梁的承载力(V),对比试验结果,对比不同破坏状态下理论值与试验值的计算结果。

在理论模型的计算中,关键步骤是计算混凝土和钢板之间界面的粘结强度 U_y。然而,在分析时,界面力学性能与组成材料(钢板、钢筋、胶层)的力学性能相比更困难。因为界面的力学性能与组合性能、表面处置、组成材料性能、界面的边界条件等有关。实际中,粘贴破坏可分为两种情况:一种情况是钢板从 RC 梁上剥离,另一种情况是受拉钢筋与钢板间的混凝土保护层破坏。钢板剥离的破坏主要是发生在钢板末端或者是主要抗弯和抗剪裂缝延伸处,这取决于胶层与混凝土之间的粘贴特性。混凝土破坏是因为胶层的抗拉强度一般远远大于混凝土的抗拉强度时,当组合胶层的界面的粘结强度大于混凝土的强度时,混凝土保护层便发生破坏。

1) 钢板剥离破坏

这种破坏模式的极限粘结强度可以由 Swamy 等[152]从一系列推出试验中获得的经验公式计算得到:

$$U_y = b_m [2.77+0.06(f_c'-20)] \quad (f_c' > 20\text{MPa}) \quad (5.22)$$

式中:b_m——钢板和胶层间的有限粘结宽度,其值为钢板和试验梁宽度和的平均值。

2) 保护层破坏

对于这种破坏模式,可以用较为简洁的拉压杆模型分析。在许多试验中可以发现,接近纵向受拉钢筋的区域的界面会发生平行于粘贴方向的脆性破坏,这是纵向钢筋周围切向和径向的应力所致,而且试验从开裂特征发现,关键裂缝主要分布在钢板和受拉纵向钢筋之间的混凝土处。在分析内部钢筋和钢板之间开裂混凝土(ABDC 区域)特征时(图 5.7),Zhang 等[153]提出了一个能够预测钢板和混凝土之间粘结强度的简化模型,这种模型针对连续裂缝间的混凝土进行分析,每条裂缝可以看成一悬臂梁,其末段的剪切应力使悬臂梁发生弯曲。当 ABDC 区域的混凝土应力达到混凝土的抗拉强度时,混凝土保护层发生脱落。依靠简单的平衡方程便可得到粘结应力的极限值,即粘结强度。

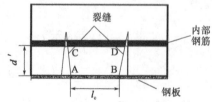

图 5.7 内部钢筋和钢板间开裂状态示例

接下来对上述模型进行较为详细的描述。这种模型依据拉压杆原理,能够计算混凝土剥离时剥离界面的剥离应力。为此,考虑图 5.7 中两裂缝之间的混凝土部

分,这部分混凝土可以看作为沿边界承受面内剪应力的薄板,并可以依据拉压杆模型理想化(图5.8),依据平衡条件可以得出:

$$N_t = \Delta T \tan\theta_c \tag{5.23}$$

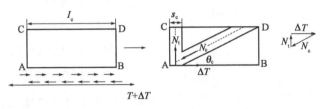

图5.8 计算粘结强度的拉压杆模型

在极限状态时:

$$\Delta T = U_y l_c$$
$$N_t = f_t s_c b \tag{5.24}$$

将式(5.23)带入式(5.24)可以得出:

$$U_y = \frac{f'_t s_c b}{d'} \tag{5.25}$$

Zhang 等[153]的模型中:

$$s_c = \frac{1}{6} l_c \tag{5.26}$$

则

$$U_y = \frac{f'_t l_c b}{6d'} \tag{5.27}$$

$$f'_t = 1.3 \times 0.3 f_c^{2.3}$$

$$l_c = \frac{0.25\theta_1\theta_2 d}{\rho_r + 50}$$

式中:f'_t——混凝土有效抗拉强度,MPa;

l_c——裂缝间距;

b——梁的宽度;

$\theta_1 \backslash \theta_2$——0.5 和 0.8;

d——纵向钢筋直径;

ρ_r——有效配筋率,为 $\rho_r = A_{sc}/(ba_s)$,其中 a_s 为受拉层保护层厚度。

5.5 U形箍加固锈蚀RC梁承载力计算模型

U形箍加固锈蚀 RC 梁的破坏模式为跨中抗弯破坏,底面混凝土开裂,这与传统未加固锈蚀梁和不锈蚀梁的破坏模式相似,因此可以仿照《混凝土结构设计规范》(GB 50010—2010)中普通 RC 梁抗弯承载力的方法计算 U 形箍钢板加固锈蚀 RC 梁的抗弯承载力。

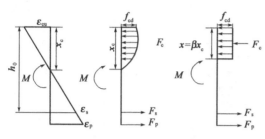

图 5.9 传统钢板底面加固应力应变示意图

按照《混凝土结构设计规范》(GB 50010—2010)中传统的等效矩形应力方法计算锈蚀钢筋与钢板的应力和应变,如图 5.9 所示。但是,U 形箍加固锈蚀梁不同于钢板底面加固锈蚀梁,U 形箍底面钢板的位置不在跨中,U 形箍其对锈蚀梁抗弯性能的贡献比底面加固锈蚀梁中钢板的贡献小,因此 U 形箍钢板底面的应变应该按照一定比例进行折减。对于单点加载的简支梁,弯矩是在半梁长范围内沿直线分布,依据材料力学中弯矩与界面应力的关系可知,U 形箍底面钢板的应变在半梁长内也可以按照线性折减计算其应变。

图 5.9 中,x 为等效矩形应力受压区高度,x_c 为二次抛物线混凝土受压区高度,h_0 为截面有效高度,ε_{cu} 为混凝土极限受压应变,按照规范取值为 0.0033,ε_s 和 ε_p 分别为钢筋、传统底面钢板加固中钢板应变,M 为内力弯矩,F_s 和 F_p 为受拉钢筋与钢板的拉应力,F_c 为混凝土的压应力,β 为矩形应力分布的高度系数,按照规范取值为 0.9。

图 5.10 为 U 形箍底面钢板沿梁长应变折减图。图 5.10 中,$\varepsilon_{pi}(i=1、2、3)$ 为 U 形箍底面钢板的折减应变。

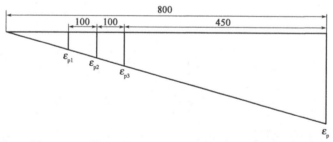

图 5.10 U 形箍底面钢板沿梁长应变折减图(尺寸单位:mm)

考虑钢筋与混凝土之间应变的不协调性,依据张建仁等[154]的试验结果,引入应变不协调系数 φ 计算锈蚀钢筋的应变,依据图 5.9 可以得出在受压区混凝土破坏时钢板和钢筋的应变,同时依据图 5.9 中的力的平衡条件,可以得出 U 形箍加固梁极限弯矩:

$$\left.\begin{aligned}\frac{\varepsilon_{cu}}{\varepsilon_s} &= \frac{x_c}{h_0 - x_c}\varphi \\ \frac{\varepsilon_{cu}}{\varepsilon_p} &= \frac{x_c}{h + 0.5t - x_c}\end{aligned}\right\} \quad (5.28)$$

$$\frac{A_{sc}E_{s0}\varepsilon_{cu}(h_0 - x_c)}{x_c\varphi} + A_p E_p \frac{\varepsilon_{cu}(h + 0.5t - x_c)}{x_c}\lambda = \beta f_{cd} b x_c \quad (5.29)$$

$$M = \frac{A_{sc}E_{s0}\varepsilon_{cu}(h_0 - x_c)}{x_c\varphi}\left(h_0 - \frac{\beta x_c}{2}\right) + A_p E_p \frac{\lambda\varepsilon_{cu}(h + 0.5t - x_c)^2}{x_c} \qquad (5.30)$$

式中：E_{s0}、E_p——受拉钢筋和钢板的弹性模量；

A_{sc}——锈蚀后钢筋面积；

A_p——钢板横截面积；

λ——U 形箍底面钢板应变折减系数，其值为 $\varepsilon_{pi}(i=1、2、3)$ 和 ε_p 的比值；

t——钢板厚度；

f_{cd}——混凝土轴心抗压强度；

b——梁宽；

h——梁高。

由式(5.28)~式(5.30)便可得出 U 形箍加固锈蚀 RC 梁抗弯承载力极限值。

5.6 组合加固锈蚀 RC 梁承载力模型

5.6.1 基本假定

(1)U 形箍和锚钉的锚固作用增加了钢板、混凝土的变形协调性，仍然考虑平截面假定。

(2)锈蚀钢筋与混凝土存在粘结滑移，仍引入应变不协调系数 φ。

(3)锈蚀钢筋的弹性模量不变，只是考虑锈蚀引起的屈服强度降低和截面积减小。

(4)在模型中，U 形箍在底面钢板末端，考虑 U 形箍对抗弯作用的影响，按照第 4 章 4.4 节描述的方法对 U 形箍抗弯作用进行叠加。

5.6.2 组合加固受力分析

基于平截面假定，组合加固锈蚀 RC 梁的截面受力情况仍然可以沿用图 5.9。

依据图 5.11，可以得出混凝土、钢板和锈蚀钢筋之间的应变关系：

$$\left.\begin{array}{l}\dfrac{\varepsilon_{cu}}{\varepsilon_s} = \dfrac{x_c}{h_0 - x_c}\varphi \\[2ex] \dfrac{\varepsilon_{cu}}{\varepsilon_p} = \dfrac{x_c}{h + 0.5t - x_c} \\[2ex] \dfrac{\varepsilon_{py}}{\varepsilon_{cu}} = \dfrac{h + 0.5t}{x_c} - 1\end{array}\right\} \qquad (5.31)$$

式中：ε_{py}——钢板的屈服应变，其余参数的定义与图 5.9 相同。

$$x_b = \frac{\beta(h + 0.5t)\varepsilon_{cu}}{\varepsilon_{py} + \varepsilon_{cu}} \qquad (5.32)$$

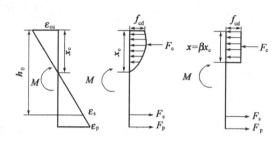

图5.11 组合加固梁跨中截面受力图示

假设试验梁的界限破坏为钢板屈服和顶面混凝土压碎,由式(5.31)可以得出截面界限受压区高度为

依据界限破坏的假定,建立界限平衡方程,见式(5.33),从而确定界限加固率[见式(5.34)]:

$$-f_{cu}bx_b + E_p\varepsilon_{py}A_p + \sigma_s A_{sc} = 0 \tag{5.33}$$

$$\rho_{pyb} = \frac{\dfrac{f_{cu}b}{h+0.5t} - \sigma_s\rho_s}{E_p\varepsilon_{py}} \tag{5.34}$$

式中:σ_s——锈蚀钢筋的应力,可以使用式(5.31)中的本构关系得出;

ρ_{pyb}——界限加固率;

ρ_s——锈蚀钢筋的配筋率。

(1)当试验梁的加固率$\rho_{py} > \rho_{pyb}$时,说明受压区混凝土压碎,此时可以由式(5.31)求得钢筋、钢板的应变,然后运用5.3节中的材料本构模型计算应力。考虑U形箍的应变折减,建立平衡方程:

$$\frac{A_{sc}E_{s0}\varepsilon_{cu}(h_0-x_c)}{x_c\varphi} + A_u E_p\frac{\varepsilon_{cu}(h+0.5t_u-x_c)\lambda}{x_c} + A_p E_p\frac{\varepsilon_{cu}(h+0.5t-x_c)}{x_c} = \beta f_{cd}bx_c \tag{5.35}$$

$$M = \frac{A_{sc}E_{s0}\varepsilon_{cu}(h_0-x_c)}{x_c\varphi}\left(h_0 - \frac{\beta x_c}{2}\right) + A_u E_p\frac{\varepsilon_{cu}(h+0.5t_u-x_c)\lambda}{x_c}(h+0.5t_u-0.5\beta x_c) +$$

$$A_p E_p\frac{\varepsilon_{cu}(h+0.5t-x_c)}{x_c}(h+0.5t-0.5\beta x_c) \tag{5.36}$$

(2)当试验梁的加固率$\rho_{py} < \rho_{pyb}$时,说明钢板已经屈服,此时实际受压区的高度小于界限受压区高度,可以偏安全地取界限受压区高度,然后通过式(5.31)计算出钢筋的应变,将f_{yc}代入力矩方程中,可得最终极限弯矩:

$$M = \frac{A_{sc}E_{s0}\varepsilon_{cu}(h_0-x_c)}{x_c\varphi}\left(h_0 - \frac{\beta x_c}{2}\right) + A_p E_p\frac{\varepsilon_{cu}(h+0.5t_u-x_c)\lambda}{x_c}(h+0.5t_u-0.5\beta x_c) +$$

$$A_p E_p\frac{\varepsilon_{cu}(h+0.5t-x_c)}{x_c}(h+0.5t-0.5\beta x_c) \tag{5.37}$$

5.7 理论模型验证

5.7.1 桁架模型验证

在计算二次锈蚀底面抗弯加固 RC 梁(S10C30-C)极限承载力时,存在支座破坏的情况。钢筋在锈蚀过程中产生的锈蚀产物导致钢筋体积膨胀,并产生劈裂应力,使得钢筋与混凝土锚固作用低的区域开裂甚至脱落,未开裂部分承受变形和荷载。混凝土开裂将影响结构的刚度与强度,在钢筋锈蚀区域,在压力作用下开裂混凝土的刚度和强度相比不开裂混凝土有所降低,横向拉应变的大小影响着混凝土抗压强度的减小量值。依据 Vecchio 和 Bucci[2]的试验和理论研究,钢筋的严重锈蚀导致混凝土抗压强度降低,因此在计算二次锈蚀加固梁的承载力时应考虑混凝土强度的折减,混凝土抗压强度降低后的数值可表示为

$$f'_{cu} = \frac{f_{cu}}{1+k\dfrac{\varepsilon_1}{\varepsilon_{cc0}}}$$

$$\varepsilon_1 = \frac{nw_{cr}}{b}$$

$$w_{cr} = 2\pi(V_{rs}-1)x_{dp} \tag{5.38}$$

式中:f'_{cu}——开裂后混凝土抗压强度;

f_{cu}——未开裂混凝土抗压强度;

k——与钢筋直径和粗糙度有关的系数(对于中等直径的钢筋 $k=0.1$[155]);

ε_{cc0}——f_{cu} 对应的混凝土峰值应变;

b——梁宽;

ε_1——垂直于受压面方向的开裂混凝土平均应变;

n——开裂区域纵向钢筋数量;

w_{cr}——给定渗透深度 x_{dp} 下裂缝宽度;

V_{rs}——锈蚀产物中氧化物膨胀后体积与原始体积的比值。

对于不同的氧化产物,V_{rs} 的值不同。Liu[156]建议对于 FeO,V_{rs} 取值为 1.7;对于 Fe(OH)$_3$·3H$_2$O,V_{rs} 取值为 6.15。Zhang 等[157]建议在数值分析中,V_{rs} 取值为 2.0。Feng 等[158]通过有效试验数据建议 V_{rs} 取值为 3.39357。本书中所有计算模型 V_{rs} 取值为 2.0。

根据 5.4 节中的桁架模型,考虑混凝土强度的折减和锈蚀钢筋坑蚀,选取第 2 章中抗弯加固锈蚀试验梁,各梁的试验参数见表 5.1、表 5.2。

底面加固锈蚀 RC 试验梁几何参数特征值　　　　表 5.1

试验梁编号	b (mm)	h (mm)	t (mm)	a_s (mm)	a (mm)	l_a (mm)	A_p (mm^2)	A_{sc} (mm^2)
S10C25-1	150	300	3	36	800	700	300	692.18

续上表

试验梁编号	b (mm)	h (mm)	t (mm)	a_s (mm)	a (mm)	l_a (mm)	A_p (mm^2)	A_{sc} (mm^2)
S10C25-2	150	300	4	36	800	700	400	684.83
S10C25-3	150	300	5	36	800	700	500	673.61
S10C30-1	150	300	3	41	800	700	300	698.43
S10C30-2	150	300	4	41	800	700	400	703.33
S10C30-3	150	300	5	41	800	700	500	668.64
S10C35-1	150	300	3	46	800	700	300	698.43
S10C35-2	150	300	4	46	800	700	400	703.33
S10C35-3	150	300	5	46	800	700	500	668.64
S10C25-C	150	300	5	36	800	700	500	644.176
S10C30-C	150	300	5	41	800	700	500	630.648

试验梁材料性能参数值　　　　　　　　　　表5.2

f_{cu} (MPa)	锈蚀率(%)		平均锈蚀率 (%)	f_{ty} (MPa)
	1号钢筋	2号钢筋		
19	9.30	10	9.60	335
19	8.40	14	11.20	335
20	10.70	12.50	11.60	335
18	6.50	8.35	7.43	335
18	9.10	11.50	10.30	335
18	9.88	12	10.94	335
19	7.20	11.10	9.15	335
20	9.62	10.89	10.35	335
25.8	10	10.80	10.40	335
24	15.04	15.24	15.14	335
23	16.11	17.93	17.02	335

根据式(5.19)~式(5.21),可以求得试验梁不同破坏模式下的 ν 值,同时与试验值相比较,见表5.3。

极限承载力计算结果　　　　　　　　　　表5.3

试验梁编号	不同状态下的剪力值(kN)			剪切强度对比		
	式(5.19)	式(5.20)	式(5.21)	理论值(1)	试验值(2)	(1)/(2)
S10C25-1	21.28	79.9	62.09	79.9	82.5	0.97
S10C25-2	21.28	84.4	63.48	84.4	86	0.98
S10C25-3	22.40	88.6	66.98	88.6	95	0.93
S10C30-1	19.14	79.2	58.22	79.2	85	0.93

续上表

试验梁编号	不同状态下的剪力值(kN)			剪切强度对比		
	式(5.19)	式(5.20)	式(5.21)	理论值(1)	试验值(2)	(1)/(2)
S10C30-2	19.14	84.5	59.29	84.5	87.5	0.97
S10C30-3	19.14	86.9	59.60	96.9	99	0.98
S10C35-1	19.16	87.1	60.05	88.9	87.5	1.02
S10C35-2	20.16	80.2	61.37	80.2	91.5	0.88
S10C35-3	26.01	74.5	67.04	89.6	97.5	0.92
S10C25-C	27.67	87.4	75.2	75.2	62	1.21
S10C30-C	14.99	77.3	40.6	40.6	43.35	1.06

表 5.3 中给出了极限承载力的计算值和试验值,计算时取平均锈蚀率计算极限承载力。图 5.12 为抗弯加固梁极限承载力试验值与理论值的对比。锈蚀加固试验梁理论值和试验值的比值为 0.88~1.21,均值和标准差分别是 0.986 和 0.08。从均值和标准差可以看出,理论模型较好地预测了锚贴加固锈蚀梁极限承载力。

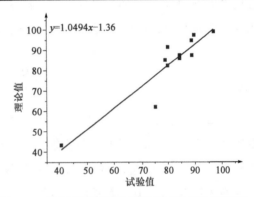

图 5.12 抗弯加固梁极限承载力试验值与理论值的对比

5.7.2 U 形箍加固锈蚀 RC 梁模型验证

选取第 3 章和第 4 章中的 U 形箍加固锈蚀试验梁,计算其极限承载力。在计算梁 U10C30-C 的承载力时,由于钢筋锈蚀严重,也应该考虑混凝土强度的折减,计算结果见表 5.4。

表 5.4 U 形箍加固锈蚀 RC 试验梁计算结果

试验梁编号	b (mm)	h (mm)	t_u (mm)	a_s (mm)	f_{cu} (mm)	η (%)	A_p (mm²)	F 试验值 (kN)	F 理论值 (kN)
U10C30	150	300	3	41	23	10.71	300	173	174
U10C25-C	150	300	3	36	24	11.28	300	170	180
U10C30-C	150	300	3	41	23	18.19	300	96	109

从表 5.4 中可以看出,没有二次锈蚀的加固梁理论值和试验值匹配较好,带有二次锈蚀的试验梁理论值比试验值偏大,这是因为在二次锈蚀过程中,通电端的混凝土由于钢筋锈蚀产生的锈胀产物脱落,因此在加载前使用结构胶补强,这影响了试验梁支座处受力状态,出现了开裂现象,导致试验承载力偏低。

5.7.3 U 形箍和底面钢板组合加固模型验证

选取第 3 章和第 4 章中的 U 形箍和底面钢板组合加固锈蚀 RC 试验梁,计算其极限承载力,计算结果见表5.5。

U形箍和底面钢板组合加固锈蚀 RC 试验梁计算结果　　表5.5

试验梁编号	b (mm)	h (mm)	t_u (mm)	t (mm)	a_s (mm)	f_{cu} (MPa)	η (%)	A_p (mm^2)	F 试验值 (kN)	F 理论值 (kN)
SU10C30	150	300	3	5	41	23	10.32	500	190	273.4
SU10C25-C	150	300	3	5	36	24	12.99	500	245	246.8
SU10C30-C	150	300	3	5	41	23	12.81	500	124	263.7

从表5.5中可以看出,梁 SU10C30 和梁 SU10C30-C 锈蚀率较低,钢筋锈蚀不严重,在第3章的试验梁裂缝分布分析中,二次锈蚀量锈胀开裂不明显,因此不需要考虑锈胀开裂对混凝土强度的影响,但是其支座处出现了提前破坏的情况,导致其承载力远远小于理论承载力。没有出现支座破坏的试验梁 SU10C25-C,其极限承载力较为接近。

5.8 小　　结

本章根据第2章和第3章的三种钢板加固方式加固锈蚀 RC 梁的试验结果,建立了三种钢板加固锈蚀 RC 梁的承载力计算模型。对于底面抗弯加固锈蚀 RC 梁,根据桁架模型原理,改进钢筋坑蚀模型,建立了不同破坏模式下抗弯加固梁的承载力模型。对于 U 形箍加固和组合加固试验梁,考虑 U 形箍加固应变的折减,依据传统抗弯破坏 RC 梁承载力公式,建立了 U 形箍加固和组合加固锈蚀 RC 梁承载力公式。在上述模型中对于二次锈蚀较为严重的试验梁考虑对于混凝土粘结强度的折减。通过试验梁试验结果与理论计算结果的对比,验证了理论模型的正确性,得出以下几点有意义的结论:

(1)桁架模型能够较好地预测底面抗弯加固锈蚀 RC 梁承载力,理论值和试验值的比值为 0.88~1.21,均值和标准差分别是 0.986 和 0.08。

(2)U 形箍加固锈蚀 RC 梁承载力模型,对于只有一次锈蚀的加固梁,理论值与试验值较为匹配,二次锈蚀试验梁由于支座处存在二次锈蚀,理论值较试验值偏大。

(3)不存在支座破坏的组合加固试验梁理论值与试验值较为接近,出现了支座破坏的试验梁属于提前破坏,承载力试验值小于理论值。

第6章 钢板加固锈蚀RC梁短期挠度计算

6.1 引 言

为了给锈蚀RC梁加固后结构性能评测提供参考,借助微元法思想,依据试验梁裂缝数量,将加固锈蚀RC梁划分成有限单元,考虑锈蚀钢筋与混凝土之间的粘结强度退化以及退化后两者之间的滑移,提出了一种基于裂缝之间锈蚀钢筋和加固钢板组合延伸长度计算锈蚀RC梁钢板加固短期挠度计算方法,运用了Matlab计算软件编制理论计算程序。本章利用锈蚀加固梁荷载-挠度曲线试验值,验证试验模型的正确性。

6.2 钢板底面抗弯加固锈蚀RC梁荷载-挠度曲线微元法模型

6.2.1 模型假设

(1) 模型中试验梁裂缝分布均匀,弯曲裂缝之间的距离相等,每等分长度为 l_e,图6.1为试验梁模型裂缝分布示意图。

(2) 试验梁分为若干单元,每个单元中部存在一条最宽的裂缝,单元长度等于裂缝间距,如图6.2所示。单元内受纯弯矩作用,当外力弯矩超过单元的开裂弯矩时,此裂缝形成。此时,受拉区混凝土的拉应力为0。

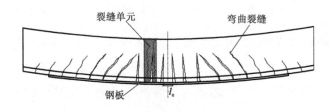

图6.1 试验梁模型裂缝分布示意图

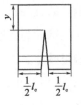

图6.2 裂缝单元模型

(3) 每单元裂缝处因弯矩产生的拉应力由钢筋承担,从裂缝到单元末端拉应力一部分转移至粘结应力,因此裂缝处,钢筋应力最大,单元中钢筋应力分布如图6.3所示。根据张伟平等[148]的锈蚀钢筋试验结果,锈蚀对于钢筋的弹性模量影响不大,因此,假设钢筋的弹性模量锈蚀前后不变,那么钢筋的应变分布也与应力分布相似。

(4)为了计算方便,假设单元中锈蚀均匀,每个单元中钢筋与混凝土的粘结力分布均匀,在单元中部应力方向相反,大小相等。单元粘结力示意图如图6.4所示。

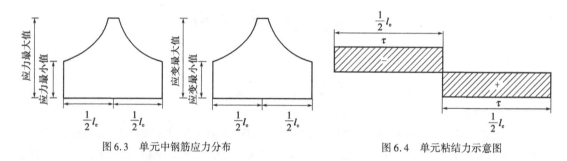

图6.3 单元中钢筋应力分布   图6.4 单元粘结力示意图

6.2.2 锈蚀钢筋应力

根据第4章4.1节中的锈蚀钢筋的本构关系,假设锈蚀钢筋的弹性模量是不变化的,可以得出锈蚀钢筋在屈服前、屈服和屈服后等阶段的应力计算公式:

$$f_s = \begin{cases} \varepsilon_s E_{s0} & \text{屈服前}(\varepsilon_s \leqslant f_{yc}/E_{s0}) \\ f_{yc} & \text{屈服}(f_{yc}/E_{s0} < \varepsilon_s \leqslant \varepsilon_{shc}) \\ f_{yc} + \dfrac{\varepsilon_s - \varepsilon_{shc}}{\varepsilon_{suc} - \varepsilon_{shc}}(f_{uc} - f_{yc}) & \text{屈服后}(\varepsilon_s \geqslant \varepsilon_{shc}) \end{cases} \quad (6.1)$$

6.2.3 单元内受拉钢筋和钢板的延伸

本模型将受拉钢筋和钢板的延伸分为两个阶段(屈服前阶段和屈服后阶段),并假设每一单元内钢板的应力相等。

Park等[159]提出单位长度 dx 中钢筋和钢板微应力 df_s 可以由下式表示:

$$\frac{df_s}{dx} = \frac{4\tau}{d} \quad \frac{df_p}{dx} = \frac{4\tau'}{t} \quad (6.2)$$

式中:d——钢筋的直径;

τ、τ'——受拉钢筋与混凝土、钢板和粘胶层的粘结强度;

t——钢板厚度。

由式(6.4)可以得出在距离单元中点 $x \leqslant 0.5 l_e$ 范围内任意一点,钢板和钢筋应力 f_s 和 f_p 可以由下式得出:

$$f_s = f_{max} - \int_0^x \frac{4\tau}{d} dx \quad f_p = f'_{max} - \int_0^x \frac{4\tau'}{t} dx \quad (6.3)$$

本文假设单元内受拉钢筋与混凝土、钢板和粘胶层之间的粘结强度为常数,因此,得出在

距离单元中点 $x\leqslant 0.5l_e$ 范围内任意一点钢筋和钢板应力为

$$f_s = f_{max} - \frac{4\tau}{d}x \quad f_p = f'_{max} - \frac{4\tau'}{t}x \tag{6.4}$$

单位长度 dx 内钢筋和钢板延伸可表示为

$$de = \varepsilon_s dx \quad de' = \varepsilon_p dx \tag{6.5}$$

由式(6.3)~式(6.6)可以得出屈服前钢筋和钢板的延伸为

$$e_s = \frac{l_e}{E_{s0}}\left(f_{max} - \frac{\tau l_e}{d}\right) \tag{6.6}$$

$$e_p = \frac{l_e}{E_p}\left(f'_{max} - \frac{\tau' l_e}{t}\right) \tag{6.7}$$

式中,$f_{max}<f_y$;$f'_{max}<f_{py}$;τ 和 τ' 为钢筋与混凝土以及钢板和混凝土之间粘胶层的粘结力。

6.2.4 锈蚀钢筋与混凝土之间的最大粘结力

Fib Model Code for Concrete Structures(《混凝土结构 FIB 模型规范》)中[160]建立了一种描述不锈蚀钢筋与混凝土之间的非线性粘结滑移模型,其示意图如图 6.5 所示。对于拉拔破坏模式(受拉钢筋有较好的锚固约束,如存在箍筋),曲线分为三个阶段:第一阶段是一段非线性曲线,曲线末端是对应最大粘结力 τ_{max}。这阶段由于钢筋肋骨的存在,相对滑移时混凝土出现微裂缝。之后粘结力由于箍筋的约束在滑移 s_1 和 s_2 之间保持常数。此阶段混凝土继续撕裂。如果钢筋没有很好地锚固或者混凝土存在强度退化,水平段会下降,此时破坏模式由拉拔失效变为劈裂破坏。之后,粘结应力降低最后保持一个常数 τ_{bf},这是拉拔失效的特征。对于大多数结构,钢筋都被箍筋较好地锚固,同时具有足够的保护层,因此在没有考虑钢筋锈蚀的情况下,拉拔破坏模式最常见。图 6.5 中,粘结滑移模型可由下式表示:

$$\tau = \tau_{max}\left(\frac{s}{s_1}\right)^\alpha \quad (0\leqslant s \leqslant s_1) \tag{6.8}$$

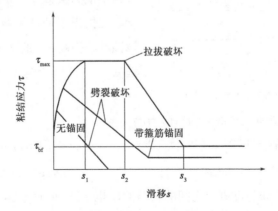

图 6.5 钢筋与混凝土粘结滑移模型示意图

图中所有参数的取值见表6.1。

钢筋与混凝土粘结滑移模型参数取值　　　　　　　　　　　表6.1

参　　数	拉拔失效破坏		劈裂破坏	
	粘结条件较好	其他粘结条件	粘结条件较好	其他粘结条件
	箍筋锚固	箍筋锚固	箍筋锚固	箍筋锚固
τ_{max}	$2.5\sqrt{f_{cm}}$	$1.25\sqrt{f_{cm}}$	$2.5\sqrt{f_{cm}}$	$1.25\sqrt{f_{cm}}$
$\tau_{bu,split}$	—	—	$8.0(f_{cm}/25)^{0.25}$	$5.5(f_{cm}/25)^{0.25}$
s_1	1.0mm	1.8mm	$s(\tau_{bu,split})$	$s(\tau_{bu,split})$
s_2	2.0mm	3.6mm	s_1	s_1
s_3	c	c	$0.5c$	$0.5c$
α	0.4	0.4	0.4	0.4
τ_{bf}	$0.4\tau_{max}$	$0.4\tau_{max}$	$0.4\tau_{bu,split}$	$0.4\tau_{bu,split}$

注：表中，$\tau_{bu,split}$为劈裂破坏模式中粘结强度的峰值，c表示钢筋肋骨间的距离。

当钢筋没有锈蚀时，由于箍筋锚固作用，受拉钢筋与混凝土之间的粘结破坏主要是拔出破坏。一旦钢筋锈蚀，大多数相关研究表明[161-162]，锈蚀引起的粘结破坏主要是劈裂破坏。因此，本文中钢筋锈蚀引起的粘结破坏设定为劈裂破坏。

钢筋与混凝土之间的粘结滑移在RC结构中有着重要作用。在大多数规范模型中，粘结滑移模型都没有考虑开裂或者锈蚀引起的粘结力退化。实际上，钢筋锈蚀以后，锈蚀产物能够改变钢筋与混凝土之间的接触条件。有学者通过试验得出当锈蚀率低于4%时，由于锈蚀产物增加了钢筋与混凝土之间的摩擦力，导致钢筋与混凝土之间的粘结强度略有增高，但是在锈蚀后期，粘结强度仍然会大大降低。另外，钢筋锈蚀还会影响其他定义粘结滑移模型本构关系的参数。

当混凝土保护层开裂时，钢筋与混凝土之间的粘结应力达到最大值。当钢筋锈蚀时，最大粘结应力会改变。Almusallam等[161]通过试验研究提出了锈蚀影响的粘结强度τ_{cmax}与不锈蚀粘结强度τ_{max}的比值随锈蚀率增加的变化数据。Li等[162]利用其试验数据通过非线性拟合得出τ_{cmax}与τ_{max}比值和锈蚀率的关系式，

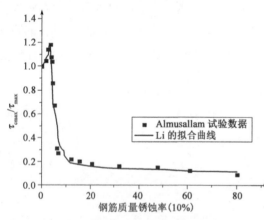

图6.6　锈蚀钢筋质量锈蚀率和最大粘结应力的关系

图6.6为锈蚀钢筋质量锈蚀率和最大粘结应力的关系。

$$\tau_{cmax} = (0.0069e^{0.7858\rho} + 0.9959e^{0.0041\rho})\tau_{max} \quad [0 \leqslant \rho \leqslant 4(\text{percentage})]$$

$$\tau_{cmax} = (0.1887e^{-0.0069\rho} + 9.662e^{-0.5552\rho})\tau_{max} \quad [4(\text{percentage}) \leqslant \rho \leqslant 80(\text{percentage})] \quad (6.9)$$

锈蚀率不同，锈蚀钢筋与混凝土之间的粘结刚度也不同，而且依据相关试验研究，其差别较大。现有大多数研究主要关注锈蚀对于粘结强度的影响[140,164]，有研究指出[161,164]，对于粘

结刚度没有具体的分析模型;也有研究指出[165],锈蚀引起的粘结刚度的降低对于结构整体刚度的影响不大。由于没有较为精确的试验数据预测锈蚀引起的粘结刚度退化,可依据不锈蚀钢筋粘结滑移模型[式(6.9)]得出锈蚀粘结应力与其最大值的关系式,如下:

$$\tau = \tau_{cmax}\left(\frac{s}{s_1}\right)^{\alpha} \tag{6.10}$$

结合式(6.9),锈蚀钢筋与混凝土之间的粘结滑移非线性阶段的粘结计算式如下:

$$\begin{cases} \tau = (0.0069e^{0.7858\rho} + 0.9959e^{0.0041\rho})\tau_{max}\left(\frac{s}{s_1}\right)^{\alpha} & (0 \leq \rho \leq 4\%) \\ \tau = (0.1887e^{-0.0069\rho} + 9.662e^{-0.5552\rho})\tau_{max}\left(\frac{s}{s_1}\right)^{\alpha} & (4\% \leq \rho \leq 80\%) \end{cases} \tag{6.11}$$

根据少量的试验研究[161,164],钢筋锈蚀能够使残余粘结应力降低至最大粘结强度的15%,而不锈蚀钢筋残余粘结应力为最大粘结强度的40%。

由此可得,在发生劈裂破坏时,锈蚀钢筋与混凝土之间的粘结力 τ 可以由下式表达:

$$\tau = \begin{cases} \tau_{cmax}\left(\frac{s}{s_1}\right)^{0.4} & (0 \leq s \leq s_1) \\ \tau_{cmax} - (\tau_{cmax} - \tau_{bf}) & (s_2 \leq s \leq s_3) \\ \tau_{bf} & (s_3 < s) \end{cases} \tag{6.12}$$

在每个单元中,钢筋与混凝土之间的相对滑移可以由下式计算:

$$s = \sum_{i=1}^{n} l_e \left(\varepsilon_{spi} - \frac{f_r}{E_c}\right) \tag{6.13}$$

式中:ε_{spi}——钢板钢筋的组合应变;

E_c——混凝土弹性模量。

在单元裂缝处,钢筋屈服之后,由于钢筋屈服在单元内传播,粘结强度将会退化,同时钢筋的拉应力会传送至未粘结处的混凝土。当单元内的钢筋全部屈服时,钢筋与混凝土之间的粘结全部丧失。在此情况下,钢筋的最大应力大于钢筋的屈服强度,钢筋的延伸的下限值可以用钢筋屈服强度代替屈服前钢筋最大应力计算得出,钢筋屈服后延伸的上限值则可以用钢筋的最大拉应变乘以单元长度表示,式(6.14)和式(6.15)分别为钢筋屈服后钢筋延伸的下限值和上限值的计算方法。

$$e_{smin} = \frac{l_e}{E_{s0}}\left(f_{yc} - \frac{\tau l_e}{d}\right) \tag{6.14}$$

$$e_{smax} = \frac{l_e}{E_{s0}}f_{yc} + \frac{l_e}{E_{suc}}(f_{max} - f_{yc}) \tag{6.15}$$

由此,当钢筋最大应力 f_{max} 超过屈服强度时,实际钢筋的延伸在下限值和上限值之间,此时可以将延伸分为两个部分,即弹性部分和塑性部分。其中,弹性部分即下限值,塑性部分为

单元长度 l_e 乘以 $(f_{\max} - f_{yc})E_{suc}$。因此,钢筋在屈服前和屈服后的延伸可由下式表示:

$$e_{si} = \begin{cases} \dfrac{l_e}{E_{s0}}\left(f_{\max} - \dfrac{\tau l_e}{d}\right) & \text{屈服前} \\[2mm] \dfrac{l_e}{E_{s0}}\left(f_{yc} - \dfrac{\tau l_e}{d}\right) & \text{屈服} \\[2mm] \dfrac{l_e}{E_{s0}}\left(f_{yc} - \dfrac{\tau l_e}{d}\right) + \dfrac{l_e}{E_{suc}}(f_{\max} - f_{yc}) & \text{屈服后} \end{cases} \quad (6.16)$$

式(6.12)中钢筋锈蚀后的屈服强度依据式(6.3)计算得到。

同理,可以得出钢板在屈服前和屈服后的延伸分别为

$$e_p = \begin{cases} \dfrac{l_e}{E_p}\left(f'_{\max} - \dfrac{\tau' l_e}{t}\right) & \text{屈服前} \\[2mm] \dfrac{l_e}{E_p}\left(f'_{py} - \dfrac{\tau' l_e}{t}\right) + \dfrac{l_e}{E_p}(f''_{\max} - f_{py}) \; f''_{\max} > f_{py} & \text{屈服后} \end{cases} \quad (6.17)$$

6.2.5 平均裂缝间距

平均裂缝间距即单元长度,依据《混凝土结构设计规范》(GB 50010—2010),式(6.18)给出了平均裂缝间距的计算方法。

$$l_e = c_f \left(1.9c' + 0.08\dfrac{d_{eq}}{\rho_{te}}\right) \quad (6.18)$$

式中:c_f——取决于构件内力状态的系数,对于受弯和偏心受压构件取值为1.0;

d_{eq}——受拉钢筋的等效直径;

ρ_{te}——按混凝土受拉有效截面面积计算的配筋率(A_s/A_{te}),$A_{te}=0.5bh$;

c'——最外层钢筋的外边缘至截面受拉底边的距离。

6.2.6 单元中部钢筋应变计算

计算单元中部钢筋应力时做出如下假设:

(1)横截面应变沿梁轴向方向。

(2)横截面应变沿梁高是线性的,沿梁宽分布均匀。

单元开裂前后横截面应变分布如图6.7所示。

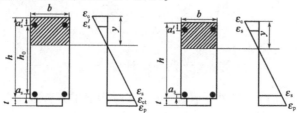

图6.7 单元开裂前后横截面应变分布

从图 6.7 中可以得出受压钢筋、受拉钢筋、受拉区混凝土和加固钢板的应变分别为

$$\left.\begin{aligned}\varepsilon'_s &= \frac{\varepsilon_c(y-a'_s)}{y} \\ \varepsilon_s &= \frac{\varepsilon_c(h-a_s-y)}{y} \\ \varepsilon_{ct} &= \frac{\varepsilon_c(h-y)}{y} \\ \varepsilon_p &= \frac{\varepsilon_c\left(\frac{h+1}{2t-y}\right)}{y}\end{aligned}\right\} \quad (6.19)$$

式中：a_s——受拉钢筋中心到梁底部距离；

a'_s——受压钢筋中心到梁顶部距离；

y——中和轴高度。

6.2.7 受力平衡条件

依据平衡条件，可以得出单元开裂前后以及屈服后的平衡方程。

（1）开裂前

$$\alpha_1 f'_c yb\beta_1 + A'_s E_{s0}\frac{\varepsilon_c(y-a'_s)}{y} - E_c b\frac{\varepsilon_c(h-y)^2}{2y} - $$

$$A_{sc}E_{s0}\frac{\varepsilon_c(h-a_s-y)}{y} - A_p E_p \frac{\varepsilon_c\left(h+\frac{t}{2}-y\right)^2}{y} = 0 \quad (6.20)$$

$$M = \alpha_1 f'_c \beta_1 yb\left(y-\frac{\beta_1 y}{2}\right) + A'_s E_{s0}\frac{\varepsilon_c(y-a'_s)^2}{y} + E_c b\frac{\varepsilon_c(h-y)^3}{3y} + $$

$$A_{sc}E_{s0}\frac{\varepsilon_c(h-a_s-y)^2}{y} + A_p E_p \frac{\varepsilon_c\left(h+\frac{t}{2}-y\right)^2}{y} \quad (6.21)$$

（2）开裂后

$$\alpha_1 f'_c yb\beta_1 + A'_s E_{s0}\frac{\varepsilon_c(y-a'_s)}{y} - E_c b\frac{\varepsilon_c(h-y)^2}{2y} - $$

$$A_{sc}E_{s0}\frac{\varepsilon_c(h-a_s-y)}{y} - A_p E_p \frac{\varepsilon_c\left(h+\frac{t}{2}-y\right)}{y} = 0 \quad (6.22)$$

$$M = \alpha_1 f'_c \beta_1 yb \left(y - \frac{\beta_1 y}{2}\right) + A'_s E_{s0} \frac{\varepsilon_c (y - a'_s)^2}{y} + E_c b \frac{\varepsilon_c (h-y)^3}{3y} +$$

$$A_{sc} E_{s0} \frac{\varepsilon_c (h - a_s - y)^2}{y} + A_p E_p \frac{\varepsilon_c \left(h + \frac{t}{2} - y\right)^2}{y} \qquad (6.23)$$

(3) 屈服时

$$\alpha_1 f'_c yb\beta_1 + A'_s E_{s0} \frac{\varepsilon_c (y - a'_s)}{y} - A_{sc} f_{yc} - A_p E_p \frac{\varepsilon_c \left(h + \frac{t}{2} - y\right)}{y} = 0 \qquad (6.24)$$

$$M = \alpha_1 f'_c \beta_1 yb \left(y - \frac{\beta_1 y}{2}\right) + A'_s E_{s0} \frac{\varepsilon_c (y - a'_s)^2}{y} +$$

$$A_p E_p \frac{\varepsilon_c \left(h + \frac{t}{2} - y\right)^2}{y} + A_{sc} f_{yc} (h - a_s - y) \qquad (6.25)$$

(4) 屈服后

$$\alpha_1 f'_c yb\beta_1 + A'_s E_{s0} \frac{\varepsilon_c (y - a'_s)}{y} - A_{sc} \left[f_{yc} + E_{suc} \left(\frac{\varepsilon_c (h - a_s - y)}{y} - \varepsilon_{shc}\right)\right] -$$

$$A_p E_p \frac{\varepsilon_c \left(h + \frac{t}{2} - y\right)}{y} = 0 \qquad (6.26)$$

$$M = \alpha_1 f'_c \beta_1 yb \left(y - \frac{\beta_1 y}{2}\right) + A'_s E_{s0} \frac{\varepsilon_c (y - a'_s)^2}{y} + A_p E_p \frac{\varepsilon_c \left(h + \frac{t}{2} - y\right)^2}{y} +$$

$$A_{sc} (h - a_s - y) \left[f_{yc} + E_{suc} \left(\frac{\varepsilon_c (h - a_s - y)}{y} - \varepsilon_{shc}\right)\right] \qquad (6.27)$$

式中：M——内力弯矩；

$\alpha_1 \backslash \beta_1$——应力影响因素系数[166]；

E_p——钢板的弹性模量；

A_{sc}——锈蚀后钢筋面积；

A_p——钢板横截面积。

6.2.8 钢筋应力计算程序分析

依据前文提出的模型假设以及平衡方程，可以得出计算锈蚀钢筋应力的计算程序。钢筋应力计算流程如图 6.8 所示。

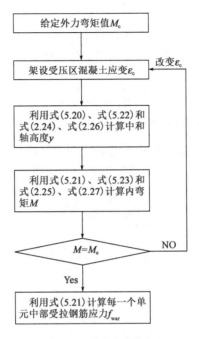

图 6.8　钢筋应力计算流程

6.2.9　荷载-挠度曲线数值计算模型

试验梁单元数 n(裂缝数)可用下式计算：

$$n = \frac{l}{l_e} \tag{6.28}$$

式中：l——试验梁支座间的距离。

跨中挠度 Δ 可以用下式计算得到：

$$\Delta = \sum_{i=1}^{n} \phi_i x_i l_e \tag{6.29}$$

式中：ϕ_i——单元 i 的曲率，可以依据每单元钢板和钢筋的组合平均应变计算得出：

$$\phi_i = \frac{\varepsilon_{spi}}{h_{sp} - y(i)} \tag{6.30}$$

式中：h_{sp}——粘贴钢板后梁截面的换算有效高度，即锈蚀后的受拉钢筋和钢板合力作用点到梁顶的距离；

ε_{spi}——每一单元中 h_{sp} 所对应的截面有效平均应变，即钢板和钢筋的组合应变，h_{sp} 可由矩心法得到：

$$h_{sp} = \frac{f_{yc}A_{sc}(h-a_s) + f_{py}A_p\left(h+\dfrac{t}{2}\right)}{f_{yc}A_{sc} + f_{py}A_p} \tag{6.31}$$

每一单元受拉钢筋和钢板组合延伸长度可以表示为

$$e_{spi} = \varepsilon_{spi} l_e \tag{6.32}$$

由式(6.25)~式(6.28)可以得出锈蚀加固梁跨中挠度为

$$\Delta = \sum_{i=1}^{0.5n} \frac{e_{spi}}{h_{sp} - y(i)} x_i \tag{6.33}$$

式中:e_{spi}——可由钢板和钢筋的延伸线性内插得到。

根据上述挠度计算方法,模型计算步骤和整体程序框图(图6.9)如下:

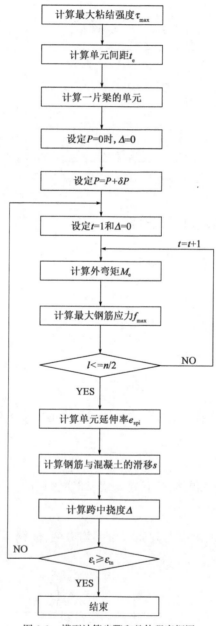

图6.9 模型计算步骤和整体程序框图

(1) 利用式(6.9)计算最大粘结强度 $\tau_{\max}$。

(2) 依据式(6.18)单元间距 l_e,将其代入式(6.28),计算一片梁的单元数 n。

(3) 给定外加荷载值 P,利用结构受力分析计算每单元外弯矩 M_e。

(4) 利用式(6.12)计算钢筋与混凝土之间的粘结力 τ。

(5) 利用式(6.1)计算每一单元中部钢筋应力 $f_{\max}$。

(6) 利用式(6.16)和式(6.17)计算每个单元钢筋、钢板和两者组合的延伸长度 e_{si}、e_{pi} 和 e_{spi}。

(7) 利用式(6.33)计算试验梁跨中挠度 Δ。

(8) 重复给定外力 P 值,直到混凝土达到其破坏应变值 ε_{cu}。

(9) 绘制试验梁跨中荷载-挠度曲线。

6.3 U 形箍加固锈蚀 RC 梁荷载-挠度曲线计算

对于 U 形箍加固锈蚀 RC 梁,由于其破坏模式是跨中抗弯破坏,因此可以沿用底面钢板加固锈蚀 RC 梁微元法计算方法。在计算过程中,跨中和 U 形箍加固处单元延伸率计算思想相同。

6.3.1 U 形箍加固锈蚀 RC 梁微元延伸率

对于 U 形箍加固试验梁,在跨中无钢板加固处,试验梁抗变形能力主要由锈蚀钢筋承担。因此,在加载过程中,试验梁单元延伸仍可以沿用式(6.16)表示:

$$e_{si} = \begin{cases} \dfrac{l_e}{E_{s0}}\left(f_{\max} - \dfrac{\tau l_e}{d}\right) & \text{屈服前} \\ \dfrac{l_e}{E_{s0}}\left(f_{yc} - \dfrac{\tau l_e}{d}\right) & \text{屈服} \\ \dfrac{l_e}{E_{s0}}\left(f_{yc} - \dfrac{\tau l_e}{d}\right) + \dfrac{l_e}{E_{suc}}(f_{\max} - f_{yc}) & \text{屈服后} \end{cases} \quad (6.34)$$

在 U 形箍加固处,单元的延伸率由钢板和锈蚀钢筋组合而成,因此在钢板加固处的延伸则为锈蚀钢筋和钢板延伸之和,可由下式表示:

$$e_{ui} = e_{si} + e_{pi} \quad (6.35)$$

$$e_{pi} = \begin{cases} \dfrac{l_e}{E_p}\left(f'_{\max} - \dfrac{\tau' l_e}{t}\right) & \text{屈服前} \\ \dfrac{l_e}{E_p}\left(f_{py} - \dfrac{\tau' l_e}{t}\right) + \dfrac{l_e}{E_p}(f''_{\max} - f_{py}) \, f''_{\max} > f_{py} & \text{屈服后} \end{cases} \quad (6.36)$$

6.3.2 U形箍加固锈蚀RC梁受力平衡方程

U形箍加固锈蚀RC梁在加固处和未加固处的平衡方程有所不同,在加固处U形箍侧面钢板对试验梁抗弯性能所起的作用较小,可以忽略不计,只考虑底面钢板对弯曲的效应。因此,在加固处平衡方程与底面钢板加固锈蚀RC梁相同,仍可沿用抗弯加固RC梁的表达式,在没加固处,受力平衡方程如下。

(1) 开裂前

$$\alpha_1 f_c' yb\beta_1 + A_s' E_{s0}\frac{\varepsilon_c(y-a_s')}{y} - E_c b\frac{\varepsilon_c(h-y)^2}{2y} - A_{sc} E_{s0}\frac{\varepsilon_c(h-a_s-y)}{y} = 0 \quad (6.37)$$

$$M = \alpha_1 f_c' \beta_1 yb\left(y - \frac{\beta_1 y}{2}\right) + A_s' E_{s0}\varepsilon_c + E_c b\frac{\varepsilon_c(h-y)^3}{3y} + A_{sc} E_{s0}\frac{\varepsilon_c(h-a_s-y)^2}{y} \quad (6.38)$$

(2) 开裂后

$$\alpha_1 f_c' yb\beta_1 + A_s' E_{s0}\frac{\varepsilon_c(y-a_s')}{y} - A_{sc} E_{s0}\frac{\varepsilon_c(h-a_s-y)}{y} = 0 \quad (6.39)$$

$$M = \alpha_1 f_c' \beta_1 yb\left(y - \frac{\beta_1 y}{2}\right) + A_s' E_{s0}\frac{\varepsilon_c(h-a_s')^2}{y} + A_{sc} E_{s0}\frac{\varepsilon_c(h-a_s-y)^2}{y} \quad (6.40)$$

(3) 屈服

$$\alpha_1 f_c' yb\beta_1 + A_s' E_{s0}\frac{\varepsilon_c(y-a_s')}{y} - A_{sc} f_{yc} = 0 \quad (6.41)$$

$$M = \alpha_1 f_c' \beta_1 yb\left(y - \frac{\beta_1 y}{2}\right) + A_s' E_{s0}\frac{\varepsilon_c(h-a_s')^2}{y} + A_{sc} E_{s0}(h-a_s-y) \quad (6.42)$$

(4) 屈服后

$$\alpha_1 f_c' yb\beta_1 + A_s' E_{s0}\frac{\varepsilon_c(y-a_s')}{y} - A_{sc}\left[f_{yc} + E_{suc}\left(\frac{\varepsilon_c(y-a_s-y)}{y} - \varepsilon_{shc}\right)\right] = 0 \quad (6.43)$$

$$M = \alpha_1 f_c' \beta_1 yb\left(y - \frac{\beta_1 y}{2}\right) + A_s' E_{s0}\frac{\varepsilon_c(h-a_s')^2}{y} + A_{sc}(h-a_s-y)\left[f_{yc} + E_{suc}\left(\frac{\varepsilon_c(y-a_s-y)}{y} - \varepsilon_{shc}\right)\right] \quad (6.44)$$

除上述微元延伸率和平衡方程以外,其余材料属性、锈蚀钢筋粘结强度、平均裂缝间距的计算与底面钢板加固试验梁中的计算方法相同。钢筋应力和荷载-挠度曲线计算程序也相同,由此便可计算出U形箍加固锈蚀RC梁荷载-挠度曲线。

6.4 U形箍和底面钢板组合加固锈蚀RC梁荷载-挠度曲线计算

对于U形箍和底面钢板组合加固锈蚀RC梁S10C30-C和梁SU10C30出现了支座提前破

坏的情况。因此,在计算过程中,只计算破坏前荷载-挠度曲线。在计算每单元组合延伸率时,考虑钢板和锈蚀钢筋延伸的组合,见式(6.34)~式(6.36)。

每单元平衡方程、材料属性、锈蚀钢筋粘结强度、平均裂缝间距的计算方法与底面钢板加固试验梁中的计算方法相同。钢筋应力和荷载-挠度曲线计算程序也相同,由此便可计算出组合加固锈蚀 RC 梁荷载-挠度曲线。

6.5 模型验证

本节选取第 2 章和第 3 章中锈蚀加固梁的荷载-挠度曲线试验值,与本章中的微元法计算的理论值做对比,验证理论模型的正确性。图 6.10~图 6.12 分别为底面钢板、U 形箍加固试验梁、组合加固试验梁荷载-挠度曲线试验值与理论值对比。

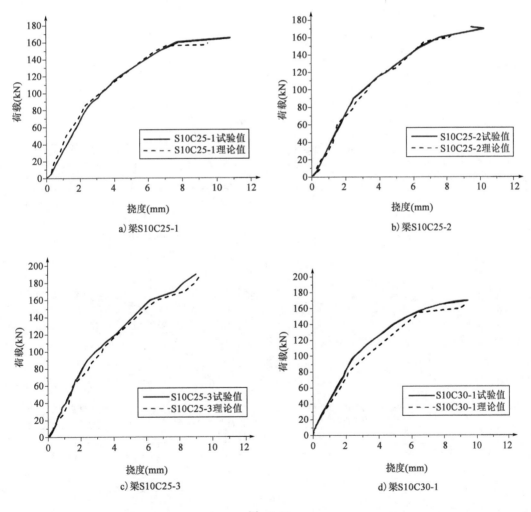

图 6.10

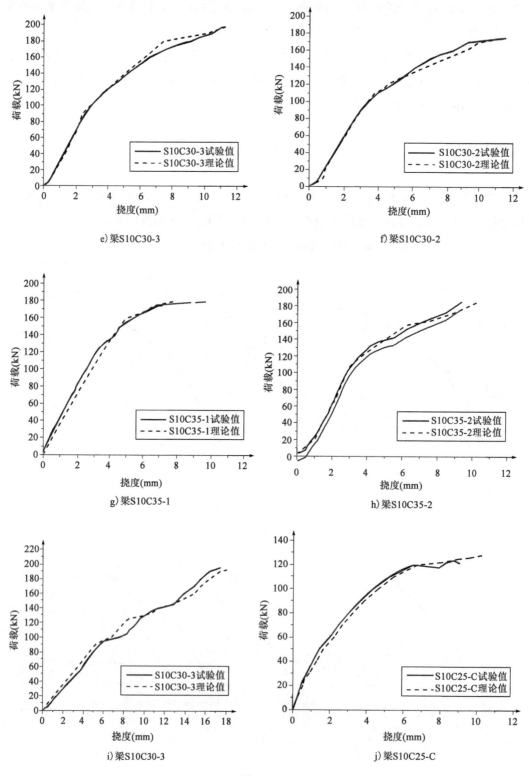

图 6.10

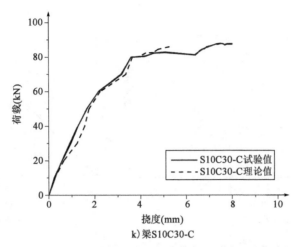

k) 梁S10C30-C

图6.10 底面钢板加固试验梁荷载-挠度曲线试验值与理论值对比

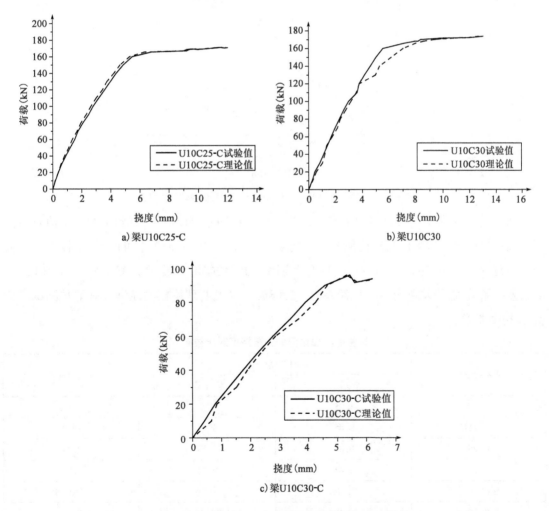

a) 梁U10C25-C　　　　　　　　　　　　b) 梁U10C30

c) 梁U10C30-C

图6.11 U形箍加固试验梁荷载-挠度曲线试验值与理论值对比

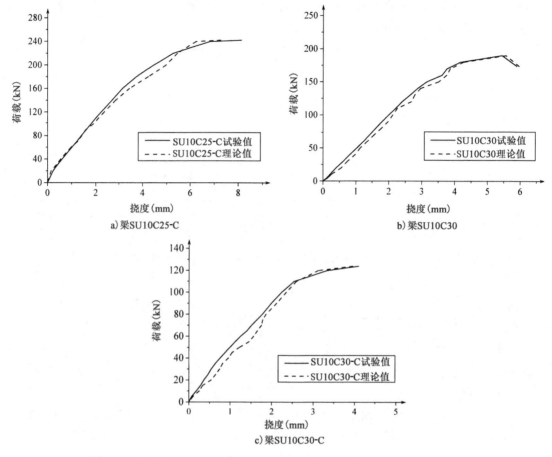

图 6.12 组合加固试验梁荷载-挠度曲线试验值与理论值对比

从上述所有荷载-挠度曲线试验值与理论值的对比图中可以看出,试验值和理论值较为接近。表 6.2 列出了试验值与理论值的极限挠度对比结果。从表 6.2 中可以看出,极限挠度值误差的范围为 -10.39% ~ 10.27%,只有个别梁,如 S10C30-2、梁 S10C35-2 和梁 SU10C25-C 的误差略微偏大,平均绝对百分比误差为 -2.08%。这说明理论模型能够较好地预测试验梁荷载-挠度曲线。

试验值与理论值的极限挠度对比结果　　表6.2

试验梁编号	极限挠度(mm)		误差(%)
	试验值	理论值	
S10C25-1	10.8	9.8	-9.6
S10C25-2	9.45	8.98	-4.97
S10C25-3	9.02	9.33	3.44
S10C30-1	9.45	9.54	0.95
S10C30-2	11.45	10.26	-10.39
S10C30-3	11.06	11.25	1.72

续上表

试验梁编号	极限挠度(mm)		误差(%)
	试验值	理论值	
S10C35-1	9.45	8.80	-6.88
S10C35-2	9.35	10.31	10.27
S10C35-3	17.32	18.69	7.91
S10C25-C	6.95	6.75	-2.88
S10C30-C	5.1	5.26	3.14
U10C25-C	10.7	10.1	-5.61
U10C30	13	12.68	-2.46
U10C30-C	6.2	6.1	-1.61
SU10C25-C	8.12	7.26	-10.59
SU10C30	5.89	5.96	1.19
SU10C30-C	6.9	6.26	-9.28

6.6 小 结

本章借助微元法理论模型,将加固锈蚀 RC 梁划分成有限单元,考虑锈蚀钢筋与混凝土之间的粘结强度退化以及退化后两者之间的滑移,提出了一种基于裂缝之间锈蚀钢筋和加固钢板组合延伸长度计算钢板加固锈蚀 RC 梁短期挠度计算方法,借助第 2 章和第 3 章中的钢板加固锈蚀 RC 梁荷载-挠度曲线的试验结果,验证了微元法理论模型的正确性。对比理论模型和试验的荷载-挠度曲线,可以看出,理论模型能够较好地预测加固试验梁的荷载-挠度曲线,极限挠度值误差的范围为 -10.39%~10.27%,只有个别梁 S10C30-2、S10C35-2 和 SU10C25-C 的误差略微偏大,平均绝对百分比误差为 -2.08%。

第 7 章 钢板加固锈蚀 RC 梁有限元仿真模拟

7.1 引　　言

为了验证试验结果的正确性,本章利用通用有限元软件 ABAQUS 对试验梁进行数值模拟,数值模拟试验梁包括不锈蚀梁 C0C30、锈蚀梁 C10C30、不锈蚀加固梁 S0C30-3、锈蚀加固梁 S10C30-3、U 形箍加固锈蚀 RC 梁 U10C30 和钢板组合加固锈蚀 RC 梁 SU10C30。模型中不仅考虑了混凝土非线性损伤塑性模型及锈蚀钢筋与钢板的屈服,还考虑了锈蚀引起的受拉钢筋与混凝土之间的粘结滑移、钢板与混凝土之间胶层的力学属性、锚钉和钢板和混凝土之间的刚性接触。通过有限元模拟,得出各试验梁荷载-挠度曲线,以及跨中混凝土和钢筋的应力,并且将有限元结果与试验结果进行对比,分析两种试验结果的不同之处。同时,根据第 2 章试验中组合加固锈蚀 RC 梁出现了不正常的支座破坏。因此,结合有限元模拟,分析加固钢板厚度、位置对加固梁承载性能的影响。

7.2 ABAQUS 有限元模型

7.2.1 有限元模型

本节使用通用有限元软件 ABAQUS 建立所有试验梁有限元模型,由于试验梁在荷载、几何形状、边界条件、材料上都具有对称性,因此为了减少计算时间、单元数量和结果文件的大小,在建模过程中,除了梁 C0C30 以外,其余所有梁都采用 1/4 模型。图 7.1 为各试验梁有限元模型划分网格后的模型。例如,图 7.1 b)指出了对于 1/4 对称模型的对称面,对于对称模型需要利用约束对垂直于对称面的位移进行约束。在垂直于 x 轴的对称面上,约束 x 方向的位移,以及 y 轴和 z 轴的转角。在垂直于 z 轴的对称面上约束 z 轴的位移和 x 轴与 y 轴的转角。

7.2.2 单元选择

1) 混凝土、钢板、垫块和支座

对于混凝土、钢板、垫块和支座,选用有限元软件 ABAQUS 中的 C3D8R 单元,该单元是三维 8 节点线性缩减积分实体单元。该单元只在单元中心上有一个积分点,因此比完全积分的单元应力计算精度低,但是在位移计算方面比较精确,网格存在扭曲变形时(如 Quad 单元的角度远远大于或小于 90°),分析精度不会受到明显的影响;完全满足本模型的需要,虽然线性缩减积分会出现"沙漏"问题,但是通过模型中的细化网格能够弱化此问题。

2) 钢筋

此模型中的钢筋都选用 2 节点线性的桁架单元模拟,该单元只能计算沿长度方向的应力,而不能计算弯矩,桁架单元在每个节点只有平动自由度,在模拟本模型中的钢筋时是比较合适的。

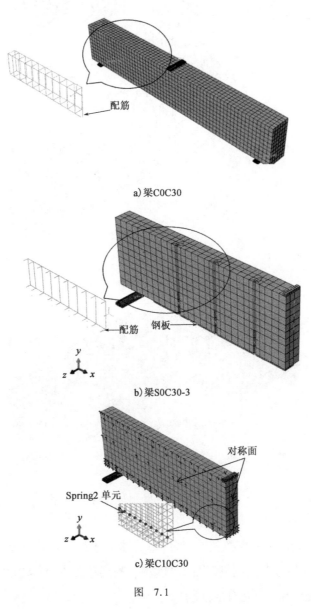

a) 梁C0C30

b) 梁S0C30-3

c) 梁C10C30

图 7.1

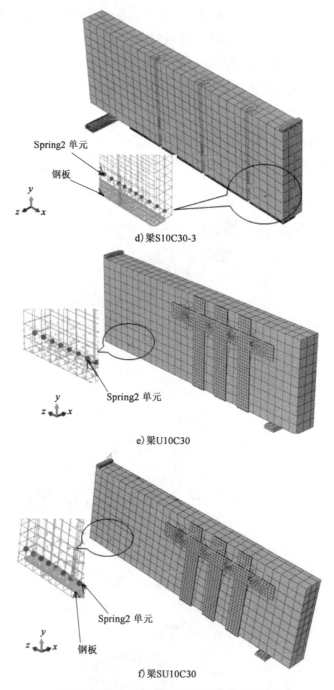

d) 梁S10C30-3

e) 梁U10C30

f) 梁SU10C30

图7.1 各试验梁有限元模型划分网格后的模型

3)胶层

在ABAQUS中有胶层单元模拟胶层,胶层单元能够很好地模拟粘结特性,包括详细的胶层材料特性、连接网格的方向控制、胶层的厚度等。胶层单元在ABAQUS中主要解决两个问题:一个是粘结层问题,另一个是分层问题。

7.2.3 材料属性

1) 混凝土材料属性

(1) 混凝土本构

在 ABAQUS 中,用户首先需要确认混凝土的单轴受拉和单轴受压模型,本节采用《混凝土结构设计规范》(GB 50010—2010)附录 C[131]中的混凝土单轴受压和单轴受拉模型。表 7.1 列出了各梁混凝土的立方体抗压强度和弹性模量。

各梁混凝土立方体抗压强度和弹性模量 表 7.1

试验梁编号	C0C30	C10C30	C0C30-3	S10C30-3	U10C30	SU10C30
抗压强度(MPa)	18	19	20	18	23	23
弹性模量(10^4 MPa)	2.42274	2.48388	2.5416	2.42274	2.6969	2.6969

单轴受压:

$$\begin{cases} \sigma_c = (1-d_c)E_c\varepsilon_c \\ d_c = \begin{cases} 1 - \dfrac{\rho_c n}{n-1+x^n} & (x \leq 1) \\ 1 - \dfrac{\rho_c}{\alpha_c(x-1)^2 + x} & (x > 1) \end{cases} \end{cases} \quad (7.1)$$

$$\rho_c = \frac{f_{cm}}{E_c\varepsilon_{c0}} \quad n = \frac{E_c\varepsilon_{c0}}{E_c\varepsilon_{c0} - f_{cm}} \quad \left(x = \frac{\varepsilon_c}{\varepsilon_{c0}}\right)$$

单轴受拉:

$$\sigma_t = (1-d_t)E_c\varepsilon_t$$

$$d_t = \begin{cases} 1 - \rho_t(1.2 - 0.2x^5) & (x \leq 1) \\ 1 - \dfrac{\rho_t}{\alpha_t(x-1)^{1.7} + x} & (x > 1) \end{cases} \quad (7.2)$$

$$\rho_t = \frac{f_{tm}}{E_c\varepsilon_{t0}} x = \frac{\varepsilon_c}{\varepsilon_{t0}}$$

式中:σ_c、σ_t——混凝土抗压和抗拉的应力;

ε_c、ε_t——混凝土抗压和抗拉的应变;

E_c——混凝土初始(没损伤)的弹性模量;

d_c、d_t——混凝土抗拉和抗压损伤演化因子;

f_{cm}、f_{tm}——混凝土抗压和抗拉强度的平均值;

ε_{c0}、ε_{t0}——混凝土抗压和抗拉均值强度对应的峰值应变;

α_c、α_t——混凝土抗压和抗拉的应力应变曲线下降段的参数。

由于混凝土强度是采用混凝土立方体抗压强度标准试验所得,在 ABAQUS 中输入混凝土的材料强度代表值时应该选用平均值,可以按照下列公式计算:

$$\left.\begin{array}{l}f_{\mathrm{cm}} = \dfrac{f_{\mathrm{cu,k}}}{1 - 1.645\delta_{\mathrm{c}}} \\[2ex] f_{\mathrm{tm}} = \dfrac{f_{\mathrm{tu,k}}}{1 - 1.645\delta_{\mathrm{c}}}\end{array}\right\} \tag{7.3}$$

式中:f_{cm}、f_{tm}——混凝土抗压和抗拉强度的平均值;

$f_{\mathrm{tu,k}}$——混凝土抗拉强度的标准值;

δ_{c}——强度变异系数,根据试验统计确定。

图 7.2 为 C18 和 C19 混凝土本构曲线,其余混凝土计算方法相同。

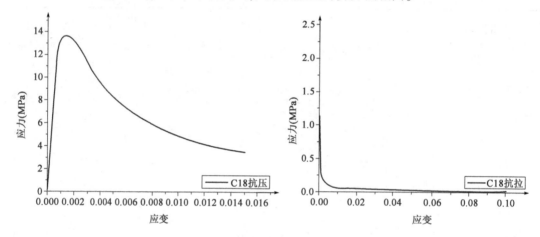

a)C18混凝土本构曲线

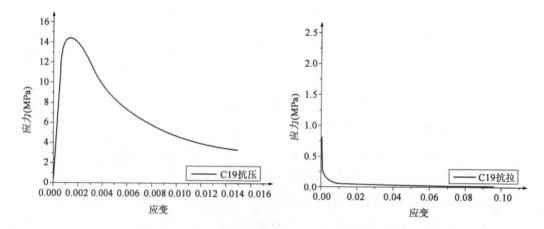

b)C19混凝土本构曲线

图 7.2 部分混凝土本构曲线

(2) 混凝土塑性损伤模型

在模型中考虑了混凝土的塑性损伤,依据《ABAQUS 分析使用指南》[166]（*ABAQUS Analysis User's Guide 6.14-EF*）,混凝土塑性损伤模型主要是用来为分析混凝土结构在循环和动力荷载作用下提供一个普遍分析模型。该模型是由 Lubliner 等[167]提出的,是一个连续的塑性模型,适用于其他准脆性材料,如岩石、砂浆和陶瓷。在模型中假设混凝土存在两种破坏模式:混凝土开裂和受压破坏。混凝土破坏面的演化是由两个强化参数($\bar{\varepsilon}_c^{pl}$ 和 $\bar{\varepsilon}_t^{pl}$)决定的,两个强化参数分别表示混凝土在受压和受拉状态下的等效塑性应变。

混凝土单轴受拉时,分为弹性阶段和软化阶段,在软化阶段有刚度退化。混凝土抗拉损伤应力-应变关系示意图如图 7.3 所示。混凝土单轴受压时,分为弹性阶段、强化阶段和软化阶段。混凝土抗压损伤应力-应变关系示意图如图 7.4 所示。

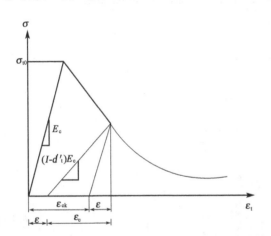
图 7.3　混凝土单轴抗拉损伤应力-应变关系示意图

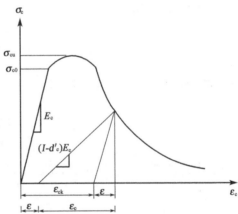
图 7.4　混凝土单轴抗压损伤应力-应变关系示意图

从图 7.3 和图 7.4 中可以看出,混凝土损伤塑性模型引入一个标量退化参数 d 假设混凝土的刚度退化,d_c 和 d_t 分别表示抗压和抗拉单轴损伤参数:

$$E = E_0(1-d) \quad (0 \leq d \leq 1)$$
$$(1-d) = (1-s_t d_c)(1-s_c d_t) \quad (0 \leq s_t, s_c \leq 1) \quad (7.4)$$

式中:s_c、s_t——反向应力作用下模拟刚度恢复的应力状态函数。

在图 7.3 中,混凝土的后继破坏由开裂应变 $\hat{\varepsilon}_t^{ck}$ 表示,σ_{t0} 表示抗拉弹性应力,开裂应变可以由下式表示:

$$\hat{\varepsilon}_t^{ck} = \varepsilon_t - \varepsilon_{0t}^{el}, \varepsilon_{0t}^{el} = \frac{\sigma_{t0}}{E_0} \quad (7.5)$$

$\hat{\varepsilon}_t^{ck}$ 与 $\bar{\varepsilon}_t^{pl}$ 又存在如下关系:

$$\bar{\varepsilon}_t^{pl} = \hat{\varepsilon}_t^{ck} - \frac{\sigma_t}{E_0} \frac{d_t}{1-d_t} \quad (7.6)$$

由此结合式(7.5)和式(7.6)可以得出混凝土受拉的应力-应变关系为

$$\sigma_t = (1 - d_t) E_0 (\varepsilon_t - \overline{\varepsilon}_t^{pl}) \tag{7.7}$$

同理,可在图7.4中得出混凝土受压应力-应变的关系:

$$\hat{\varepsilon}_c^{in} = \varepsilon_c - \varepsilon_{0c}^{el}$$

$$\varepsilon_{0c}^{el} = \frac{\sigma_c}{E_0} \tag{7.8}$$

$$\overline{\varepsilon}_c^{pl} = \hat{\varepsilon}_c^{in} - \frac{\sigma_c}{E_0} \frac{d_c}{1 - d_c} \tag{7.9}$$

$$\sigma_c = (1 - d_c) E_0 \left(\varepsilon_c - \overline{\varepsilon}_c^{pl}\right) \tag{7.10}$$

式中:$\hat{\varepsilon}_c^{in}$——受压非塑性应变,ABAQUS中混凝土受压强化数据由此参数生成。

由式(7.7)可以得出:

$$d_t = 1 - \frac{\sigma_t E_0^{-1}}{\varepsilon_t - \varepsilon_t^{pl}} \tag{7.11}$$

带入式(7.5)可以得出受拉损伤参数 d_t 的计算式:

$$d_t = 1 - \frac{\sigma_t E_0^{-1}}{\overline{\varepsilon}_t^{pl} \left(\frac{1}{b_t} - 1\right) + \sigma_t E_0^{-1}} \tag{7.12}$$

同理,由式(7.8)~式(7.10)可得受压损伤参数 d_c 为

$$d_c = 1 - \frac{\sigma_c E_0^{-1}}{\overline{\varepsilon}_c^{pl} \left(\frac{1}{b_c} - 1\right) + \sigma_c E_0^{-1}} \tag{7.13}$$

式中:b_t、b_c——$\overline{\varepsilon}_t^{pl}$ 和 $\hat{\varepsilon}_t^{ck}$、$\overline{\varepsilon}_c^{pl}$ 和 $\hat{\varepsilon}_c^{in}$ 的比值,Birtel[168]建议其取值分别是0.1和0.7。

图7.5为C18混凝土塑性损伤应力-应变关系,图7.6为C18混凝土损伤因子与应变关系曲线。其他几种混凝土计算方法相同。

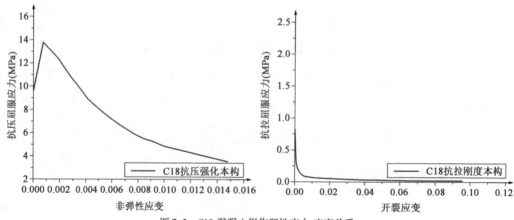

图7.5 C18混凝土损伤塑性应力-应变关系

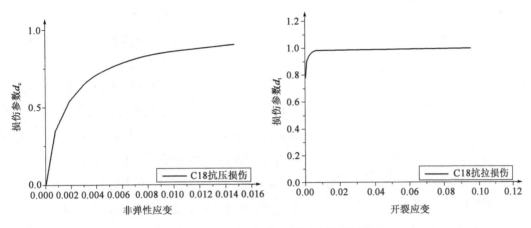

图 7.6　C18 混凝土损伤因子与应变关系曲线

2) 钢筋材料属性

本模型中,钢筋的应力-应变曲线是由试验所使用的钢筋通过单轴拉伸试验所取得的,所有钢筋的密度为 $7.8\times10^{-3}\,\text{kg/m}^3$,泊松比为 0.3,弹性模量为 $2.0\times10^5\,\text{MPa}$。图 7.7 为受压钢筋、不锈蚀抗拉钢筋、锈蚀率为 10% 抗拉钢筋抗拉应力-应变曲线。该应力为通过试验数据得出的名义应力数值换算成真实应力,应变为屈服应变之后(包括屈服应变)的所有应变减去屈服应变的数值,ABAQUS 中定义材料应变时应该填入塑性应变;同时锈蚀钢筋的截面积根据其锈蚀率进行折减。

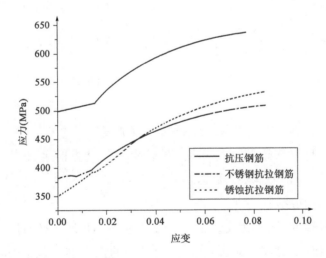

图 7.7　钢筋塑性应力-应变曲线

3) 胶层材料属性

(1) 胶层的本构关系

《ABAQUS 分析使用指南》中对于胶层单元的模拟,最常用的是基于张力-位移界面(Traction-Separation)描述的本构关系的方法,而在基于张力-位移界面描述的方法中,最常用的本构模型双线性本构模型如图 7.8 所示。它给出了材料达到强度极限前的线弹性段和材料达到强度极限后的刚度线性降低软化阶段。图中纵坐标为应力,横坐标为位移,而线弹性段的斜率实际代表的是胶层单元的刚度。曲线下的面积即材料断裂能量释放率。因此,在定义胶层单元的力学性能时,实际就是要确定上述本构模型的具体形状,包括刚度、极限强度以及临界断裂能量释放率,或者最终失效时单元的位移。常用的定义方法是给定上述参数中的前三项,也就确定了胶层单元的本构模型。

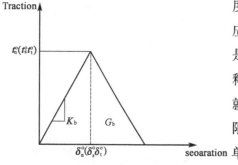

图 7.8 典型的张力-位移响应图

胶层单元可理解为一种准二维单元,可以将它看作被一个厚度隔开的两个面,这两个面分别和其他实体单元连接。胶层单元只考虑面外的力,包括法向的正应力以及 $x\text{-}z$、$y\text{-}z$ 两个方向的剪应力。

图 7.8 中,t_n^0、t_s^0 及 t_t^0 分别代表当单元变形垂直于接触面或者位于第一和第二剪切方向的名义应力峰值;ε_n^0、ε_s^0 和 ε_t^0 代表相应的最大名义应变,当定义界面单元的初始厚度为 1 时,则名义应变等于与之相对应的相对位移 δ_n、δ_s 及 δ_t;K_b 为胶层的刚度,即前期曲线的斜率;G_b 为胶层的断裂能。

图 7.8 中的线性张力-位移曲线可用式(7.14)表示:

$$\text{Traction-separation} = \begin{cases} K_b \delta_n(\delta_s, \delta_t) & [\delta_n(\delta_s, \delta_t) \leq \delta_n^0(\delta_s^0, \delta_t^0)] \\ \dfrac{t_n(t_s, t_t) \cdot [\delta_n^f(\delta_s^f, \delta_t^f) - \delta_n(\delta_s, \delta_t)]}{\delta_n^f(\delta_s^f, \delta_t^f) - \delta_n^0(\delta_s^0, \delta_t^0)} & [\delta_n^0(\delta_s^0, \delta_t^0) < \delta_n(\delta_s, \delta_t) \leq \delta_n^f(\delta_s^f, \delta_t^f)] \\ 0 & [\delta_n(\delta_s, \delta_t) > \delta_n^f(\delta_s^f, \delta_t^f)] \end{cases}$$

(7.14)

$$G_b = 0.5 t_n(t_s, t_t) \delta_n^f(\delta_s^f, \delta_t^f)$$

在式(7.14)中,只要知道胶层的刚度、断裂能和三个方向名义应力峰值,即可得到 ABAQUS 中设置胶层单元材料属性的数据。

(2)胶层的初始损伤准则

初始损伤是指材料质点开始退化,当应力或应变满足用户所选择的初始损伤准则时就开始退化过程。ABAQUS 中对应于张力-位移界面法则的损伤准则包括 Quade Damage、Maxe Damage、Quads Damage、Maxs Damage、Maxpe Damage 和 Maxps Damage。其中,Quads Damage 准则最为常用,Quads Damage 为二次名义应力准则:当各个方向的名义应变比的平方和等于 1 时,损伤开始。

$$\left\{\dfrac{t_n}{t_n^0}\right\}^2 + \left\{\dfrac{t_s}{t_s^0}\right\}^2 + \left\{\dfrac{t_t}{t_t^0}\right\}^2 = 1 \tag{7.15}$$

4) 钢板和垫块

钢板和垫块都可选择为普通的弹塑性材料,如 Q235 钢,其弹性模量为 210000MPa,泊松比 0.3,屈服强度为 235MPa。

7.2.4 锚钉模拟

为了提高运算速度和减少结果文件的大小,加固用的锚钉没有建立实体块,而是使用 MPC 梁单元约束多点约束模拟锚钉与钢板与混凝土钢板之间的约束。MPC 梁单元约束能够在两节点之间提供刚性梁来限制两点间的位移和旋转。在本模型中,在混凝土和钢板钻孔内中点处建立两个参考点,利用 MPC 梁单元约束将两个参考点的位移和旋转约束,相当于把两参考点之间变成一个刚体,然后将两个参考点与混凝土和钢板之间设置耦合约束,这样就建立了刚体与混凝土和钢板之间的锚固。图 7.9 为锚钉有限元模拟。

图 7.9　锚钉有限元模拟

7.2.5 锈蚀钢筋与混凝土的粘结滑移

锈蚀钢筋与混凝土之间的粘结滑移仍然依据 7.2.4 节中所阐述的模型。Filippou 等[169]指出最简单有效的模拟锈蚀钢筋与混凝土之间的粘结滑移的方法是运用零厚度弹簧单元模拟接触面一维应力-应变响应,这可以表明钢筋与混凝土的粘结滑移可以只在平行于钢筋轴向方向上考虑。在 ABAQUS 中,可以利用接触中弹簧单元(Spring 2)模拟锈蚀钢筋与混凝土之间的粘结滑移,Spring 2 有两个节点,每个节点有 3 个自由度。通过 Spring 2 的相对位移是弹簧第一个节点 i 和第二个节点 j 之间的相对位移差。图 7.1 中显示了 Spring 2 弹簧设置示意图。

$$\Delta u = u_i^1 - u_j^2 \tag{7.16}$$

Spring 2 中的 i 节点和 j 节点分别与混凝土和钢筋节点相连。Spring 2 的在局部坐标系中有三个方向的刚度(x 轴、y 轴和 z 轴),本书设置受拉钢筋纵向(x 轴)的粘结滑移,其余两个方向的刚度设置较大,以便限制其位移。另外,为方便粘结滑移数据的输入,本书将模型的局部坐标系的三轴方向设置成与整体坐标系相同。设置 Spring 2 需要找到钢筋与混凝土的共同节点。因此,需要将钢筋和混凝土实体分割建立块,划分网格的密度相同。

7.3 数值结果验证

7.3.1 荷载-挠度曲线验证

本章中,所有有限元模型通过荷载-挠度曲线数值分析结果与所获得试验值进行比较来验证其精确性。位移控制相比于直接加载荷载的优点在于其既能够克服收敛困难以及两个块体没有接触对的情况下的刚体模态问题,也能够获得应力-应变曲线和荷载-位移曲线。因此,本节中,荷载-挠度曲线的数值分析结果通过位移控制的加载方法得到,位移控制的加载方法是通过将位移施加在梁顶部垫块上方的参考点上,此参考点与垫块之间用耦合约束连接。荷载通过计算此参考点上的总反力获得。

表 7.2 中列出了有限元模型和试验值的验证结果。图 7.10 列出了所有试验梁有限元模型荷载-挠度曲线和试验值的对比。从表 7.2 和图 7.10 可以看出,有限元模型的极限荷载值与试验梁的极限荷载的误差百分比的范围为 −7.1% ~4.22%,有限元模型平均绝对百分比误差为 3.26%。而且,有限元模型的极限位移和能量吸收值与两者的试验值的误差百分比范围分别为 −2.3% ~5.6% 以及 0.1% ~19.1%,两者的平均绝对百分比误差分别为 2.3% 和 9.36%。从上述分析可以看出,有限元模型能够较为准确地预测试验梁的荷载-挠度曲线,同时能够准确地计算出极限承载力和所对应的极限挠度。

有限元模型和试验值的验证结果   表7.2

试验梁编号	结 果	P_u(mm)	Δ_u(mm)	μ(kN·mm)	破 坏 模 式
C0C30	有限元	139.34	8.28	1342.41	F
	试验值	150	8.44	1126.30	F
	误差(%)	−7.1	−2.3	19.1	—
C10C30	有限元	148.00	12.90	1456.4	F
	试验值	142.00	12.80	1351.7	CC
	误差(%)	4.22	0.7	7.7	—
S0C30-3	有限元	188.90	10.00	1308.0	DT
	试验值	185.00	9.65	1155.7	DT
	误差(%)	2.1	3.6	13.2	—
S10C30-3	有限元	169.71	12.45	1653.0	DT
	试验值	173.00	12.40	1651.0	DT
	误差(%)	−1.9	0.4	0.1	—
U10C30	有限元	188.49	5.69	690.52	EPS
	试验值	190	5.44	647.22	EPS
	误差(%)	−1.0	4.5	6.7	—

续上表

试验梁编号	结　　果	P_u(mm)	Δ_u(mm)	μ(kN·mm)	破坏模式
SU10C30	有限元	139.34	8.28	1342.41	SF
	试验值	150	8.44	1126.30	SF
	误差(%)	-7.1	-2.3	19.1	—

注：表中 P_u 和 Δ_u 分别为极限荷载和对应的极限挠度，μ 为能量吸收值(荷载开始急速下降前荷载-挠度曲线面积)，F 为弯曲破坏，DT 为斜拉破坏，EPS 为钢板脱落，SF 为支座破坏。

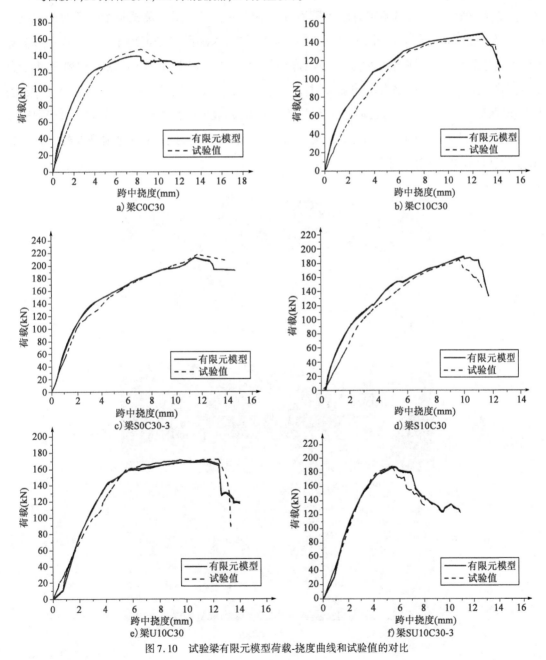

图7.10　试验梁有限元模型荷载-挠度曲线和试验值的对比

7.3.2 裂缝分布和破坏模式对比

根据第一强度理论,当混凝土的最大主应力(拉应力)大于混凝土的抗拉强度时,混凝土开裂。因此,在有限元模型中可以利用最大主应力云图查看破坏时试验梁的裂缝分布。Lubliner等[167]假设混凝土在受拉等效应变大于0的位置就发生开裂,并且最大塑性主应变为正。开裂面法线的方向与最大主塑性应变的方向相同,即开裂方向与最大主应力扩展方向相同。图7.11列出了所有试验梁有限元模型最大塑性主应变云图以及试验梁破坏时的裂缝分布。除梁表面深蓝色部分以外,从图7.11中可以看出,未加固梁C0C30和C10C30裂缝分布主要为抗弯裂缝,其破坏模式为抗弯破坏;底面抗弯加固试验梁S10C30-3和S0C30-3,由于其破坏模式为斜拉破坏,在钢板末端最大塑性主应变大于混凝土抗拉强度,最终形成斜拉裂缝;组合加固锈蚀梁SU10C30的破坏模式为支座处压坏,其最大塑性主应变在支座处大于混凝土抗拉强度。从上述分析可以看出,本书建立的有限元模型能够较为准确地预测混凝土开裂情况,预测破坏模式与试验相同。

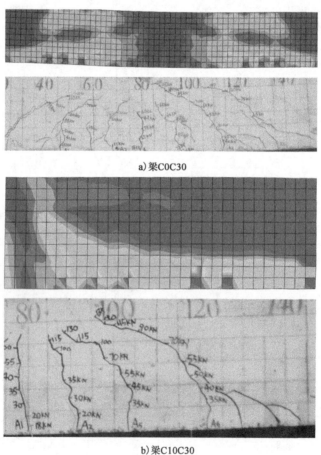

a) 梁C0C30

b) 梁C10C30

图 7.11

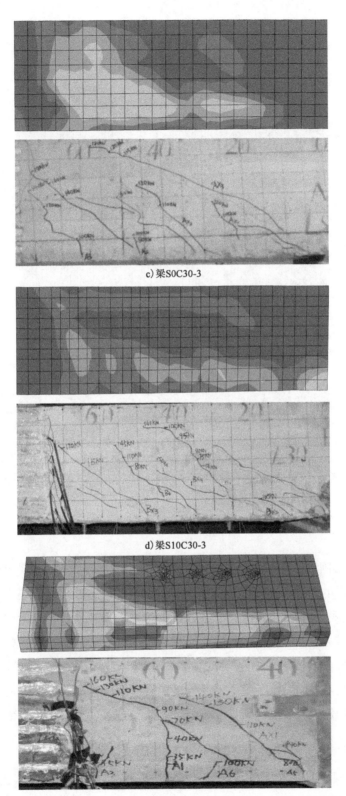

c) 梁S0C30-3

d) 梁S10C30-3

图 7.11

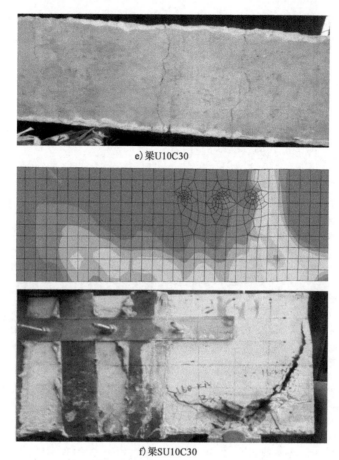

图 7.11　试验梁有限元模型最大塑性主应变云图以及试验梁破坏时的裂缝分布

7.4　钢板加固锈蚀 RC 梁设计方法分析

《混凝土结构加固设计规范》(GB 50367—2013)[3]中规定:对于钢板抗弯加固 RC 梁,手工涂抹结构胶粘贴钢板的厚度不能超过 5mm。试验和有限元分析结果都表明,梁 S10C30 和梁 SU10C30 的破坏模式分别为斜拉破坏和支座压碎破坏。从图 7.11 中此两片梁的荷载-挠度曲线可以看出,这两种破坏模式为脆性破坏,并且使得梁的延性明显降低。发生这两种破坏模式的原因可能是梁 S10C30 的钢板厚度过厚,梁 SU10C30 钢板和 U 形箍厚度、U 形箍的位置不合理。本书利用有限元模型,对底面钢板厚度、U 形箍厚度和 U 形箍位置对于三种加固方法的锈蚀加固梁承载性能进行了比较分析,并且对比设计规范中的规定,提出钢板加固锈蚀 RC 梁的设计建议。

7.4.1　底面钢板厚度对于加固梁的影响

图 7.12 为不同底面钢板厚度下梁 S10C30 和 SU10C30 荷载-挠度曲线的对比。表 7.3 为这两片梁在不同的底面钢板厚度下极限荷载、极限挠度以及能量吸收值对比。所有的组合加

固梁的 U 形箍厚度保持为 3mm 不变。对于梁 S10C30,从图 7.12 中可以看出,其极限荷载随着底面钢板厚度的增加而增加,但是其能量吸收值随着钢板厚度的增加而减小。同时,底面钢板厚度为 4mm 和 5mm 梁的极限荷载比较接近,但是钢板厚度为 4mm 的试验梁的能量吸收值比钢板厚度为 5mm 梁的能量吸收值大 32%,这表明钢板厚度为 5mm 的抗弯加固梁的延性大大降低,而钢板厚度为 4mm 对于锈蚀率为 10% 的 RC 梁进行抗弯加固能够最大限度地提高锈蚀梁的承载性能,对于锈蚀率为 10% 的 RC 梁,抗弯加固钢板厚度应该不超过 4mm。对于梁 SU10C30,梁的极限挠度和能量吸收值随着钢板厚度的增加而减小。钢板厚度为 3mm、4mm 和 5mm 的组合加固梁的极限荷载值没有明显的变化,并且钢板厚度为 3mm 的组合加固梁的极限荷载略大于钢板厚度为 4mm 的组合加固梁的极限荷载;钢板厚度为 5mm 的梁虽然极限荷载最大,但是其延性相比于钢板厚度为 3mm 的组合加固梁降低了 43.27%。综合分析组合加固梁的极限荷载和延性,对于 3mm 厚的底面钢板能够最合理地提高组合加固梁承载能力。

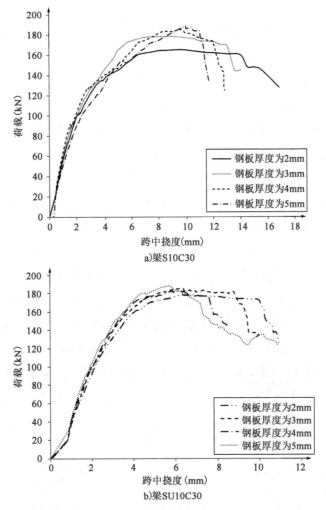

图 7.12 不同底面钢板厚度下梁 S10C30 和梁 SU10C30 荷载-挠度曲线的对比

不同底面钢板厚度下梁 S10C30 和梁 SU10C30 极限荷载、极限挠度和能量吸收值对比　表 7.3

试验梁编号	钢板厚度(mm)	P_u(mm)	Δ_u(mm)	μ(kN·mm)
S10C30	2	165.53	14.03	1944.2
	3	178.58	13.02	1918.4
	4	185.63	11.94	1728.6
	5	188.90	10.00	1308.0
SU10C30	2	178.77	9.89	1361.4
	3	185.54	8.75	1217.3
	4	182.79	7.55	998.59
	5	188.49	5.69	690.52

7.4.2　不同 U 形箍厚度对于锈蚀加固梁的影响

《混凝土结构加固设计规范》(GB 50367—2013)[3]中规定:对于 U 形箍锚固底面钢板进行 RC 梁加固时,U 形箍的厚度不能超过4mm。本节就 U 形箍的厚度对于梁 U10C30 和梁 SU10C30 承载性能的影响进行了分析。梁 SU10C30 底面钢板的厚度保持为 3mm 不变,同时两片梁 U 形箍厚度从 1mm 到 5mm 逐次改变。表 7.4 列出了梁 U10C30 和梁 SU10C30 在不同 U 形箍厚度下极限荷载、极限挠度和能量吸收值。图 7.13 描绘出了梁 U10C30 和梁 SU10C30 在不同 U 形箍厚度下的跨中荷载-挠度曲线。对于梁 U10C30,从表 7.4 和图 7.13 a)中可以看出,当 U 形箍厚度超过 3mm 时,梁的极限荷载随钢板厚度的增加略有降低,但是能量吸收值随钢板厚度的增加而增加,当钢板厚度超过 3mm 时,能量吸收值比较接近。因此,通过以上分析可以得出,3mm 厚的 U 形箍对于提高锈蚀率为 10% 的 RC 梁承载性能是最为合理的。当钢板厚度超过 3mm 时,抗剪加固的锈蚀梁的极限挠度和延性不会有显著的提高。对于梁 SU10C30,3mm、4mm 和 5mm 的 U 形箍加固的试验梁的极限荷载比较接近,而且,与 2mm 的 U 形箍加固的试验梁相比,其能量吸收值分别降低了 22.6%、16.4% 和 19.5%。因此可以说明,在《混凝土结构加固设计规范》[3](GB 50367—2013)中对于锈蚀率为 10% 的梁端部加固的 U 形箍厚度应该超过 4mm 的建议不太合适。当 U 形箍厚度超过 2mm 时,组合加固锈蚀梁的延性会较明显地降低。

不同 U 形箍厚度下梁 U10C30 和梁 SU10C30 的极限荷载、极限挠度和能量吸收值　表 7.4

试验梁编号	U 形箍厚度(mm)	P_u(mm)	Δ_u(mm)	μ(kN·mm)
U10C30	1	159.59	11.95	1414.7
	2	166.69	13.04	1571.5
	3	169.71	12.45	1653.0
	4	168.87	13.14	1682.8
	5	167.57	13.22	1688.1

续上表

试验梁编号	U形箍厚度(mm)	P_u(mm)	Δ_u(mm)	μ(kN·mm)
SU10C30	1	173.27	10.83	1501.2
	2	179.66	10.99	1571.9
	3	185.54	8.75	1217.3
	4	189.01	9.20	1314.8
	5	191.26	8.90	1265.6

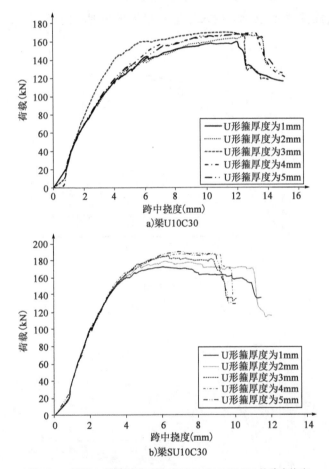

图7.13 不同U形箍厚度下梁U10C30和SU10C30的跨中挠度

7.4.3 U形箍的位置对于试验梁承载性能的影响

本节分析了U形箍的位置对梁U10C30和SU10C30的承载性能的影响。图7.14绘出了不同U形箍内侧到跨中的距离下,两种梁的荷载-挠度曲线。表7.5列出了不同U形箍内侧到跨中的距离下,两种梁的极限荷载、极限挠度和能量吸收值。试验梁U形箍内侧到跨中的距离为450mm。对于梁U10C30,当U形箍内侧到跨中的距离降低时,其能量吸收值降低,这说明 U 形箍内侧到跨中的距离降低导致了梁 U10C30 延性的降低。U 形箍内侧到跨中的距离为 300mm 的抗剪加固梁的延性仅仅是试验梁延性的 41.74%。当 U 形箍内侧到跨中的距离小于 400mm 时,梁的极限挠度显著降低。因此,可以推断抗剪加固锈蚀 RC 梁的 U 形箍最为合理的位置位于梁的末端。对于梁 SU10C30,虽然 U 形箍内侧到跨中的距离为 400mm 的梁的能量吸收值略微大于试验梁的能量试验值,但是 U 形箍内侧到跨中的距离为 400mm 的梁极限荷载相对于试验梁降低了 21.78kN。同时,依据表 7.5 中的能量吸收值,U 形箍内侧到跨中的距离为 350mm 和 400mm 的梁的延性相对于试验梁分别降低了 14.2% 和 32.94%。通过上述分析同样可以得出,对于组合加固锈蚀 RC 梁,梁末端是 U 形箍最合理的位置。

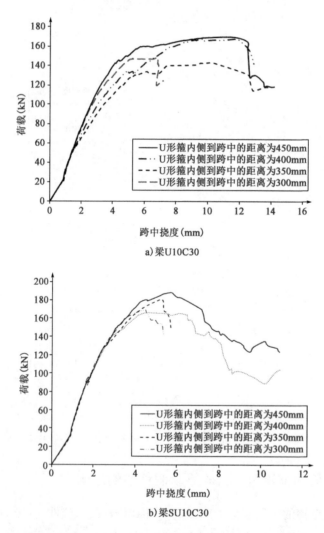

图 7.14 不同 U 形箍内侧到跨中的距离下,梁 U10C30 和梁 SU10C30 的荷载-挠度曲线

不同 U 形箍内侧到跨中距离下,梁 U10C30 和梁 SU10C30 的　　　表 7.5
极限荷载、极限挠度和能量吸收值

试验梁编号	U 形箍内侧到跨中的距离(mm)	P_u(mm)	Δ_u(mm)	μ(kN·mm)
U10C30	450	169.71	12.45	1653.0
	400	167.65	11.83	1464.3
	350	143.52	12.48	1389.5
	300	148.56	6.83	690.10
SU10C30	450	188.49	5.69	690.52
	400	166.62	6.39	767.32
	350	180.96	5.26	592.73
	300	169.68	4.48	463.07

7.5 小　　结

本章利用通用有限元软件 ABAQUS 建立了钢板加固锈蚀 RC 梁 3-D 有限元模型,并用此模型预测试验梁承载性能,同时利用有限元模型荷载-挠度曲线和最大塑性主应变云图与试验结果对比,以验证有限元模型的精确性。根据有限元模型,对底面钢板厚度、U 形箍的厚度和位置对锈蚀加固梁承载性能的影响进行了敏感性分析,参考《混凝土结构加固设计规范》[3](GB 50367—2013),对锈蚀 RC 梁钢板加固提出了几点设计建议,并得出了如下结论:

(1)有限元模型的荷载-挠度曲线与试验结果较为吻合,同时最大塑性主应变云图能够较为准确地预测试验梁的裂缝分布。

(2)现行加固规范中对于 U 形箍和梁底面钢板厚度的规定不适合钢板抗弯加固锈蚀梁和组合加固锈蚀梁。

(3)对于抗弯加固锈蚀 RC 梁,底面钢板的厚度不应超过 4mm。

(4)对于抗剪加固锈蚀 RC 梁,3mm 的 U 形箍能够最合理地提高锈蚀梁的承载性能。当 U 形箍的厚度超过 3mm 时,并没有显著地提高加固梁的极限承载力和延性。U 形箍最合理的位置在锈蚀梁的末端。

(5)对于组合加固的锈蚀梁,5mm 的底面钢板虽然能够获得极限承载力,但是加固梁的延性大大降低,3mm 的底面钢板最有效果的是在提高承载力的同时保持延性的增长。组合加固梁的 U 形箍厚度不应该超过 2mm,当 U 形箍的厚度超过 2mm 时,组合加固梁的延性将会显著降低。U 形箍最合理的位置是底面钢板的末端。

第8章 承载能力极限状态下加固时/后桥梁可靠度指标的计算与分析

8.1 引　言

要分析和计算可靠度,首先要建立极限状态方程,而极限状态方程中抗力和荷载效应是两个主要因素。

目前桥梁结构抗力研究主要集中在结构的抗弯承载方面,可依据桥梁结构设计原理的受力弯矩法建立抗力模型,结构的抗力是随时间而不断变化的过程,如混凝土强度早期随着时间的增长而提高,然后随时间和大气环境的侵蚀作用,强度不断退化。另外,钢筋的缓慢锈蚀过程而导致钢筋截面积的变化和屈服强度的变化,随之也会影响钢筋与混凝土的协同工作效应,以及抗力不确定性因素(包括材料性能的不确定性、几何参数的不确定性、计算模式的不确定性等)会直接或间接影响到桥梁结构的抗力,结合各种不确定性因素,以及时变衰减模型,依据误差传递公式最后推导出抗力的均值和标准差模型。对于加固后的时变抗力模型,也可以此类推。

目前桥梁的荷载效应主要包括汽车荷载及其自重恒载。对于自重恒载可依据实际工程结构中提供的数据,利用结构力学的原理计算得到,但要考虑实际自重值和标准自重值之间的差别;对于汽车荷载,利用影响线的原理,结合偏心压力法可计算各主梁的荷载效应,最终和自重恒载一样,也要考虑荷载实际值和标准值之间的差别。

8.2 影响结构抗力不确定性的因素

影响结构抗力的因素有很多。就混凝土而言,加载龄期、加载速度等对抗力都有一定的影响,但在设计规范强度公式中主要体现的是结构构件的材料性能 M(如强度、弹性模量等)、截面几何参数 A(如截面尺寸、惯性矩等)和计算模式的精确度 P,它们一般是相互独立的随机变量,而加载龄期的影响在计算结构的徐变变形和超静定结构的徐变次内力时才加以考虑,所以影响结构抗力不确定性因素主要包括材料性能的不确定、几何参数的不确定和计算模式的不确定。

随着时间的变化,加固后桥梁所处的环境也随之变化,旧桥加固后,不仅要观察其加固后的承载能力使用状态,还要观察其加固后续服役期状态,本章主要通过旧桥两种不同的加固方案来计算分析加固后续承载能力极限状态可靠度指标,分析其能否在桥梁的设计基准期内满足要求,以此作为工程实际的参考。

影响桥梁可靠度指标的因素有很多,主要包括恒载变异性的影响、活载变异性的影响以及钢筋锈蚀引起的截面积变异性的影响。本章主要针对这三个因素的变异性,来计算分析其对桥梁可靠度指标的影响,进而得出最大影响桥梁可靠度程度的因素,以供参考。

8.2.1 材料性能的不确定性

由于我们研究的结构构件材料性能是在标准试验条件下进行的,而实际情况下结构构件材料性能是有差异的,所以我们需要对材料性能的不确定性进行分析统计,由于诸多因素对材料的变异性有很大的影响,在进行统计分析时只能以一个时期内全国若干个有代表性的生产单位的统计来代表全国的平均生产水平。

结构构件材料性能的不确定性用随机变量 K_M 表示,则

$$K_M = \frac{f_m}{k_0 f_k} = \frac{1}{k_0} \frac{f_m f_s}{f_s f_k} \tag{8.1}$$

假设

$$K_0 = \frac{f_m}{f_s}$$

$$K_f = \frac{f_s}{f_k}$$

则式(8.1)可写为

$$K_M = \frac{1}{k_0} K_0 K_f \tag{8.2}$$

式中:f_m——结构构件中实际的材料性能值;

k_0——反映结构构件材料性能与试件性能差别的系数;

f_k——试件材料性能标准值;

f_s——试件材料性能值;

K_0——反映结构构件材料性能与试件性能差别的随机变量;

K_f——反映试件材料性能不确定性的随机变量。

由式(8.1)和式(8.2)可推导出 K_M 的平均值 μ_{K_M} 和变异系数 δ_{K_M},其方程式如下:

$$\left.\begin{array}{l} \mu_{K_M} = \dfrac{\mu_{K_0} \mu_{K_f}}{k_0} = \dfrac{\mu_{K_0} \mu_{f_s}}{k_0 f_k} \\[2mm] \delta_{K_M} = \sqrt{\delta_{K_0}^2 + \delta_{K_f}^2} \end{array}\right\} \tag{8.3}$$

李扬海等[170]给出了全国大部分省区市的工地和工厂的混凝土轴心抗压强度和钢筋强度 K_M 的统计资料,见表8.1、表8.2。

混凝土轴心抗压强度 K_M 参数 表8.1

混凝土强度等级	样本组数	均值 μ_{K_M}	变异系数 δ_{K_M}	标准差 σ_{K_M}
C15	1560	1.6874	0.2828	0.4772
C20	9087	1.7182	0.2363	0.4060
C25	6432	1.5868	0.1928	0.3059
C30	5780	1.5012	0.1773	0.2662
C35	5734	1.4840	0.1578	0.2342
C40	2009	1.3877	0.1374	0.1907

钢筋强度 K_M 统计参数 表8.2

钢筋级别	样本组数	均值 μ_{K_M}	变异系数 δ_{K_M}	标准差 σ_{K_M}
Ⅰ级	63336	1.0821	0.1211	0.1310
Ⅱ级	53986	1.0849	0.0719	0.0780
Ⅲ级	20988	1.0873	0.0645	0.0701

8.2.2 几何参数的不确定性

结构构件的几何参数,一般指结构构件的截面几何特征,如混凝土保护层厚度、构件截面的高度及宽度、钢筋的截面积等。结构构件的几何参数的不确定性主要是由两个原因引起的:一是由于构件制作时的初始偏差和安装误差而导致的几何参数的变异,二是由各种受荷作用及构件内外部各种物理化学原因引起的。第一个原因与工艺水平及施工顺序有关,第二个原因与时间有关。

结构构件的几何参数的不确定性可用随机变量 K_A 表示,则

$$K_A = \frac{a}{a_k} \tag{8.4}$$

式中:a——结构构件的几何参数实际值;

a_k——构件的标准值。

K_A 的平均值 μ_{K_A} 和变异系数 δ_{K_A} 方程式如下:

$$\mu_{K_A} = \frac{\mu_a}{a_k}$$

$$\delta_{K_A} = \delta_a \tag{8.5}$$

式中:δ_a——结构构件几何参数实际值的平均值和变异系数。

各类几何不确定性参数 K_A 见表8.3。

各类几何不确定性参数 K_A 表8.3

参　数	均值 μ_{K_A}	变异系数 δ_{K_A}	标准差 σ_{K_A}
混凝土保护层厚度 C	1.0178	0.0496	0.0503

续上表

参　数	均　值 μ_{K_A}	变异系数 δ_{K_A}	标准差 σ_{K_A}
翼板宽 b_f	1.0018	0.0091	0.0091
翼板厚 h_f	1.0121	0.0825	0.0835
腹板宽 b	1.0013	0.0081	0.0081
有效高度 h_0	1.0124	0.0229	0.0232
截面高度 h	1.0064	0.0255	0.0257
碳纤维截面面积 A_{cf}	1.0	0.035	0.035
钢筋截面面积 A_s	1.0	0.035	0.035

8.2.3　计算模式的不确定性

结构构件的计算模式的不确定性，主要是抗力计算中计算公式的不精确性和采用的一些基本假定的近似性导致的。例如，结构构件经常采用理想弹性、均质性、各向同性、平面变形等假定，以及采用简支、固定支座等边界条件替代原来实际的边界条件等。这些假定造成了构件实际的抗力与公式计算出的抗力的差异，因而对结构构件的计算模式的不确定性的研究和分析是有必要的。

结构构件的计算模式的不确定性可用下式来表示：

$$K_P = \frac{R}{R_j} \tag{8.6}$$

式中：R——结构构件的实际抗力值，一般取试验值或者精确计算值；

R_j——规范公式所计算出来的抗力计算值，为排除 K_M 及 K_A 的影响，计算时取材料性能和几何尺寸的实际值。

各类结构构件计算模式不确定性统计参数 K_P 见表 8.4[171]。

各类结构构件计算模式不定性统计参数 K_P　　　　表 8.4

受力钢筋型号	样本组数 n	均值 μ_{K_P}	变异系数 δ_{K_P}	标准差 σ_{K_P}
Ⅱ级	58	1.098	0.071	0.078
冷拉Ⅵ级	20	1.100	0.060	0.066
碳素钢丝	10	1.118	0.043	0.049
Ⅴ级	21	1.082	0.059	0.064
冷拔钢丝	60	1.121	0.055	0.062

8.3　材料的时变强度衰减模型

桥梁随着服役时间的增长，在一般大气环境下由于混凝土碳化作用，其内部发生化学作用，使得混凝土碱性降低，进而导致混凝土的强度降低。而大气环境中的氯离子（Cl^-）通过混凝土保护层渗透至钢筋表面，从而引起钢筋的电化学锈蚀，造成钢筋锈蚀，使得钢筋的截面积缩减，钢筋的强度降低，钢筋与混凝土的粘结性降低，这些结果是一连串的反应过程。另外，混凝土内部一些活性物质随着时间的推移发生一系列的物理化学反应，进而导致强度的降低，即我们所熟知的碱集料反应，这更加剧了构件强度的降低。

在众多的构件破坏的原因中，钢筋的锈蚀引起结构构件的过早破坏是突出的原因，而在一般大气环境下，混凝土的碳化作用是钢筋锈蚀的前提条件，故首先应对混凝土的碳化衰减模型进行研究分析。在研究方法上主要有三种：一是理论研究，二是试验研究，三是实际工程分析。本节在国内外已有研究的基础上分析混凝土强度时变模型、钢筋锈蚀率及屈服强度时变模型混凝土与钢筋的协同工作系数 K_s 模型等。

8.3.1 混凝土强度时变模型

混凝土强度是决定结构构件抗力的基本参数，时变规律是建立服役桥梁的基础。一般来说，在结构构件服役初期，混凝土的强度随时间的增长而增长，随着时间延长，强度增长的速度减慢，最后呈现衰减的趋势。综合国内外各类模型，我们选取牛狄涛等[171]的一般大气环境下混凝土时变模型如下：

$$\mu_{f_{cu}}(t) = \mu_{f_{cu0}} 1.4529 e^{-0.0246(\ln t - 1.7154)^2}$$
$$\sigma_{f_{cu}}(t) = \sigma_{f_{cu0}}(0.0305t + 1.2368) \tag{8.7}$$

式中：$\mu_{f_{cu0}}$——混凝土实测28d强度的平均值；

$\sigma_{f_{cu0}}$——混凝土实测28d强度的标准差，$\mu_{f_{cu0}}$ 和 $\sigma_{f_{cu0}}$ 可根据表8.1和式(8.1)计算；

t——时间，年。

8.3.2 钢筋的锈蚀率及屈服强度随时间变化模型

服役期桥梁钢筋的锈蚀是导致结构可靠性不足的主要原因，正因如此，掌握钢筋锈蚀程度的时变规律是非常有意义的。在大气环境下，由于氯离子通过保护层，扩散至钢筋表面，发生电化学反应，引起钢筋锈蚀。钢筋锈蚀产生的附着产物体积是原来的2～4倍，从而产生膨胀力，其到一定程度就会引起保护层的开裂，当保护层开裂后锈蚀速率进一步加快，进而引起桥梁的承载力退化，可靠性降低。

随着钢筋的锈蚀，钢筋的屈服强度也随之减小，一方面是钢筋的截面积减小所引起的，另一方面是锈蚀引起钢筋的力学性能发生变化所致。对于桥梁结构来说，钢筋的锈蚀受多重因素的影响，而且检测手段的不完善性对于统计数据的获得比较困难，目前只能是半经验、半理论地研究。另外，在大气环境下的温度，氯离子浓度是随时间变化的，随地区气候的不同而不同，与试验研究也有一定的出入，所以需要进一步研究分析。

1) 钢筋初锈时间模型

桥梁服役后,钢筋的初锈时间一直是众多学者研究的对象,鉴于第1章中阐述的各种钢筋初锈时间模型特点,当钢筋表面的氯离子浓度到达临界氯离子浓度时,钢筋开始锈蚀,Thoft-Christensen 等[172]给出了钢筋开始锈蚀的时间模型,如下:

$$t_0 = \frac{C^2}{4D_c}\left[\text{erf}^{-1}\left(\frac{C_0 - C_{cr}}{C_0}\right)\right]^{-2} \tag{8.8}$$

式中:t_0——钢筋初锈时间,年;

C——混凝土保护层厚度,cm;

D_c——扩散系数,受混凝土密实度、配合比等多重因素的影响,目前尚未有统一的结论,其均值在 0.32~2.58 范围内变化,$cm^2/year$;

erf——误差函数,$\text{erf}(x) = \frac{2}{\sqrt{\pi}}\int_0^x e^{-u^2}du$,可以查误差函数表得到;

C_0——混凝土表面氯离子浓度;

C_{cr}——临界氯离子浓度,Stewart[173]指出其均值在 0.027%~0.045% 范围内变动。

2) 钢筋的锈蚀速度模型

由于钢筋在锈胀开裂前和锈胀开裂后的锈蚀速度不同,迟丽华等[174]给出了钢筋锈蚀速度模型。

保护层开裂前($t \leq t_{cr}$):

$$v_0 = 46k_1k_2e^{0.04T}(R_H - 0.45)^{\frac{2}{3}}C^{-1.36}f_{cu}^{-1.83} \tag{8.9}$$

保护层开裂后($t > t_{cr}$):

$$v_1 = \begin{cases} 2.5v_0 & (v_0 > 0.0) \\ 4v_0 - 187.5v_0^2 & (v_0 \leq 0.08) \end{cases} \tag{8.10}$$

式中:t_{cr}——保护层开裂时间;

v_0——保护层开裂前钢筋锈蚀速度;

v_1——保护层开裂后钢筋锈蚀速度;

k_1——钢筋位置修正系数,中部钢筋取 1.0,角部钢筋取 1.6;

k_2——环境修正系数,室外潮湿环境下取值范围为 3.0~4.0,室外干燥环境下取值范围为 2.5~3.5;

T——环境温度;

R_H——环境湿度;

C——混凝土保护层厚度,mm;

f_{cu}——立方体抗压强度。

3)保护层开裂时钢筋的锈蚀深度模型

保护层开裂时钢筋的锈蚀深度为[175]:

$$\delta_{cr} = k_{mcr}k_{crs}\left(0.008\frac{C}{d} + 0.00055f_{cu} - 0.002\right) \quad (8.11)$$

式中:δ_{cr}——保护层开裂时钢筋的锈蚀深度;

k_{mcr}——计算模式的不确定性系数;

k_{crs}——钢筋的位置影响系数,角部取1.0,非角部取1.35;

C——保护层厚度;

d——钢筋直径。

4)混凝土保护层的开裂时间

混凝土保护层的开裂时间是指钢筋的初锈时间加上初锈至保护层开裂的时间,由式(8.8)、式(8.9)和式(8.11)可推出保护层开裂时间t_{cr}为:

$$t_{cr} = t_0 + \frac{\delta_{cr}}{v_0} \quad (8.12)$$

5)锈蚀钢筋时变截面积模型

由于保护层开裂前和开裂后钢筋的锈蚀速度不同,因此需分三个时间段来分析锈蚀钢筋的面积:第一个时间段为钢筋初锈时间t_0之前,显然钢筋截面积未变;第二个时间段为钢筋初锈t_0之后,此时钢筋的锈蚀速率为v_0;第三个时间段为保护层开裂之后,即t_{cr}之后,此时钢筋的锈蚀速率为v_1。

由以上分析我们可以推导出如下公式:

$$A_s(t) = \begin{cases} A_{s0} & (t < t_0) \\ A_{s0}\left[1 - \frac{v_0(t-t_1)}{d}\right]^2 & (t_0 \leq t < t_{cr}) \\ A_{s0}\left[1 - \frac{v_0(t_{cr}-t_0) + v_1(t-t_{cr})}{d}\right]^2 & (t \geq t_{cr}) \end{cases} \quad (8.13)$$

式中:A_{s0}——钢筋初始截面面积;

$A_s(t)$——时变截面面积;

其他参数意义见式(8.10)。

6)锈蚀钢筋屈服强度时变模型

国内学者惠云玲等[176]通过大量试验研究,分析了钢筋锈蚀后屈服强度的变化规律与截面损伤的统计关系,得出随着锈蚀率的增大,钢筋的屈服强度降低也随之增大,并建立了如下模型公式:

$$f_{ys} = \frac{0.985 - 1.028\rho_s}{1 - \rho_s}f_{y0} \quad (8.14)$$

$$\rho_{s} = \begin{cases} 0 & (t < t_{0}) \\ 1 - \left[1 - \dfrac{v_{0}(t - t_{1})}{d}\right]^{2} & (t_{0} \leqslant t < t_{cr}) \\ 1 - \left[1 - \dfrac{v_{0}(t_{cr} - t_{0}) + v_{1}(t - t_{cr})}{d}\right]^{2} & (t \geqslant t_{cr}) \end{cases} \quad (8.15)$$

式中:f_{ys}——时变钢筋屈服强度;

ρ_s——钢筋截面锈损率;

f_{y0}——锈蚀前钢筋初始屈服强度。

8.3.3 混凝土与钢筋的协同工作系数 k_s 模型

钢筋的锈蚀除了引起钢筋截面积减少、屈服强度降低、锈胀开裂外,还会引起钢筋与混凝土粘结性能的退化,所以我们需引入一个参数 k_s 来表示混凝土与钢筋的协同工作性能。

马亚飞[177]通过总结国内外的大量研究,并结合一系列试验,给出了钢筋与混凝土的协同工作系数表达方程式,该表达方程式比较全面,具有一定的参考价值。

$$k_{s} = \begin{cases} 1 & (\rho_{s} < 1.2\%) \\ 1.0168 - 0.014\rho_{s} & (1.2\% \leqslant \rho_{s} < 6\%) \\ 0.72 + 0.295e^{-0.0651\rho_{s}} & (6\% \leqslant \rho_{s} < 20\%) \\ 0.8 & (\rho_{s} \geqslant 20\%) \end{cases} \quad (8.16)$$

式中:ρ_s——钢筋锈蚀率。

8.4 桥梁结构的抗力模型

8.4.1 加固前的抗力计算模型

对于未加固 RC 的 T 形梁,根据受压区的高度不同,受力可分为第一类 T 形截面(中和轴在翼缘内,即 $x < h_f$)和第二类 T 形截面(中和轴在梁肋部,即 $x > h_f$)。当其为第一类 T 形截面时,其计算简图如图 8.1 所示。

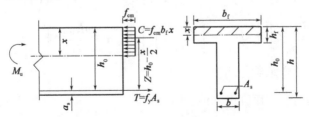

图 8.1 第一类 T 形截面锈蚀梁的受弯承载力计算简图

由截面上水平方向内力之和为零的平衡条件并且考虑钢筋与混凝土的协同工作系数 k_s，可得到：$f_{cm}b_f x = k_s f_y A_s$，进而可知受压区高度：

$$x = \frac{k_s f_y A_s}{f_{cm} b_f} \tag{8.17}$$

则对应可知锈蚀梁正截面抗弯承载力：

$$M_u = k_s f_y A_s \left(h_0 - \frac{k_s f_y A_s}{2 f_{cm} b_f} \right) \tag{8.18}$$

式中：f_y——钢筋屈服强度；

A_s——钢筋截面面积；

f_{cm}——混凝土弯曲抗压强度，$f_{cm} = 0.737 f_{cu}$，其中 f_{cu} 为混凝土立方体抗压强度；

h_0——截面的有效高度；

b_f——翼缘宽度；

k_s——混凝土与钢筋的粘结系数；

M_u——锈蚀梁正截面抗弯承载力。

综合考虑 8.3 节材料性能的不确定性、几何参数的不确定性以及计算模式的不定性和材料的时变强度衰减模型等方面，可知抗力为：

$$R_{M_u(t)} = k_s k_p f_y(t) A_s(t) \left[h_0 - \frac{k_s f_y(t) A_s(t)}{2 f_{cm}(t) b_f} \right] \tag{8.19}$$

式中：k_p——计算模式的不定系数；

$f_y(t)$——钢筋的时变强度；

$A_s(t)$——钢筋的时变截面积；

$f_{cm}(t)$——混凝土的时变弯曲抗压强度；

其余参数意义同式(8.18)。

依据误差传递公式，结合式(8.19)可得出抗力均值和方差表达式如下：

$$\mu_{R_{M_u(t)}} = k_s \mu_{k_p} \mu_{f_y(t)} \mu_{A_s(t)} \left[\mu_{h_0} - \frac{k_s \mu_{f_y(t)} \mu_{A_s(t)}}{2 \mu_{f_{cm}(t)} \mu_{b_f}} \right] \tag{8.20}$$

$$\sigma^2_{R_{M_u(t)}} = \left[\frac{\partial R_{M_u(t)}}{\partial f_y(t)} \right]^2 \bigg|_u \sigma_{f_y(t)}^2 + \left[\frac{\partial R_{M_u(t)}}{\partial f_{cm}(t)} \right]^2 \bigg|_u \sigma_{f_{cm}(t)}^2 + \left[\frac{\partial R_{M_u(t)}}{\partial A_s(t)} \right]^2 \bigg|_u \sigma_{A_s(t)}^2 +$$

$$\left[\frac{\partial R_{M_u(t)}}{\partial h_0} \right]^2 \bigg|_u \sigma_{h_0}^2 + \left[\frac{\partial R_{M_u(t)}}{\partial b_f} \right]^2 \bigg|_u \sigma_{b_f}^2 + \left[\frac{\partial R_{M_u(t)}}{\partial k_p} \right]^2 \sigma_{k_p}^2 \tag{8.21}$$

式中：$\mu_{R_{M_u(t)}}$——时变抗弯承载力均值；

$\mu_{f_y(t)}$——钢筋时变屈服强度均值；

$\mu_{f_{cm}(t)}$——混凝土时变抗压强度均值；

$\mu_{A_s(t)}$——时变钢筋截面面积;

$\sigma_{R_{M_u(t)}}$——时变抗弯承载力标准差。

依据上述定义可知:

$$\frac{\partial R_{M_u(t)}}{\partial X_1}\bigg|_u = \frac{\partial R_{M_u(t)}}{\partial f_y(t)}\bigg|_u = k_s \mu_{k_p} \mu_{A_s(t)} \left[\mu_{h_0} - \frac{k_s \mu_{f_y(t)} \mu_{A_s(t)}}{\mu_{f_{cm}(t)} \mu_{b_f}} \right] \quad (8.22)$$

$$\frac{\partial R_{M_u(t)}}{\partial X_2}\bigg|_u = \frac{\partial R_{M_u(t)}}{\partial f_{cm}(t)}\bigg|_u = \frac{k_s^2 \mu_{k_p}^2 \mu_{f_y(t)}^2 \mu_{A_s(t)}^2}{2\mu_{f_{cm}(t)}^2 \mu_{b_f}} \quad (8.23)$$

$$\frac{\partial R_{M_u(t)}}{\partial X_3}\bigg|_u = \frac{\partial R_{M_u(t)}}{\partial A_s(t)}\bigg|_u = k_s \mu_{k_p} \mu_{f_y(t)} \left[\mu_{h_0} - \frac{k_s \mu_{f_y(t)} \mu_{A_s(t)}}{\mu_{f_{cm}(t)} \mu_{b_f}} \right] \quad (8.24)$$

$$\frac{\partial R_{M_u(t)}}{\partial X_4}\bigg|_u = \frac{\partial R_{M_u(t)}}{\partial h_0}\bigg|_u = k_s \mu_{k_p} \mu_{f_y(t)} \mu_{A_s(t)} \quad (8.25)$$

$$\frac{\partial R_{M_u(t)}}{\partial X_6}\bigg|_u = \frac{\partial R_{M_u(t)}}{\partial k_p}\bigg|_u = k_s \mu_{f_y(t)} \mu_{A_s(t)} \left[\mu_{h_0} - \frac{k_s \mu_{f_y(t)} \mu_{A_s(t)}}{2\mu_{f_{cm}(t)} \mu_{b_f}} \right] \quad (8.26)$$

依据上述公式可知抗力标准差为:

$$\sigma_{R_{M_u(t)}} = \sqrt{\sum_{i=1}^{6} \left[\left(\frac{\partial R_{M_u(t)}}{\partial X_i}\right)^2 \bigg|_u \sigma_{X_i}^2 \right]} \quad (8.27)$$

式中:$\left(\dfrac{\partial R_{M_u(t)}}{\partial X_i}\right)^2 \bigg|_u \sigma_{X_i}^2$ ——$R_{M_u(t)}$ 对 X_i 的偏导数,并在各个随机变量处取其均值;

σ_{X_i}——随机变量 X_i 的标准差。

当其为第二类 T 形截面时,其计算简图如图 8.2 所示。

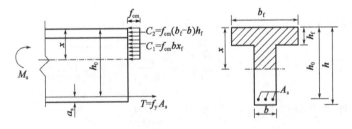

图 8.2 第二类 T 形截面锈蚀梁的受弯承载力计算简图

由图 8.2 可知,截面上水平方向内力之和为零的平衡条件并且考虑钢筋与混凝土的协同工作系数 k_s,可得到:$f_{cm}bx + f_{cm}(b_f - b)h_f = k_s f_y A_s$,进而可知受压区高度:

$$x = \frac{k_s f_y A_s - f_{cm}(b_f - b) h_f}{f_{cm} b} \quad (8.28)$$

进而可知截面的抗弯承载为:

$$M_u = f_{cm} bx \left(h_0 - \frac{x}{2}\right) + f_{cm}(b_f - b) h_f \left(h_0 - \frac{h_f}{2}\right) \quad (8.29)$$

将式(8.28)代入式(8.29)，化简得：

$$M_u = f_{cm}(b_f - b)h_f\left(h_0 - \frac{h_f}{2}\right) + h_0[k_s f_y A_s - f_{cm}(b_f - b)h_f] - \frac{[k_s f_y A_s - f_{cm}(b_f - b)h_f]^2}{2f_{cm}b}$$

(8.30)

式中：b_f——翼缘宽度；

　　　b——腹板宽度；

　　　h_f——翼缘厚度；

其他参数意义同上。

同第一类 T 形截面，综合考虑材料强度的时变、不定性因数，可知时变抗力：

$$R_{M_u(t)} = k_p \left\{ \begin{aligned} & f_{cm}(t)(b_f - b)h_f\left(h_0 - \frac{h_f}{2}\right) + h_0[k_s f_y(t)A_s(t) - f_{cm}(t)(b_f - b)h_f] \\ & - \frac{[k_s f_y(t)A_s - f_{cm}(t)(b_f - b)h_f]^2}{2f_{cm}(t)b} \end{aligned} \right.$$

(8.31)

依据误差传递公式，第二类 T 形截面抗力均值为：

$$\mu_{R_{M_u(t)}} = k_p \left\{ \begin{aligned} & \mu_{f_{cm}(t)}(\mu_{b_f} - \mu_b)\mu_{h_f}\left(\mu_{h_0} - \frac{\mu_{h_f}}{2}\right) + \mu_{h_0}[k_s \mu_{f_y(t)}\mu_{A_s(t)} - \mu_{f_{cm}(t)}(\mu_{b_f} - \mu_b)\mu_{h_f}] \\ & - \frac{[k_s \mu_{f_y(t)}\mu_{A_s} - \mu_{f_{cm}(t)}(\mu_{b_f} - \mu_b)\mu_{h_f}]^2}{2\mu_{f_{cm}(t)}\mu_b} \end{aligned} \right.$$

(8.32)

相比于第一类 T 形截面方差偏导，式中多出了两项：

$$\left.\frac{\partial R_{M_u(t)}}{\partial X_7}\right|_u = \left.\frac{\partial R_{M_u(t)}}{\partial b}\right|_{u'} \quad \left.\frac{\partial R_{M_u(t)}}{\partial X_8}\right|_u = \left.\frac{\partial R_{M_u(t)}}{\partial h_f}\right|_u$$

(8.33)

其他求偏导因素一样，可知第二类 T 形截面抗力标准差为：

$$\sigma_{R_{M_u(t)}} = \sqrt{\sum_{i=1}^{8}\left[\left(\frac{\partial R_{M_u(t)}}{\partial X_i}\right)^2\bigg|_u \sigma^2_{X_i}\right]}$$

(8.34)

8.4.2 加固完成时的抗力计算模型

对于已经服役一段时间的桥梁来讲，结构设计初期虽然考虑了结构承载能力以及耐久性等富余量的问题，但是随着社会经济的发展，大气环境的变化、车流量的增加、车的载重增大等因素都加剧了桥梁结构的老化，甚至引起桥梁的垮塌危险，这些因素日益成为交通畅通发展的瓶颈。加固维修老化桥梁，不仅可以提高交通现有的通行能力，还可以节省大量资金。据统计，维修加固一座桥梁所需的资金大约仅为新建一座桥梁的 20% 左右，因此桥梁加固具有广阔的应用前景。

粘贴钢板加固法和粘贴碳纤维复合材料加固法是目前桥梁结构加固的两种主要方法。粘贴钢板加固法具有造价低、施工周期短、施工方便,能有效地提高构件的承载力,提高构件的刚度和抗裂能力等优势。粘贴碳纤维复合材料加固法具有质量轻、强度高、耐腐蚀、适用面广等优势,在混凝土结构加固中得到了飞速的发展和应用。目前对于加固混凝土构件承载性能的理论及计算方法日趋成熟,但是对于加固后结构构件的可靠度及耐久性的分析还不足,还需进一步研究。

当采用粘贴钢板加固混凝土构件时,需将钢板看作轴向受力构件,且需满足下列规定:

(1)当加固后结构构件达到受弯承载能力极限状态时,需按平截面假定确定钢板的拉应变ε_{sp}。钢板应力σ_{sp}等于钢板应变ε_{sp}与钢板弹性模量E_{sp}的乘积,并且小于钢板抗拉强度设计值。

(2)当加固构件达到受弯承载能力极限之前,必须保证钢板与混凝土共同受力,不至于使钢板与混凝土产生剥离破坏,所以必要时需加以锚固措施。

(3)考虑二次受力影响时,应按构件加固时的受力初始情况确定钢板的滞后应变。

当结构构件为第一类T形截面时,其加固后的受力简图如图8.3所示。

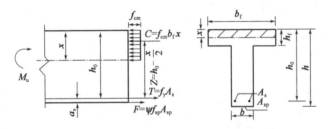

图8.3 钢板加固第一类T形截面受弯承载计算简图

由截面水平内力和为零的条件,则

$$f_{cm}b_f x = k_s f_y A_s + \psi_{sp} f_{sp} A_{sp} \tag{8.35}$$

式中:ψ_{sp}——考虑二次受力影响时,钢板可能达不到设计值而引用的折减系数,当$\psi_{sp}>1$时取1;

f_{sp}——加固钢板的抗拉强度值;

A_{sp}——钢板的横截面面积。

由式(8.35)可知混凝土的受压区高度为

$$x = \frac{k_s f_y A_s + \psi_{sp} f_{sp} A_{sp}}{f_{cm} b_f} \tag{8.36}$$

对钢板求矩,可知抗弯承载力为

$$M_u = f_{cm} b_f x \left(h - \frac{x}{2}\right) - k_s f_y A_s (h - h_0) \tag{8.37}$$

将式(8.36)代入式(8.37)可知:

$$M_u = (k_s f_y A_s + \psi_{sp} f_{sp} A_{sp}) h - \frac{(k_s f_y A_s + \psi_{sp} f_{sp} A_{sp})^2}{2 f_{cm} b_f} - k_s f_y A_s (h - h_0) \tag{8.38}$$

钢板应力折减系数 ψ_{sp} 取值依据《混凝土结构加固设计规范》(GB 50367—2013)[3]有:

$$\psi_{sp} = \frac{\dfrac{0.8\varepsilon_{cu}h}{x} - \varepsilon_{cu} - \varepsilon_{sp,0}}{\dfrac{f_{sp}}{E_{sp}}} \quad (8.39)$$

式中: ε_{cu} ——混凝土的极限压应变,取 0.0033;

x ——混凝土受压区高度,见式(8.36);

$\varepsilon_{sp,0}$ ——考虑二次受力影响时,受拉钢板的滞后应变,当不考虑二次受力影响时取 0;

E_{sp} ——受拉钢板的弹性模量。

当考虑二次受力影响时,受拉钢板的滞后应变为

$$\varepsilon_{sp,0} = \frac{a_{sp}M_{0k}}{E_s A_s h_0} \quad (8.40)$$

式中: a_{sp} ——考虑钢筋应变不均匀以及受弯构件裂缝截面内力臂变化和钢筋排列的影响系数,按表 8.5 取用;

M_{0k} ——加固前受弯构件上作用的弯矩标准值;

E_s ——钢筋的弹性模量。

影响系数 a_{sp} 值 表 8.5

ρ_{te}	≤0.007	0.01	0.02	0.03	0.04	≥0.06
单排钢筋	0.7	0.9	1.15	1.2	1.25	1.3
双排钢筋	0.75	1	1.25	1.3	1.35	1.4

注:1. ρ_{te} 为混凝土有效截面的受拉钢筋的截面配筋率,即 $\rho_{te} = A_s/A_{te}$,对轴心受拉构件,取构件截面面积;对受弯、偏心受压和偏心受拉构件,取 $A_{te} = 0.5bh + (b_f - b)h_f$,此时 b_f、h_f 分别为受拉翼缘的宽度、高度,如受拉区无翼缘,取 $b_f = b$。

2. 当原构件钢筋应力 $\sigma_{s0} \leq 150\text{MPa}$ 且 $\rho_{te} \leq 0.05$ 时,应乘以调整系数 0.9。

依据式(8.38)综合考虑材料时变、各种不定性参数,可知钢板加固后梁的抗力为

$$R_{M_u}(t) = k_p \left[(k_s f_y(t) A_s(t) + \psi_{sp} f_{sp} A_{sp}) h - \frac{(k_s f_y(t) A_s(t) + \psi_{sp} f_{sp} A_{sp})^2}{2 f_{cm}(t) b_f} + \right.$$
$$\left. k_s f_y(t) A_s(t) (h - h_0) \right] \quad (8.41)$$

由误差传递公式可知抗力均值为

$$\mu_{R_{M_u}(t)} = k_p \left[(k_s \mu_{f_y(t)} \mu_{A_s(t)} + \psi_{sp} \mu_{f_{sp}} \mu_{A_{sp}}) \mu_h - \frac{(k_s \mu_{f_y(t)} \mu_{A_s(t)} + \psi_{sp} \mu_{f_{sp}} \mu_{A_{sp}})^2}{2 \mu_{f_{cm}(t)} \mu_{b_f}} + \right.$$
$$\left. k_s \mu_{f_y(t)} \mu_{A_s(t)} (\mu_h - \mu_{h_0}) \right] \quad (8.42)$$

抗力标准差为

$$\sigma_{R_{M_u}(t)} = \sqrt{\sum_{i=1}^{9} \left[\left(\frac{\partial R_{M_u}(t)}{\partial X_i} \right)^2 \bigg|_u \sigma_{X_i}^2 \right]} \quad (8.43)$$

其中，$\left.\frac{\partial R_{M_u(t)}}{\partial X_1}\right|_u = \left.\frac{\partial R_{M_u(t)}}{\partial f_y(t)}\right|_{u'}$ $\left.\frac{\partial R_{M_u(t)}}{\partial X_2}\right|_u = \left.\frac{\partial R_{M_u(t)}}{\partial f_{cm}(t)}\right|_{u'}$ $\left.\frac{\partial R_{M_u(t)}}{\partial X_3}\right|_u = \left.\frac{\partial R_{M_u(t)}}{\partial A_s(t)}\right|_{u'}$ $\left.\frac{\partial R_{M_u(t)}}{\partial X_4}\right|_u =$ $\left.\frac{\partial R_{M_u(t)}}{\partial h}\right|_{u'}$ $\left.\frac{\partial R_{M_u(t)}}{\partial X_5}\right|_u = \left.\frac{\partial R_{M_u(t)}}{\partial h_0}\right|_{u'}$ $\left.\frac{\partial R_{M_u(t)}}{\partial X_6}\right|_u = \left.\frac{\partial R_{M_u(t)}}{\partial b_f}\right|_{u'}$ $\left.\frac{\partial R_{M_u(t)}}{\partial X_7}\right|_u = \left.\frac{\partial R_{M_u(t)}}{\partial A_{sp}}\right|_{u'}$ $\left.\frac{\partial R_{M_u(t)}}{\partial X_8}\right|_u =$ $\left.\frac{\partial R_{M_u(t)}}{\partial f_{sp}}\right|_{u'}$ $\left.\frac{\partial R_{M_u(t)}}{\partial X_9}\right|_u = \left.\frac{\partial R_{M_u(t)}}{\partial k_p}\right|_u$。

8.5 桥梁结构的时变荷载模型

桥梁在服役过程中，不仅要承受自身的重力荷载、车辆通行荷载、人群荷载，还要承受来自地基不均匀沉降、混凝土的收缩徐变以及气候温差引起的内力等作用。前者是直接作用在桥梁结构上的外力，后者是间接作用在结构上的内力。由于间接作用因素复杂，且无法有效统计其作用效应，在直接作用中所占比例相对较小，所以我们在计算分析桥梁的时变可靠度指标时不考虑间接作用，只考虑直接荷载。

直接荷载按时间变化来划分，可分为永久荷载、可变荷载、偶然荷载。其中，桥梁结构的自重属于永久荷载，即我们通常所说的恒载；汽车荷载和人群荷载属性可变荷载。一些规范和文献中均给出了上述直接荷载的概率模型和取值，但是加固后的荷载模型和设计初的荷载模型并不相同，这些不同主要体现在以下四个方面：

(1)时间区域的不同。由于加固是在桥梁出现病害之后才开始的，所以与设计之初的荷载模型时间区域相比要短。

(2)分析的背景不同。在桥梁加固后限制了原来的通行能力或者对旧桥的通行能力提出更高要求，这些背景条件的改变导致其与设计初的桥梁荷载模型的不同。

(3)信息基础的不同。桥梁加固后所统计的荷载信息均源于人员实测，而设计之初的荷载信息来源并非自身的信息，所以两者之间不同。

(4)分析方法的不同。设计初荷载模型的分析方法属于空间类推的方法，加固后属于时间外推的方法。

本节主要依据现行规范，重点讨论桥梁的恒载及恒载效应模型、桥梁的汽车及汽车荷载效应模型。

8.5.1 桥梁的恒载及恒载效应模型

本节所述桥梁的恒载是指混凝土梁的自重及桥面铺装层和上部附属设施自重，由规范统计数据及理论分析可知，恒载不随时间变化而变化，服从正态分布，为了使统计结果适用于各类桥梁及其构件，采用无量纲参数 K_G 来表示恒载的统计对象。

$$K_G = \frac{G}{G_k} \tag{8.44}$$

式中：G——构件自重实际值；

G_k——构件自重标准值。

桥梁的恒载主要由桥面铺装自重及构件自重组成，其恒载无量纲统计参数见表8.6[113]。

恒载无量纲统计参数 K_G 表8.6

恒载种类	分布类型	平均值	标准差	变异系数
水泥混凝土桥面	正态分布	0.9865	0.0967	0.0980
沥青混凝土桥面	正态分布	0.9891	0.1102	0.1114
构件自重	正态分布	1.0212	0.0472	0.0462

由表8.6可知，沥青混凝土的桥面自重较大，按结构的最不利荷载考虑，采用沥青混凝土桥面作为桥梁恒载的一部分，而桥梁结构的恒载是由构件自重和桥面自重组成的，所以需要将它们按不同的百分比组合起来，分别取桥面重占结构总重的10%、15%、20%、25%和30%组合。百分比组合的结果表明，桥面自重占结构总重的百分比对恒载的统计参数影响很小，可取用沥青混凝土桥面自重占结构总重的20%比例来计算恒载统计参数（计算方法仍然是依据误差传递公式）所得恒载无量纲统计参数，$\mu_{K_G} = 1.0148$，$\sigma_{K_G} = 0.0437$，$\delta_{K_G} = 0.0431$。

依据式(8.44)可知桥梁恒载的均值、标准差及变异系数分别如下：

$$\mu_G = 1.0148 G_k \tag{8.45}$$

$$\sigma_G = 0.0437 G_k \tag{8.46}$$

$$\delta_G = 0.0431 \tag{8.47}$$

就结构简单的简支桥梁而言，恒载和恒载效应之间的关系应服从线性关系，其恒载效应的均值、标准差及变异系数如下式：

$$\mu_{SG} = 1.0148 C G_k \tag{8.48}$$

$$\sigma_{SG} = 0.0437 C G_k \tag{8.49}$$

$$\delta_{SG} = 0.0431 \tag{8.50}$$

式中：C——恒载效应系数，对于简支梁桥，且 G_k 表示均布线荷载而言，$C = \frac{1}{8} l^2$。

8.5.2 桥梁的汽车荷载及汽车荷载效应模型

随着社会经济的不断发展，交通量的日益增大，汽车荷载在桥梁承载能力方面的影响越来越重要。由于汽车荷载随时间变化而变化，而且其变异性较大，所以需将其当作随机变量来研究分析，曾经描述汽车荷载的随机过程的模型主要有几下几种。

1）滤过泊松过程（伽马更新过程）

在一般运行状态下的车辆荷载，其随机过程服从伽马分布，其参数 α 的取值为了简化方便取为1时,滤过泊松过程变为指数分布,车辆的时间间隔为指数分布时,车辆荷载的随机过程就可以用滤过泊松过程进行描述。

滤过泊松过程的最大值 $Q_m = \max\{Q(t), 0 \leq t \leq T\}$ 的概率分布为

$$F_{Q_m} = \exp\{-\lambda T[1 - F_Q(x)]\} \tag{8.51}$$

式中:$F_Q(x)$——车辆重量的截口分布(其拟合结果不拒绝对数正态分布);

λ——泊松过程参数;

T——设计基准期,桥梁的设计基准期为100年。

2)滤过韦泊过程

在车辆密集运行状态下,其车辆时间间隔经拟合检验不拒绝滤过韦泊过程,所以车辆在密集运行状态下,其车辆荷载随机分布过程服从韦泊过程。

滤过韦泊过程的最大值 $Q_m = \max\{Q(t), 0 \leq t \leq T\}$ 的概率分布为

$$F_{Q_m} = \exp\{-\lambda T^\beta(1 - F_Q(x))\} \tag{8.52}$$

式中:$F_Q(x)$——车辆重量的截口分布(其拟合结果服从对数正态分布);

$\lambda \backslash \beta$——韦泊过程参数;

T——设计基准期,桥梁的设计基准期为100年。

3)平稳二项随机过程

将桥梁服役的设计基准期分为n个相等的时间区段i,即$n = T/i$,在每个时间区段i过程中,荷载出现的概率为p,不出现的概率为$1-p$,且每一段出现荷载的最大值概率分布函数$F_Q(x)$是相同的(称为荷载的截口分布),不同时间段上的幅值随机变量是相互独立的。

依据上述假定可以推导出设计基准期内荷载的概率分布函数如下:

$$F_{Q_T}(x) = \{1 - p[1 - F_Q(x)]\}^r \tag{8.53}$$

假设在荷载在设计基准期内出现的平均次数为m,则$m = pr$,当$p = 1$时,式(8.60)可写为

$$F_{Q_T}(x) = \{F_Q(x)\}^m \tag{8.54}$$

式(8.54)表明,设计基准期内汽车荷载的概率分布函数只与截口汽车荷载随机变量的概率分布函数和汽车荷载在基准期内平均出现的次数m有关。

按照现行规范的规定以及现行的汽车荷载标准,一般将汽车荷载分为密集运行状态和一般运行状态。密集运行状态是指前后两台相邻车平均间隔时间在3s以下,包括堵车状态,相当于现行规范的公路—Ⅰ级荷载;一般运行状态是指前后两台车平均间隔时间在3s及3s以上,相当于《公路桥涵设计通用规范》(JTG D60—2015)[178]规定的公路—Ⅱ级荷载。

汽车荷载效应的可靠性的分析一般用无量纲参数K_{SQ}表示:

$$K_{SQ} = \frac{S_Q}{S_{QK}} \tag{8.55}$$

式中:S_Q——汽车荷载效应的实际值;

S_{QK}——规范规定的汽车荷载效应计算值。

由《公路工程结构可靠度设计统一标准》(GB/T 50283—1999)[179]可得汽车荷载在密集和一般运行状态下无量纲参数K_{SQ},见表8.7。

无量纲参数 K_{SQ} 统计表　　　　表8.7

随机状况	汽车运行状态	效应种类	随机分布类型	平均值	标准差	变异系数
设计基准期最大值分布	一般运行状态	弯矩	正态分布	0.6684	0.1333	0.1994
			极值Ⅰ分布	0.6861	0.1076	0.1569
	密集运行状态	弯矩	正态分布	0.7882	0.0853	0.1082
			极值Ⅰ分布	0.7995	0.0689	0.0862

当 $T=100$ 年时,汽车荷载效应时变均值和标准差模型如下:

$$\mu_{SQ}(t) = \mu_{SQ}(T) + \frac{\left[\ln\left(\frac{t}{T}\right)\right]}{\alpha_T}$$

$$\sigma_{SQ}(t) = \sigma_{SQ}(T)$$

$$\alpha_T = \frac{\pi}{\sqrt{6}\sigma_{SQ}(T)} \tag{8.56}$$

式中:$\mu_{SQ}(t)$、$\sigma_{SQ}(t)$——任意时间段的汽车荷载效应均值和标准差;

$\mu_{SQ}(T)$、$\sigma_{SQ}(T)$——$T=100$ 年时,汽车荷载效应的实际均值和标准差,可根据式(8.56)和表8.7所得,统一起见,一般认为汽车荷载效应服从极值Ⅰ型分布。

8.6 桥梁结构极限状态方程和可靠度计算方法

桥梁结构是否可靠,取决于结构所处的状态。我国《公路工程结构可靠度设计统一标准》(GB/T 50283—1999)对结构极限状态的定义:整体结构或结构的一部分超过某一特定状态就不能满足设计规定的某一功能要求时,此特定状态为该功能的极限状态。例如,对于受弯的 RC 梁承载力来说,当跨中受拉钢筋屈服以及受压区混凝土达到极限压应变时,即认为梁处于极限状态;对于桥梁裂缝宽度或跨中挠度来说,当桥梁的最大裂缝宽度或跨中挠度刚好达到规范规定的限值时,也认为是达到了相应的极限状态。

桥梁结构的极限状态一般分为承载能力极限状态和正常使用极限状态。承载能力极限状态是指桥梁结构达到极限承载力的状态,如桥梁的抗弯承载力、抗剪承载力等,如果不满足要求,桥梁会出现破坏、垮塌等灾难性后果。正常使用极限状态是指桥梁结构满足正常使用功能的状态,如桥梁服役过程中所产生的裂缝、挠度变形等,如果不满足要求,会影响到桥梁的正常使用及美观。与承载能力极限状态相比,正常使用极限状态要求较宽松,但对于承载能力极限状态,设计中需严格满足要求。

以上描述的结构可靠度只是一个笼统的概念,一般我们也称之为结构的可靠性,即能够完成某预定功能的能力。结构的可靠度是指结构在规定的时间内,在规定的条件下完成某预订功能的概率,从而进一步量化了结构的可靠度的概念。结构的可靠度与使用年限有关,一般就结构的设计使用年限而言,超过了设计使用年限,结构的失效概率就会增大。

8.6.1 结构承载能力极限状态方程及目标可靠度指标

结构的极限状态可用下列极限状态方程来表示:

$$Z = g(X_1、X_2、\cdots、X_i) = 0 \tag{8.57}$$

式中:$X_i(i=1、2、\cdots、n)$——影响结构的变量,包括结构的作用效应、材料性能指标、几何参数、计算模式不定性参数等;

Z——结构功能函数。

其中,桥梁结构的承载能力极限状态方程也可以转化为如下由三个变量构成的表达式:

$$Z = Z(R、S_G、S_Q) = R - S_G - S_Q = 0 \tag{8.58}$$

式中:R——抗力;

S_G——桥梁的自重恒载;

S_Q——汽车活载。

按结构极限状态设计时应满足 $Z = Z(R、S_G、S_Q) = (R - S_G - S_Q) > 0$ 的要求,结构不能完成预定功能的概率称为失效概率,结构的失效概率可用下式表达:

$$p_f = P[g(X_1、X_2、\cdots、X_n) < 0] \tag{8.59}$$

我们所关注的结构可靠度指标 β 与结构的失效概率 p_f 有以下关系:

$$\beta = -\phi^{-1}(p_f) \tag{8.60}$$

式中:$\phi^{-1}(p_f)$——标准正态分布的反函数。

目标可靠度指标是结构设计时要求的最低可靠度指标,它反映了一个国家或地区的某类结构安全度水平,是衡量结构可不可靠的一个标准。公路桥梁结构的设计应该以规范规定的目标可靠度指标为依据,其中公路桥梁结构的目标可靠度指标见表8.8。

公路桥梁结构的目标可靠度指标 表8.8

结构的安全等级		一级	二级	三级
构件的破坏形态	延性破坏	4.7	4.2	3.7
	脆性破坏	5.2	4.7	4.2

注:延性破坏是指结构有明显变形或预兆的破坏,脆性破坏是指结构无明显变形或预兆的破坏。

8.6.2 可靠度指标计算方法及步骤

本书主要采用 JC 验算点法，JC 当量正态化方法的基本思路是将不服从正态分布的随机变量等效为正态随机变量，即当量正态化。当量正态化的条件如下：

(1)验算点处使非正态随机变量 X_i 的概率分布函数与当量正态随机变量 X'_i 的概率分布函数值相等，即

$$F_{X_i}(x_i^*) = \phi\left(\frac{x_i^* - \mu'_{X_i}}{\sigma'_{X_i}}\right) = F'_{X_i}(x_i^*) \tag{8.61}$$

(2) X_i 的概率密度函数值与 X'_i 的密度函数值相等：

$$f_{X_i}(x_i^*) = \frac{1}{\sigma'_{X_i}}\varphi\left(\frac{x_i^* - \mu'_{X_i}}{\sigma'_{X_i}}\right) = f'_{X_i}(x_i^*) \tag{8.62}$$

由上述两式可得：

$$\mu'_{X_i} = x_i^* - \phi^{-1}[F_{x_i}(x_i^*)]\sigma'_{X_i}$$

$$\sigma'_{X_i} = \frac{\varphi\{\phi^{-1}[F_{x_i}(x_i^*)]\}}{f_{X_i}(x_i^*)} \tag{8.63}$$

X_i 当量正态化 X'_i 后即可按照正态随机变量计算可靠度指标。

非正态随机变量可靠指标的计算公式为

$$\beta = \frac{g_X(x_1, x_2, \cdots, x_n) + \sum_{i=1}^{n}\frac{\partial g_X}{\partial X_i}\bigg|_p (\mu_{X_i} - x_i^*)}{\sqrt{\sum_{i=1}^{n}\left(\frac{\partial g_X}{\partial X_i}\bigg|_p \sigma'_{X_i}\right)^2}} \tag{8.64}$$

方向余弦公式为

$$\alpha'_{X_i} = \cos\theta'_{X_i} = -\frac{\frac{\partial g_X}{\partial X_i}\bigg|_p \sigma'_{X_i}}{\sqrt{\sum_{j=1}^{n}\left(\frac{\partial g_X}{\partial X_j}\bigg|_p \sigma'_{x_j}\right)^2}} \quad (i=1,2,\cdots,n) \tag{8.65}$$

验算点和可靠度指标之间有如下关系：

$$x_i^* = \mu'_{X_i} + \alpha'_{X_i}\sigma'_{X_i}\beta \quad (i=1,2,\cdots,n) \tag{8.66}$$

用当量正态法迭代计算可靠度指标的步骤如下：

(1)首先取初始验算点 $x^{*(0)} = (\mu_{x1}, \mu_{x2}, \cdots, \mu_{xn})$。

(2)由式(8.63)可计算出 μ'_{X_i} 和 σ'_{X_i}。

(3)由式(8.64)可计算出可靠度指标 β。

(4)由式(8.65)可计算出方向余弦 α'_{X_i}。

(5) 由式(8.66)可计算出新的验算点 $x^{*(1)} = (x^{*(1)}、x^{*(1)}、\cdots、x^{*(1)})$。

(6) 如果 $\| x^{*(1)} - x^{*(0)} \| < 10^{-3}$，则迭代停止，式(8.64)中所求得的 β 值为要求的可靠度指标，否则，取 $x^{*(0)} = x^{*(1)}$ 继续按步骤(2)往下迭代。

8.7 工程实例可靠度计算与分析

瞿家塅大桥地址位于长沙县，于1962年建成，其结构形式采用的是T形简支梁，桥梁长为100 m，宽7.0 m + 2×0.15m，共有五跨，每跨计算跨径16.8 m，混凝土强度等级为C25，重度为25kN/m³，保护层厚为30mm，受拉主筋为4Φ32,2Φ16，分三排布置，钢筋等级为Ⅱ级，桥面铺装20mm厚的沥青混凝土以及90mm厚的混凝土垫层，其重度分别为23kN/m³、24kN/m³。由于近年来桥梁承载能力及正常使用能力已经无法满足要求，现有两种加固处理方案：一种是在梁底粘贴1.2mm碳纤维板加固处理，碳纤维板的弹性模量为165000MPa，极限拉伸强度为2800MPa；另一种是在梁底粘贴5mm厚Q345钢板进行加固处理。钢筋的弹性模量为2×10⁵MPa，混凝土的弹性模量为2.8×10⁴MPa，混凝土轴心抗拉强度标准值为1.78N/mm²。长沙县的室外环境取 $R_H = 70\%$，温度 $T = 20℃$，钢筋位置修正系数 k_1 为1.6，环境修正系数 k_2 为4，采用公路—Ⅱ级荷载。该桥的截面形状及尺寸如图8.4、图8.5所示。

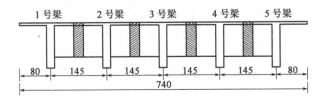

图8.4 主梁横截面图(尺寸单位:cm)

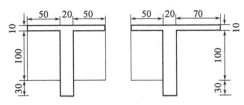

图8.5 单片梁横截面图(尺寸单位:cm)

(1) 对恒载效应进行计算。

中梁(2~4号梁)单元构件截面积 $S_1 = 1.2 \times 0.1 + 1.3 \times 0.2 = 0.38 \text{m}^3$，混凝土重度为25kN/m³，所以中梁每延米重量为 $0.38 \times 25 = 9.5$ kN/m。同理，求得边梁(1、5号梁)的每延米重量为 $0.4 \times 25 = 10$ kN/m。

中横隔梁的每延米重量为 $1 \times 0.18 \times 2 \times 0.5 \times 5 \div 16.8 \times 25 = 1.34$ kN/m，边横隔梁每延米重量为中横隔梁的1/2，故边横隔梁每延米重量为 $1.34/2 = 0.67$ kN/m。

桥面铺装每延米重量为 $0.02 \times 1.2 \times 23 + 0.09 \times 1.2 \times 24 = 3.144$ kN/m。

栏杆和人行道每延米重量为 $5 \times 2/5 = 2$ kN/m。

综上所述，作用于中主梁的恒载集度(每延米重量)为 $G_k = 9.5 + 1.34 + 3.144 + 2 = 15.984$ kN/m。

作用于边主梁的恒载集度为 $G_k = 10 + 0.67 + 3.144 + 2 = 15.841 \text{kN/m}$。

由上述计算结果并结合式(8.48)和式(8.49)计算出各片梁恒载效应均值和标准差,见表8.9。

恒载效应均值和标准差(kN·m)　　表8.9

梁号	1	2	3	4	5
μ_{SG}	566.1751	572.2615	572.2615	572.2615	566.1751
σ_{SG}	24.3810	24.6431	24.6431	24.6431	24.3810

(2)对汽车活载进行分析。首先运用偏心压力法计算1号梁的横向荷载分布系数,按照最不利位置加载,如图8.6所示。

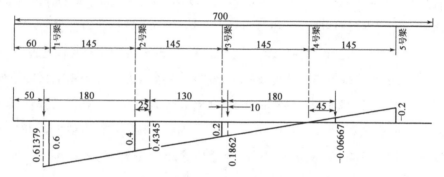

图8.6　1号梁横向分布系数图示(尺寸单位:cm)

$$\sum_{i=1}^{5} a_i^2 = a_1^2 + a_2^2 + a_3^2 + a_4^2 + a_5^2 = (2 \times 1.45)^2 + 1.45^2 + 0 + (2 \times 1.45)^2 + (2 \times 1.45)^2$$
$$= 21.025$$

1号梁在两个边主梁处的横向影响线竖标值:

$$\eta_{11} = \frac{1}{n} + \frac{a_1^2}{\sum_{i=1}^{5} a_i^2} = \frac{1}{5} + \frac{(2 \times 1.45)^2}{21.025} = 0.6$$

$$\eta_{15} = \frac{1}{n} - \frac{a_1 a_5}{\sum_{i=1}^{5} a_i^2} = \frac{1}{5} - \frac{2.9 \times 2.9}{21.025} = -0.2$$

按最不利荷载位置加载,依据比例关系可得到1号梁的汽车活载横向分布系数:

$$m_{cq} = \frac{1}{2} \sum \eta_q = \frac{1}{2} (\eta_{q1} + \eta_{q2} + \eta_{q3} + \eta_{q4}) = \frac{1}{2} \times (0.61379 + 0.4345 + 0.1862 - 0.06667) = 0.584$$

同理,可求得2~5号梁横向荷载分布系数,见表8.10。

横向荷载分布系数　　表8.10

梁号	1	2	3	4	5
横向荷载分布系数	0.584	0.4759	0.4	0.4759	0.584

(3)汽车荷载由车辆荷载和车道荷载组成,但二者的作用效应不可以叠加,所以只能取二

者的最大值作为桥梁的汽车荷载。

①对车道荷载分析,车道荷载由均布荷载和集中力组成的。其中,公路—Ⅱ级车道荷载的均布荷载取值为 $10.5 \times 0.75 = 7.875 \text{kN/m}$,集中力按线性内插法求得：$[180 + (16.8 - 5) \times 180/(50 - 5)] \times 0.75 = 170.4 \text{kN}$,按图8.7加载。

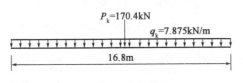

图8.7 车道荷载

由结构力学知识,并考虑汽车冲击系数[《公路桥涵设计通用规范》(JTG D60—2015)]和车道折减系数,可求得车道荷载效应为：

$$M = (1 + \mu)\xi(q_k\Omega + p_k y_i) = 1.21 \times 1 \times \left(\frac{7.875 \times 16.8^2}{8} + 170.4 \times \frac{16.8}{4}\right) = 1202.1471(\text{kN} \cdot \text{m})$$

②下面对车辆荷载进行分析,按公路—Ⅱ级布置最不利车辆荷载,如图8.8所示。

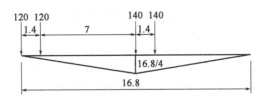

图8.8 车辆荷载影响线(尺寸单位:m)

按比例关系可得出各集中荷载下的影响线竖标,并考虑汽车冲击系数和车道折减系数,可计算出车辆荷载效应为：

$$M = (1 + \mu)\xi\sum_{i=1}^{4} y_i F_i = 1.21 \times 1 \times \left(\frac{7 \times 4.2}{8.4} \times 140 + 140 \times 4.2 + \frac{1.4 \times 4.2}{8.4} \times 120\right)$$

$$= 1405.99(\text{kN} \cdot \text{m})$$

比较车辆荷载效应和车道荷载效应可知,桥梁跨中弯矩标准值最大值应按车辆荷载效应取值：$M = 1405.99 \text{kN} \cdot \text{m}$。

将桥梁跨中弯矩最大值乘以表8.11中各梁横向荷载分布系数可得各主梁的跨中最不利弯矩,见表8.11。

各主梁跨中最不利弯矩标准值　　　　表8.11

梁号	1	2	3	4	5
最不利弯矩(kN·m)	821.1157	669.1249	562.4080	669.1249	821.1157

汽车荷载分为密集运行状态和一般运行状态两种,一般将85%的时间处于一般运行状

态,将15%的时间处于密集运行状态,分析汽车荷载效应的实际值。以1号梁为例,结合表8.7和表8.11可知,1号梁实际汽车荷载效应均值和标准差为

$$\mu_{SQ} = 0.85 \times 0.6861 \times 821.1157 + 0.15 \times 0.7995 \times 821.1157 = 577.3347(\text{kN} \cdot \text{m})$$

$$\sigma_{SQ} = \sqrt{(0.85 \times 0.1076 \times 821.1157)^2 + (0.15 \times 0.0689 \times 821.1157)^2} = 75.5772(\text{kN} \cdot \text{m})$$

同理可得到其他梁实际汽车荷载效应均值和标准差,见表8.12。

各梁跨中最大实际汽车荷载效应均值和标准差　　　　　　　　　　　　　　表8.12

梁号	1	2	3	4	5
均值 μ_{SQ}(kN·m)	577.3347	470.4684	395.4347	470.4684	577.3347
标准差 σ_{SQ}(kN·m)	75.5772	61.5876	51.7652	61.5876	75.5772

由式(8.63)可计算出服役桥梁50年时1~3号梁汽车荷载效应均值和标准差,见表8.13。

各梁汽车荷载效应均值和标准差　　　　　　　　　　　　　　表8.13

梁号	1	2	3
汽车荷载均值 μ_{SQ}(kN·m)	536.4894	437.1837	367.4585
汽车荷载标准差 σ_{SQ}(kN·m)	75.5772	61.5876	51.7652

对钢板加固后所采用的抗力模型,依据式(8.36)和式(8.39)联立可得:

$$f_{cm}b_f x^2 + (E_{sp}A_{sp}\varepsilon_{cu} - k_s f_y A_s)x - 0.8E_{sp}A_{sp}\varepsilon_{cu}h = 0$$

代入已知条件,可求出 x 和 ψ_{sp},结合式(8.42)、式(8.43)和已知条件即可计算出采用钢板加固后的抗力均值和标准差分别为2095.7kN·m和212.24kN·m。

同理,依据8.6.2节中可靠度指标计算步骤,结合上述抗力和荷载效应均值与标准差的计算结果,运用Matlab软件编程可计算出服役实桥50年时采用钢板加固完成时1~3号梁时变可靠度指标,并将加固前的可靠度指标进行归纳,见表8.14。

钢板加固完成时1~3号梁可靠度指标　　　　　　　　　　　　　　表8.14

梁号	1	2	3
加固前 β	3.5764	4.2603	4.8440
加固完成时 β	4.4929	5.2113	5.8334
可靠度提高量 $\Delta\beta$	0.9165	0.9510	0.9894
平均提高量 $\overline{\Delta\beta}$	0.9523		

由表8.14可知,钢板加固完成时可靠度指标提升至4.4929,已经能满足承载能力极限状态下对可靠度指标的要求,以2号梁、3号梁为例,加固前可靠度指标就能满足规范要求,我们可以采取不加固或简单加固进行处理。

对于钢板加固完成时可靠度指标的提高量而言,1~3号梁分别提高0.9165、0.9510、0.9894,3号梁提高量最大,原因在于3号梁所分配的汽车荷载效应最小,各梁可靠度指标平均提高量为0.9523。

8.8 加固后桥梁在后续服役期内的可靠度指标计算与分析

本节主要是以服役桥梁按设计基准期100年为基础,分别将用碳纤维板加固和钢板加固后的桥梁分为6个时期,分别为50年(加固后)、60年、70年、80年、90年和100年。然后依据前几章内容中进行结构时变抗力和荷载效应均值和标准差的计算,最后依据JC验算点法计算加固后各个时刻的可靠度指标,对加固后可靠度指标变化的趋势进行分析,并就恒载和活载以及钢筋的锈蚀截面积的变异系数对其可靠度指标的影响进行比较分析。

8.8.1 钢板加固服役桥梁后可靠度指标的计算与分析

加固处理后,钢筋锈蚀开始延迟,依据文献可取延迟期为15年,15年后钢筋继续按之前的模型开始锈蚀,由第2章计算方法可知加固后的钢筋锈蚀率,见表8.15。

加固后的钢筋锈蚀率 表8.15

时间(年)	50	60	70	80	90	100
锈蚀率 ρ_s(%)	4.61	4.61	5.29	6.66	8.02	9.37

依据表8.1并结合式(8.14),并考虑钢筋强度的材料不定性系数(可依据表8.2)可计算出钢筋强度的均值和标准差,见表8.16。

加固后钢筋强度均值和标准差 表8.16

时间(年)	50	60	70	80	90	100
μ_{f_y}(mm^2)	357.2267	357.2267	357.1176	356.8632	356.6451	356.3907
σ_{f_y}(MPa)	25.6832	25.6832	25.6753	25.6570	25.6414	25.6231

依据前面计算出来的钢筋锈蚀速率,结合式(8.13),考虑几何参数的不定性(依据表8.3)可计算出钢筋的截面积均值和标准差见表8.17。

加固后钢筋截面积均值和标准差 表8.17

时间(年)	50	60	70	80	90	100
μ_{A_s}(mm^2)	3452.2	3452.2	3427.6	3378	3328.8	3279.9
σ_{A_s}(MPa)	120.8257	120.8257	119.9644	118.2291	116.5065	114.7965

依据式(8.7)并结合表8.1,可计算出混凝土强度随时间变化的均值和标准差表,见表8.18。

加固后混凝土强度的均值和标准差 表8.18

时间(年)	50	60	70	80	90	100
$\mu_{f_{cm}}$(MPa)	37.7238	36.9575	36.2755	35.6611	35.1023	34.5899
$\sigma_{f_{cm}}$(MPa)	15.5661	17.2851	19.0042	20.7232	22.4423	24.1613

依据式(8.16)并结合表8.1可计算出加固后钢筋与混凝土协同工作系数,见表8.19。

加固后钢筋与混凝土协同工作系数　　　　　　　　　　　表8.19

时间(年)	50	60	70	80	90	100
k_s	1.0162	1.0162	1.0161	1.0087	1.0085	1.0082

依据几何不确定性参数(表8.3)并结合算例条件可计算出碳纤维板的截面积A_{ef}、截面的有效高度h_0、截面的高度h的均值和标准差,计算值同第3章,依据表8.4可知计算模式不定性参数k_p的均值和标准差,故依据上述计算结果并结合式(8.49)和式(8.50)可计算出钢板加固后桥梁的抗力均值和标准差,见表8.20。

钢板加固后桥梁的抗力均值和标准差　　　　　　　　　　表8.20

时间(年)	50	60	70	80	90	100
$\mu_{R_{M_u}}$(kN·m)	2113.5	2113.5	2101.2	2065	2040.6	2016.2
$\sigma_{R_{M_u}}$(kN·m)	204.24	204.24	202.9	198.97	196.33	193.68

恒载效应均值和标准差同表8.9,由式(8.56)结合表8.12可计算出各梁时变汽车荷载效应,见表8.21。

加固后各梁汽车荷载效应均值和标准差　　　　　　　　　　表8.21

时间(年)		60	70	80	90	100
1号梁	$\mu_{SQ}(t)$(kN·m)	547.2331	556.3168	564.1855	571.1261	577.3347
	$\sigma_{SQ}(t)$(kN·m)	75.5772	75.5772	75.5772	75.5772	75.5772
2号梁	$\mu_{SQ}(t)$(kN·m)	445.9387	453.3410	459.7531	465.4090	470.4684
	$\sigma_{SQ}(t)$(kN·m)	61.5876	61.5876	61.5876	61.5876	61.5876
3号梁	$\mu_{SQ}(t)$(kN·m)	374.8172	381.0389	386.4284	391.1822	395.4347
	$\sigma_{SQ}(t)$(kN·m)	51.7652	51.7652	51.7652	51.7652	51.7652

依据8.6.2节中可靠度计算步骤,结合上述抗力和荷载效应均值与标准差的计算结果,运用Matlab软件编程可计算出钢板加固后1~3号梁时变可靠度指标,见表8.22。

钢板加固后1~3号梁时变可靠度指标　　　　　　　　　　表8.22

时间(年)	50	60	70	80	90	100
1号梁β	4.4929	4.4490	4.3941	4.2776	4.1505	4.0293
2号梁β	5.2113	5.1722	5.1231	5.0069	4.8815	4.7606
3号梁β	5.8334	5.7975	5.7528	5.6354	5.5100	5.3878

利用Matlab画出各梁钢板加固后的可靠度指标随时间变化曲线,如图8.9所示。

由图8.9可以看出,与用碳纤维板加固一样,随着时间的不断推移,采用钢板加固后各梁的可靠度指标不断减小,其可靠度指标下降趋势相同,50~70年可靠度指标下降得不明显,这是因为加固时对桥梁裂缝做了灌浆处理,延缓了钢筋的锈蚀,进而使其承载力退化更为缓慢,从而延缓了可靠度指标的衰减,在加固50年后(桥梁服役100年时),对于1号梁,其可靠度指标退化至4.0293,已经不能满足目标可靠度指标4.2的要求,对于2号梁、3号梁加固后50年,依然能满足目标可靠度指标的要求,可不加固或简单加固。

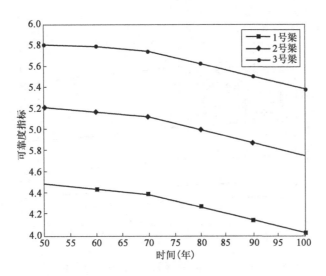

图8.9　各梁钢板加固后时变可靠度指标随时间变化曲线

8.8.2　加固后桥梁的各类变异系数对可靠度指标的影响

依次对汽车荷载的变异系数、桥梁恒载变异系数、钢筋的锈蚀率引起的截面面积变化的变异系数等进行分析。首先,讨论恒载变异系数对加固服役期内桥梁的可靠度指标的影响,以1号边梁为例,同理,现讨论其变异系数(分别为0.003、0.023、0.043、0.063、0.083)对其可靠度指标的影响,计算结果如图8.10所示。

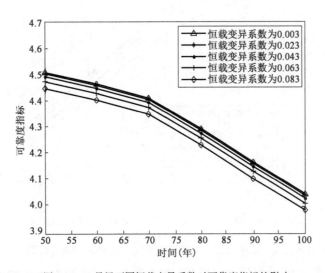

图8.10　1号梁不同恒载变异系数对可靠度指标的影响

由图 8.10 可知,恒载变异系数对可靠度指标影响并不大。

其次,讨论汽车荷载变异系数对加固服役桥梁的影响,对 1 号边梁进行分析,计算其变异系数(分别为 0.0309、0.1309、0.2309、0.3309、0.4309)对其可靠度指标的影响,计算结果如图 8.11 所示。

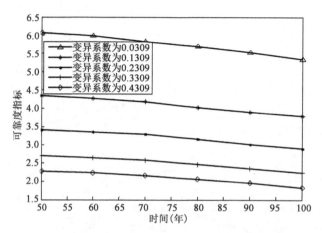

图 8.11　不同汽车荷载变异系数对 1 号可梁靠度指标的影响

由图 8.11 可知,不同汽车荷载变异系数对可靠度指标的影响非常大,较为明显。

最后,讨论钢筋锈蚀引起的钢筋截面积变化的变异性对其可靠度指标的影响,对 1 号边梁分析,计算变异系数(分别为 0.015、0.035、0.055、0.075、0.095)对可靠度指标的影响,计算结果如图 8.12 所示。

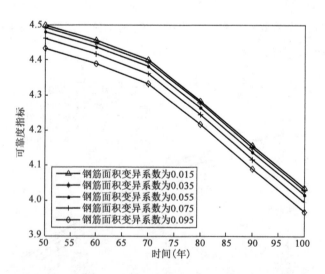

图 8.12　1 号梁不同钢筋截面积变异系数对可靠度指标的影响

由图 8.12 可知,不同钢筋截面积变异系数对可靠度指标影响较大。

通过图 8.10～图 8.12 的对比可以发现,汽车活载变异系数对钢板加固后桥梁的可靠度指标影响最大,恒载变异系数对加固后桥梁的可靠度指标影响最小,而锈蚀钢筋截面积的变异系数对加固后桥梁的可靠度指标影响居中。

8.9 小　　结

本章主要基于影响桥梁抗力的因素进行分析讨论,给出了材料性能、几何参数、计算模式等不确定性系数,讨论了服役桥梁混凝土时变强度模型、钢筋的初锈时间模型、钢筋锈蚀率,为计算钢筋的锈蚀率、钢筋时变截面积以及钢筋的屈服强度提供了基础,最后给出了混凝土和钢筋协同工作系数模型。

基于上述理论,建立了加固完成时承载能力极限状态的抗力均值和标准差的模型,给出了恒载和汽车活载的均值与标准差时变效应模型,建立了结构承载能力极限状态方程,介绍了可靠度指标的计算方法,依据工程实例桥梁计算分析了钢板加固完成时可靠度指标的提高量。

此外,根据可靠度理论分析,计算了各梁钢板加固后随时间变化的可靠度指标,并得出可靠度指标随时间变化曲线。

最后,本章对汽车荷载变异性、桥梁恒载的变异性、钢筋的锈蚀率引起的截面积变化的变异性等进行计算分析,得出汽车荷载变异系数对桥梁可靠性影响最大,证实了目前交通量的不断增大是引起桥梁承载能力和正常使用能力退化的主要原因。

第9章 正常使用极限状态下加固完成时/后桥梁可靠度指标的计算与分析

9.1 引　　言

与承载能力极限状态下计算其可靠度指标的方法类似,要计算正常使用极限状态下的可靠度指标,首先需要建立极限状态方程,极限状态方程中包括抗力和荷载效应两个因素,但与承载能力极限状态不一样的是,正常使用极限状态下抗力一般为规范规定的限值,对于抗力分布模型,可用模糊可靠度原理分析方法将其当量为均匀分布函数而得。

对于加固前桥梁,正常使用极限状态下的荷载效应模型主要体现在裂缝宽度和挠度两个方面,可依据规范中的裂缝宽度和挠度公式并结合误差传递公式建立荷载效应的均值和标准差模型。对于加固后桥梁,由于裂缝经过加固材料的覆盖及一些处理(如灌浆),依据传统的公式往往不易处理,所以在一般计算加固后正常使用极限状态下的可靠度指标时,往往采用基于挠度的方面来考虑,一般采用等效刚度的方法来计算加固后的荷载效应。

随着时间的变化,加固后桥梁所处的环境也随之变化,旧桥加固后,不仅要观察其加固后桥梁的承载能力状态,还要观察其加固后续服役期内正常使用状态的变化,桥梁采取不同的加固方式后,其正常使用状态在将来能否继续满足要求,正是本章所要研究讨论的问题。本章主要采取钢板加固方式,计算加固后50年内桥梁基于挠度的正常使用极限状态的可靠度指标,并绘出可靠度指标随时间变化曲线图,以此作为工程实际的参考。

与承载能力状态分析一样,主要针对恒载变异性、活载变异性以及钢筋锈蚀引起的截面积变化变异性,对可靠度指标产生的影响进行分析,进而得出最大影响桥梁可靠度程度的因素,可作为参考。

9.2 正常使用极限状态下抗力模型

正常使用极限状态有多种状态,如结构使用过程中产生的裂缝、挠度变形、震动等,本节主要研究正常使用极限状态下裂缝和挠度。与承载能力极限状态下抗力不同,正常使用极限状态下抗力为一个限值,如结构允许最大裂缝宽度 W_{max},结构允许挠度限值 f 等,它是人们依据生产生活经验规定的,目前并未有统一结论,所以在研究计算正常使用极限状态下可靠度指标时，其抗力是模糊不确定的，一般我们将其当作模糊随机变量处理。

9.2.1　基于裂缝宽度的抗力

我国《公路钢筋混凝土及预应力混凝土桥涵设计规范》(JTG 3362—2018)[179]给出了 RC 构件和预应力 B 类 RC 构件最大裂缝宽度限值表(表9.1)。

最大裂缝宽度限值表(mm)　　　　　　　表9.1

环境类别	环境等级	最大裂缝宽度限值	
		RC 构件	预应力 B 类 RC 构件
碳化环境	I-A	0.3	0.2
	I-B	0.2	0.15
	I-C	0.2	0.1

从表9.1可以看出，在碳化环境中，最大宽度限值可以取上界为0.3mm、下界为0.1mm的一个模糊区间。也就是说，基于裂缝宽度的抗力模糊失效上限为0.3mm、下限为0.1mm。

9.2.2　基于挠度的抗力

《公路钢筋混凝土及预应力混凝土桥涵设计规范》(JTG 3362—2018)[179]规定：钢筋混凝土和预应力混凝土受弯构件的长期挠度值，在消除结构自重产生的长期挠度后，梁桥主梁的最大挠度限值为计算跨径的1/600；梁桥主梁的悬臂端的最大挠度限值为悬臂长度的1/300。与裂缝宽度限值类似，在分析计算基于挠度的正常使用极限状态的可靠度指标时，我们可以取计算跨径的1/400作为抗力模糊失效上限，将计算跨径的1/800作为抗力模糊失效的下限。

9.3　正常使用极限状态下荷载效应模型

对于正常使用极限状态荷载效应，一般包括结构使用过程中产生的裂缝、挠度变形、结构的疲劳效应、震动等，其均为广义的荷载效应。本节重点讨论结构使用过程中产生的裂缝以及挠度变形。

9.3.1　加固前正常使用极限状态下荷载效应

1) 基于裂缝宽度的荷载效应

我国《公路钢筋混凝土及预应力混凝土桥涵设计规范》(JTG 3362—2018)[179]规定了正常使用极限状态下矩形、T 形、工字形梁的最大裂缝荷载效应计算公式如下：

$$W_{fk} = C_1 C_2 C_3 \frac{\sigma_{ss}}{E_s} \left(\frac{c+d}{0.3 + 1.4\rho_{te}} \right) \quad (9.1)$$

式中：C_1——钢筋表面形状系数，对于光面钢筋，C_1 取 1.4；对于带肋钢筋，C_1 取 1.0；

C_2——长期效应影响系数，$C_2 = 1 + 0.5N_1/N_s$，其中 N_1 和 N_s 分别表示准永久组合下和频遇组合下的内力值，当为短期效应时，C_2 取为 1；

C_3——与结构受力性质有关的系数，当结构为板式受弯构件时取值为 1.15，其他受弯构件均取为 1.0；

σ_{ss}——钢筋的应力，当为受弯构件时，$\sigma_{ss} = M_s/0.87A_s h_0$；

E_s——钢筋的弹性模量；

c——混凝土保护层厚度，当保护层厚度大于 50mm 时取为 50mm；

d——纵向受拉钢筋的直径，当采用不同直径的钢筋时，d 改用换算直径 d_e，$d_e = \sum n_i d_i^2 / \sum n_i d_i$，$n_i$ 表示受拉区第 i 种钢筋的根数，d_i 表示第 i 种钢筋的直径；

ρ_{te}——混凝土有效截面的受拉钢筋的截面配筋率，当 $\rho_{te} > 0.1$ 时取 $\rho_{te} = 0.1$，当 $\rho_{te} < 0.01$ 时取 $\rho_{te} = 0.01$，$\rho_{te} = A_s/A_{te}$，对于轴心受拉构件，A_{te} 取构件截面面积，对于受弯、偏心受压和偏心受拉构件，$A_{te} = 2a_s b$，此时，a_s 为受拉钢筋重心到受拉区边缘的距离，b 为截面宽度。

在进行正常使用极限状态裂缝宽度的可靠度指标分析时，桥梁结构最大裂缝宽度 W_{fk} 是一个随机变量，目前对于 RC 构件最大裂缝分布规律有大量研究。其中，重庆交通学院对大批试验梁的裂缝宽度进行统计分析，得出裂缝宽度的概率分布服从对数正态分布的规律。

2）基于梁的跨中挠度的荷载效应

RC 受弯构件正常使用极限状态下的挠度效应计算，可以依据规范给定的刚度计算公式，然后依据结构力学的方法计算而得。我国《混凝土结构设计规范》（GB 50010—2010）[131] 规定了混凝土受弯构件短期刚度计算公式：

$$B_s = \frac{E_s A_s h_0^2}{1.15\left(1.1 - 0.65\dfrac{f_{tk}}{\rho_{te}\sigma_s}\right) + 0.2 + \dfrac{6E_s\rho}{E_c\left(1 + \dfrac{3.5(b_f' - b)h_f'}{bh_0}\right)}} \tag{9.2}$$

式中：E_s、E_c——钢筋和混凝土弹性模量；

A_s——纵向受拉钢筋截面积；

b、b_f'——截面宽度和受压区翼缘宽度；

h_f'——受压区翼缘高度；

f_{tk}——混凝土轴心抗拉强度标准值；

ρ——纵向受拉钢筋配筋率，对于 RC 受弯构件，$\rho = A_s/bh_0$；

ρ_{te}——按有效受拉区截面积计算的纵向受拉钢筋的配筋率，$\rho_{te} = A_s/A_{te}$，对于轴心受拉构件取构件截面面积，对于受弯、偏心受压和偏心受拉构件，取 $A_{te} = 0.5bh +$

$(b_f - b)h_f$，此时 b_f、h_f 分别为受拉翼缘的宽度、高度，如受拉区无翼缘，取 $b_f = b$；

σ_s——钢筋应力，$\sigma_s = M_s/0.87A_s h_0$；

M_s——荷载准永久组合计算的弯矩值，其中汽车荷载效应的准永久组合系数为0.4。

RC 受弯构件考虑荷载长期作用影响刚度 B_l 可按下式计算：

$$B_l = \frac{M_k}{M_q(\theta - 1) + M_k}B_s \tag{9.3}$$

式中：M_k——按荷载标准组合计算出来的弯矩，$M_k = M_G + M_Q$，其中 M_G 为恒载，M_Q 为活载；

M_q——按荷载准永久组合计算出来的弯矩，$M_q = M_G + \psi M_Q$；

ψ——准永久组合系数，对于汽车荷载取效应为0.4；

θ——荷载长期作用对挠度增大的影响系数，对于 RC 受弯构件，当混凝土受压区配筋率为0时取 $\theta = 2.0$，当混凝土受压区配筋率等于受拉区配筋率时取 $\theta = 1.6$，当受压区配筋率为中间值时 θ 按线性插值法取值。

依据结构力学方法可知，简支梁跨中受弯挠度荷载效应为

$$f = \frac{5M_Q}{48B_l}l_0^2 \tag{9.4}$$

式中：l_0——计算跨径；

B_l——荷载长期作用影响刚度。

其均值和标准差模型依据误差传导公式可推导如下：

$$\mu_f = \frac{5\mu_{M_k}}{48B_l}l_0^2 \tag{9.5}$$

$$\sigma_f = \frac{5\sigma_{M_k}}{48B_l}l_0^2 \tag{9.6}$$

在进行正常使用极限状态可靠度分析时，挠度荷载效应和最大裂缝宽度的类似，也属于随机变量，挠度荷载效应的概率分布也和最大裂缝宽度一样服从对数正态分布。

9.3.2 加固完成时正常使用极限状态下荷载效应

由于加固完成时，裂缝被加固材料覆盖，很难以现有的模型来计算，所以只需要研究加固完成时基于挠度的荷载效应。

如果钢板屈服强度和钢筋屈服强度相差不大，可采取直接将钢板横截面面积和钢筋相加的办法，代入式(9.2)，可采用前述步骤求钢板加固后的荷载效应。

9.4 正常使用极限状态下极限状态方程和可靠度指标计算方法

与承载能力极限状态方程类似，正常使用极限状态方程可用下式表示：

$$Z = R - S = 0 \tag{9.7}$$

式中：Z——结构功能函数；

R——广义的结构抗力，与承载能力极限状态下的抗力不同，正常使用极限状态下的抗力为广义的抗力，结构的失效与不失效都是模糊随机的，应采用模糊随机可靠度方法来进行分析；

S——广义的结构荷载作用效应，如结构的最大裂缝宽度、跨中挠度等；

Z、R、S——随机变量，当 $Z>0$ 时，表示结构抗力大于结构作用效应，此时结构处于安全状态，反之结构处于失效状态；当 $Z=0$ 时，结构处于正常使用极限状态。

结构的正常使用极限状态下可靠度指标和承载能力极限状态下可靠度指标类似，与结构的失效概率 p_f 有以下关系：

$$\beta = \phi^{-1}(1-p_f) \tag{9.8}$$

前面提到的正常使用极限状态下的抗力，如结构的允许裂缝宽度 W_{max} 是人们依据工程经验规定的值，是模糊不确定的，即失效准则是模糊的，这使得功能函数 Z 只反映了结构适用性程度的大小。当 $Z<0$ 时不代表结构完全失效，当 $Z>0$ 时也不代表结构完全处于可靠状态，当 $Z=0$ 时也不完全是结构极限状态。

结构失效模糊随机事件可用下式表示：

$$\tilde{E} = \{(z, \mu_{\tilde{E}}(z)) \mid z \in \Omega\} \tag{9.9}$$

式中：$z \in \Omega$——z 属于结构模糊随机事件空间 Ω 中的随机变量。

假设功能函数 Z 的概率密度函数为 $f_Z(z)$，那么结构失效事件 $\tilde{E}$ 的概率为

$$p_f = \int_{-\infty}^{+\infty} \mu_{\tilde{E}}(z) f_Z(z) \mathrm{d}z \tag{9.10}$$

式中：$\mu_{\tilde{E}}(z)$——z 的递减函数，随着 z 值的减小，结构的失效程度随之增大。

如果基本随机变量 X 的联合概率密度函数为 $f_X(x)$，那结构的失效事件 $\tilde{E}$ 的概率又可表示为

$$p_f = \int_{-\infty}^{+\infty} \mu_{\tilde{E}}[g_X(x)] f_X(x) \mathrm{d}x \tag{9.11}$$

应用到结构功能函数，假设结构抗力和荷载效应是相互独立的，则有结构的失效概率为

$$p_f = \int_0^{+\infty} \int_0^{+\infty} f_R(r) f_S(s) \mu_R(r,s) \mathrm{d}r\mathrm{d}s \tag{9.12}$$

式中：$f_R(r)$、$f_S(s)$——抗力和荷载效应的概率密度函数；

$\mu_R(r,s)$——模糊随机失效事件的隶属函数。

由于工程结构中通常将广义的结构抗力（如裂缝宽度）作为一个限值来表示，可将式（9.12）简化为如下表达式：

$$p_f = \int_0^{+\infty} f_S(s)\mu_R(s)\,\mathrm{d}s \qquad (9.13)$$

将构件的失效作为模糊随机事件,其隶属函数 $\mu_R(s)$,一般通过模糊统计试验来确定,取做升半梯形分布,有如下表达式:

$$\mu_R(s) = \begin{cases} 0 & < s < r_1 \\ \dfrac{(s-r_1)}{(r_2-r_1)} & r_1 < s < r_2 \\ & r_2 < s \end{cases} \qquad (9.14)$$

其一阶倒数为

$$\dfrac{\partial(\mu_R(s))}{\partial s} = \begin{cases} 0 & < s < r_1 \\ \dfrac{1}{(r_2-r_1)} & r_1 < s < r_2 \\ & r_2 < s \end{cases} \qquad (9.15)$$

通过式(9.15)、式(9.16)可以看出,$\mu_R(s)$ 和 $\dfrac{\partial(\mu_R(s))}{\partial s}$ 分别是在区间 $[r_1, r_2]$ 上服从均匀分布的概率分布函数和概率密度函数。所以,在正常使用极限状态下分析可靠度指标时,可以采用将结构的模糊抗力当量随机化,如将抗力 $[W_{max}]$ 当量成为在区间 $[W_1, W_2]$ 上的均匀分布函数,其均值和标准差分别为

$$\mu_R = \dfrac{W_1 + W_2}{2} \qquad (9.16)$$

$$\sigma_R = \dfrac{W_2 - W_1}{\sqrt{12}} \qquad (9.17)$$

正常使用极限状态下裂缝宽度的极限状态方程可用下式表示:

$$Z = [W_{max}] - W_{fk}^* \qquad (9.18)$$

式中:$[W_{max}]$——基于裂缝宽度的抗力,由前文模糊抗力当量随机化可知,抗力服从在区间 $[W_1, W_2]$ 上的均匀分布;

W_{fk}^*——基于裂缝宽度的荷载效应,$W_{fk}^* = \alpha W_{fk}$,其中 α 为横向裂缝计算模式不定性系数,W_{fk}^* 由前文可知,服从对数正态分布。

同理,正常使用极限状态下挠度的极限状态方程可用下式表示:

$$Z = [f] - f^* \qquad (9.19)$$

式中:$[f]$——基于挠度的抗力,同样在区间 $[f_1, f_2]$ 上服从均匀分布;

f^*——基于挠度的荷载效应,$f^* = \alpha f$,其中 α 为挠度计算模式不定性系数,f^* 服从对数

正态分布。

确定正常使用极限状态的目标可靠度指标本质上是确定一个可以接受的正常失效概率的协议概率 P_f，依据文献[158]可知，正常使用极限状态下的失效概率 P_f 应为 5% ~ 25%，相应的目标可靠度指标 β_T 应为 0.675 ~ 1.645。

当确定正常使用极限状态的极限状态方程以及抗力和荷载效应的分布后，就可以运用第 8 章中所描述的 JC 当量随机正态法迭代求解正常使用极限状态下的可靠度指标。

9.5 工程实例的计算与分析

9.5.1 钢板加固完成时可靠度指标的计算与分析

加固前可靠度指标同 9.4 节，加固完成时采用的钢板屈服强度和钢筋屈服强度相差不大，将其直接等效为钢筋的截面积和现有钢筋截面积相加，按照 9.4 节中所述步骤可计算出钢板加固完成时可靠度指标，见表 9.2。

各梁钢板加固完成时可靠度指标　　表 9.2

梁号	1	2	3
加固前 β	0.0330	0.6666	1.2777
加固完成时 β	0.7684	1.5254	2.1903
可靠度提高量 $\Delta\beta$	0.7354	0.8588	0.9126
平均提高量 $\overline{\Delta\beta}$	0.8356		

由表 9.2 中的数据可知，1 号梁加固前不能满足目标可靠度指标区间为 0.675 ~ 1.645 的要求，钢板加固完成时提升至 0.7684，能够满足要求；2 号梁加固前也不能满足目标可靠度指标的要求，加固完成时提升至 1.5254，能够满足目标可靠度指标的要求；3 号梁加固之前就能满足目标可靠度指标的要求，加固完成时提升至 2.1903，脱离了目标可靠度指标区间为 0.675 ~ 1.645，这是因为加固完成时刚度过大，规范规定的挠度限值相对而言已不再适用，就本例而言，其正常使用极限是能够满足要求的。

就可靠度指标提高量而言，1 ~ 3 号梁可靠度指标分别提高了 0.7354、0.8588 和 0.9126，其中 3 号梁提升最大，3 根梁平均可靠度提升量为 0.8356。

通过对比表 9.1 和表 9.2，我们可以发现，正常使用极限状态下，采用碳纤维板加固梁的方案对于 1 号梁不能满足目标可靠度指标的要求，而采用钢板加固方式各梁均能满足正常使用极限状态对于可靠度指标的要求，并且利用碳纤维板加固完成时桥梁的可靠度指标平均提高量(0.2559)小于用钢板加固完成时的可靠度指标平均提高量(0.8356)，说明虽然在承载能力极限状态下碳纤维的加固效率大于钢板的加固效率,但是在正常使用极限状态下碳纤维加固效率是低于钢板加固效率的,如果采用碳纤维板加固方案,需要采取增加梁刚度的措施以满足正常极限状态挠度的使用要求。

在实际工程加固环境中,对于正常使用极限状态的可靠度指标的要求相对承载能力极限状态可靠度指标要求较低,所以一般优先满足承载能力极限状态要求。至于本算例中采取哪种方式加固更好,可酌情考虑。

9.5.2 钢板加固后正常使用极限状态下可靠度指标的计算与分析

和承载能力极限状态一样是以服役桥梁按设计基准期 100 年为基础,将用碳纤维板加固和钢板加固后的桥梁分为 6 个时期,分别为 50 年(加固完成时)、60 年、70 年、80 年、90 年、100 年;然后依据前几章内容计算加固后各个时刻的可靠度指标,并对恒载和活载以及钢筋的锈蚀截面积的变异系数对其可靠度指标的影响进行比较分析。

按 9.5.1 节计算方法及步骤可计算出钢板加固后基于正常使用极限状态下桥梁的时变可靠度指标,见表 9.3。

钢板加固后各梁时变可靠度指标　　　　表 9.3

时间(年)	50	60	70	80	90	100
1 号梁 β	0.7684	0.7055	0.6391	0.5638	0.4969	0.4285
2 号梁 β	1.5254	1.4503	1.3703	1.2794	1.1994	1.1186
3 号梁 β	2.1903	2.1104	2.0145	1.9037	1.8026	1.6984

利用 Matlab 画出钢板加固后各梁时变可靠度指标,如图 9.1 所示。

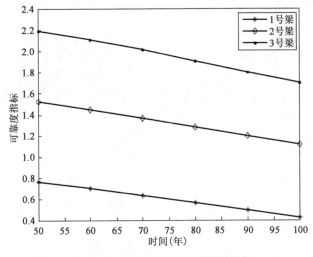

图 9.1　钢板加固后各梁时变可靠度指标

从图9.1中可以发现,基于正常使用极限状态下钢板加固的可靠度指标随时间下降趋于一条直线。当1号梁在桥梁服役100年时,可靠度指标由50年加固时的0.7684下降至0.4285,已不能满足目标可靠度指标下限0.675的要求,可以采用增加钢板厚度的方法来增加刚度,使得可靠度指标满足要求;对于2号梁,可靠度指标由50年时的1.5254下降至100年时的1.1186,依然能满足要求;对于3号梁,加固后续的服役期内,可靠度指标一直超过目标可靠度指标上限1.645,一般认为对于3号梁,钢板的加固致使其刚度过大,使得现有规范规定的挠度限值已经不适用,可以采用减小加固钢板厚度的方法降低其刚度,使得可靠度指标一直在目标可靠度指标规定的范围内,这样既能满足正常使用要求又能节省钢材。

9.5.3 正常使用状态下钢板加固后可靠度指标的对比与分析

由图9.1可知,钢板加固后桥梁的可靠度指标明显大于碳纤维板加固后的可靠度指标,且在加固后50年的服役过程中,采用钢板加固后桥梁的可靠度指标更能满足规范要求,所以综合考虑在正常使用极限状态下基于挠度的两种加固方式,采用钢板加固更能满足可靠要求。

9.6 加固后桥梁的变异系数对可靠度指标影响的计算与分析

以下对钢板加固的变异性进行计算分析,以2号梁为例,同样对不同的汽车活载的变异系数、桥梁恒载变异系数、钢筋的锈蚀率引起的截面积变化的变异系数所产生的不同的可靠度指标进行计算,计算结果汇总如图9.2～图9.4所示。从图9.2～图9.4中可以得出,汽车荷载变异性对可靠度指标影响最大,恒载变异性对可靠度指标影响最小,钢筋截面积变异性对可靠度指标影响程度居中,这个结论与承载能力极限状态下变异性对可靠度的影响程度相同,在此不再赘述。

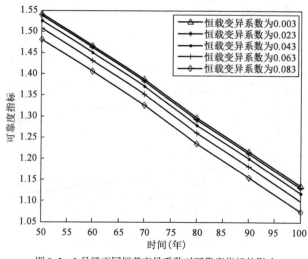

图9.2 2号梁不同恒载变异系数对可靠度指标的影响

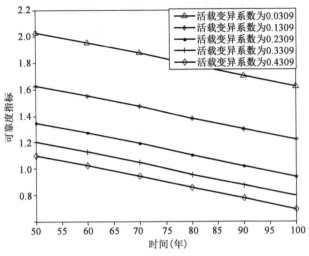

图 9.3　2 号梁不同汽车活载变异系数对可靠度指标的影响

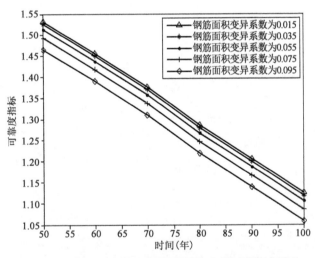

图 9.4　2 号梁不同钢筋截面积变异系数对可靠度指标的影响

9.7　小　　结

本章首先介绍了正常使用极限状态下的抗力模型,建立了加固完成时正常使用极限状态的荷载效应均值和标准差的模型;其次用模糊当量法将正常使用极限状态的抗力当量为在某区间内的均匀分布函数,建立了正常使用极限状态方程;最后依据工程实例计算了正常使用极限状态下服役桥梁加固完成时的可靠度指标,得到了加固完成时可靠度指标的提高量。

另外,本章计算了钢板加固 RC 梁正常使用极限状态下可靠度指标随时间变化的曲线图,可为工程实际提供了一定参考;对不同的汽车活载变异系数、桥梁恒载的变异系数、钢筋的锈蚀率引起的截面积变化的变异系数进行可靠度指标计算,得出汽车活载变异性对桥梁可靠性影响最大,证实了目前交通量的不断增大是引起桥梁承载能力和正常使用能力退化的主要原因。

参 考 文 献

[1] 洪定海.混凝土中钢筋的腐蚀与保护[M].北京：中国铁道出版社,1998.

[2] VECCHIO F J,BUCCI F. Analysis of repaired reinforced concrete structures[J]. Journal of Structural Engineering,1999,125(6)：644-652.

[3] 中华人民共和国住房和城市建设部.混凝土结构加固设计规范：GB 50367—2013[S].北京：中国建筑工业出版社,2013.

[4] 王振领.新老混凝土粘结理论与试验及在桥梁加固工程中的应用研究[D].成都：西南交通大学,2007.

[5] 周希茂,苏三庆,赵明,等.增大截面法加固钢筋混凝土框架的设计与展望[J].世界地震工程,2009,25(1)：153-158.

[6] 周希茂.增大截面法加固钢筋混凝土框支架的非线性有限元分析[D].西安：西安科技大学,2009.

[7] 刘庆阳,周建庭,王玲,等.增大截面法加固石拱桥最小加固层厚度[J].重庆交通大学学报(自然科学版),2008(1)：20-23.

[8] 刘利先,时旭东,过镇海.增大截面法加固高温损伤混凝土柱的试验研究[J].工程力学,2003(5)：18-23.

[9] 李华亭,李建峰,井彦青,等.增大截面法加固钢筋混凝土柱的局限性[J].建筑结构,2010(2)：466-468+441.

[10] 黄建锋,朱春明,龚治国,等.增大截面法加固震损钢筋混凝土框架的抗震性能试验研究[J].土木工程学报,2012,45(12)：9-17.

[11] 陈斌.置换混凝土加固施工技术研究[D].南昌：南昌航空大学,2015.

[12] SHANNAG M J,AL-ATEEK S A. Flexural behavior of strengthened concrete beams with corroding reinforcement[J]. Construction and Building Materials,2006,20(9)：834-840.

[13] ALMASSRI B,KREIT A,MAHMOUD F A,et al. Mechanical behaviour of corroded RC beams strengthened by NSM CFRP rods[J]. Composites Part B：Engineering,2014,64：97-107.

[14] HASAN Q F,TEKELI H,DEMIR F. NSM Rebar and CFRP laminate strengthening for RC columns subjected to cyclic loading[J]. Construction and Building Materials,2016,119：21-30.

[15] CAPOZUCCA R,DOMIZI J,MAGAGNINI E. Damaged RC beams strengthened with NSM CFRP rectangular rods under vibration in different constrain conditions[J]. Composite Structures,2016,154：660-683.

[16] AL-SAADI N T K,AL-MAHAIDI R. Modelling of NSM CFRP strips embedded in concrete using lap shear tests with epoxy adhesive[J]. Composite Structures,2016,153：662-672.

[17] AL-SAADI N T K,AL-MAHAIDI R. Fatigue performance of NSM CFRP strips embedded in concrete using epoxy adhesive[J]. Composite Structures,2016：154.

[18] FLEMING C,KING G. The development of structural adhesives for three original uses in South Africa[J]. Bulletin rilem,1967(37)：241-251.

[19] SHERWOOD E G,SOUDKI K A. Confinement of corrosion cracking in reinforced concrete beams using carbon fiber reinforced polymer laminates[J]. ACI Symposium Publication,1999：188.

[20] 袁迎曙,余索.锈蚀钢筋混凝土梁的结构性能退化[J].建筑结构学报,1997(4):51-57.

[21] 史庆轩,李小健,牛荻涛,等.锈蚀钢筋混凝土偏心受压构件承载力试验研究[J].工业建筑,2001(5):14-17.

[22] 牛荻涛,翟彬,王林科,等.锈蚀钢筋混凝土梁的承载力分析[J].建筑结构,1999(8):23-25.

[23] 陶峰,王林科,王庆霖,等.服役钢筋混凝土构件承载力的试验研究[J].工业建筑,1996(4):17-20+27.

[24] 颜桂云,孙炳楠,王泽军,等.锈蚀钢筋混凝土压弯构件抗震性能的试验研究[J].建筑结构,2003(2):16-18+50.

[25] 王学民.锈蚀钢筋混凝土构件抗震性能试验与恢复力模型研究[D].西安:西安建筑科技大学,2003.

[26] 易伟建,孙晓东.锈蚀钢筋混凝土梁疲劳性能试验研究[J].土木工程学报,2007(3):6-10.

[27] 吴瑾,王晨霞,徐贾,等.疲劳荷载下锈蚀钢筋混凝土梁弯曲性能试验研究[J].土木工程学报,2012,45(10):118-124.

[28] 曹芙波,丁兵兵,王晨霞,等.锈蚀钢筋再生混凝土梁力学性能试验研究及ANSYS分析[J].土木建筑与环境工程,2015,37(S2):35-40.

[29] 彭建新,胡守旺,宋波,等.锈蚀RC梁抗弯性能试验与数值分析[J].中国公路学报,2015,28(6):34-41+50.

[30] 丁季华,李永和,胡险峰,等.箍筋锈蚀钢筋混凝土梁数值模拟[J].工业建筑,2006(S1):884-886.

[31] 范颖芳.受腐蚀钢筋混凝土构件性能研究[D].大连:大连理工大学,2002.

[32] 范颖芳,周晶,黄振国.受氯化物腐蚀钢筋混凝土构件承载力研究[J].工业建筑,2001(5):3-5.

[33] 吴瑾,吴胜兴.锈蚀钢筋混凝土受弯构件承载力计算模型[J].建筑技术开发,2002(5):20-22.

[34] SWAMY R N,JONES J,BLOXHAM J W. Structural behaviour of reinforced concrete beams strengthened by epoxy-bonded steel plates[J]. The Structural Engineer,1987,65A(2):59-68.

[35] HUSSAIN M,SHARIF A,H. B M,et al. Flexural behavior of precracked reinforced concrete beams strengthened externally by steel plates[J]. ACI Structural Journal,1995,92(1):14-23.

[36] OH B,CHO J,PARK D. Static and fatigue behavior of reinforced concrete beams strengthened with steel plates for flexure[J]. Journal of Structural Engineering,2003,129(4):527-535.

[37] OEHLERS D. Reinforced concrete beams with plates glued to their soffits[J]. Journal of Structural Engineering,1992,118(8):2023-2038.

[38] LEUNG C. Delamination failure in concrete beams retrofitted with a bonded plate[J]. Journal of Materials in Civil Engineering,2001,13(2):106-113.

[39] ROBERTS T M. Approximate analysis of shear and normal stress concentrations in the adhesive layer of plated RC beams[J]. The Structural Engineer 1989,67(12):229-233.

[40] AHMAD S H,HAMOUSH S A. Static strength tests of steel plate strengthened concrete beams[M]//AHMAD S H,HAMOUSH S A. Bridge Evaluation, Repair and Rehabilitation. Dordrecht: Springer Netherlands. 1990: 479-492.

[41] HAMOUSH S,AHMAD S. Debonding of steel plate-strengthened concrete beams[J]. Journal of Structural Engineering,1990,116(2):356-371.

[42] ZIRABA Y N, BALUCH M H. Computational model for reinforced concrete beams strengthened by epoxy bonded steel plates[J]. Finite Elements in Analysis and Design,1995,20(4): 253-271.

[43] RAOOF M,ZHANG S. An insight into the structural behavior of R. C. beams with externally bonded plates[J]. Proceedings of the Institution of Civil Engineers-Structures and Buildings,1997,122(4): 477-492.

[44] RAOOF M, EL-RIMAWI J A, HASSANEN M A H. Theoretical and experimental study on externally plated R. C. beams[J]. Engineering Structures,2000,22(1): 85-101.

[45] COLOTTI V, SPADEA G, SWAMY R. Structural model to predict the failure behavior of plated reinforced concrete beams[J]. Journal of Composites for Construction,2004,8(2): 104-122.

[46] AHMED O A F. Strengthening of R. C. beams by means of externally bonded CFRP laminates. Improved Model for Plate-End Shear[D]. Belgium: Catholicke University of Leuven Dept of Civil Engineering,2000.

[47] ACI(American Concrete Institute). Guide for the design and construction of externally bonded FRP systems for strengthening concrete structures,2000.

[48] MOHAMED ALI M S, OEHLERS D J, BRADFORD M A. Shear peeling of steel plates bonded to tension face[J]. Journal of Structural Engineering,2001,127(12): 1453-1459.

[49] JONES R, SWAMY R N, CHARIF A. Plate separation and anchorage of reinforced concrete beams strengthened by epoxy-bonded steel plates[J]. The Structural Engineer,1988,66(5): 85-94.

[50] AL-HASSANI H M, AL-TA'AN S A, MOHAMMED A A. Behavior of Damaged Reinforced Concrete Beams Strengthened with Externally Bonded Steel Plate[J]. Tikrit Journal of Engineering Sciences,2013,20(2).

[51] SALLAM H E-D M, SABA A-A M, SHAHIN H H,et al. Prevention of Peeling Failure in Plated Beams[J]. Journal of Advanced Concrete Technology,2004,2(3): 419-429.

[52] FOLEY C, BUCKHOUSE E. Method to increase capacity and stiffness of reinforced concrete beams[J]. Practice Periodical on Structural Design and Construction,1999,4(1): 36-42.

[53] SABA A, SALLAM H, SHAHEEN H, et al. Effect of plate end anchorage and side plates on the efficiency of plated beams[J]. Al-Azhar University Engineering Journal, Cairo, Egypt,2003,6: 555-564.

[54] AYKAC S, KALKAN I, AYKAC B, et al. Strengthening and repair of reinforced concrete beams using external steel plates[J]. Journal of Structural Engineering,2012,139(6): 929-939.

[55] WU Y-F, WANG Z, LIU K, et al. Numerical analyses of Hybrid-Bonded FRP strengthened concrete beams[J]. Computer-Aided Civil and Infrastructure Engineering,2009,24(5): 371-384.

[56] CHANG X, WU Y-F. An analytical model for predicting the response of RC beams strengthened with strain localized steel plate[J]. Construction and Building Materials,2015,74: 140-150.

[57] BARNES R A, BAGLIN P S, MAYS G C. External steel plate systems for the shear strengthening of reinforced concrete beams[J]. Engineering Structures,2001,23(9): 1162-1176.

[58] ALTIN S, ANIL Ö, KARA M E. Improving shear capacity of existing RC beams using external bonding of steel plates[J]. Engineering Structures,2005,27(5): 781-791.

[59] BARNES R A, MAYS G C. Strengthening of reinforced concrete beams in shear by the use of externally bonded

steel plates: Part 1-Experimental programme[J]. Construction and Building Materials,2006,20(6): 396-402.

[60] BARNES R A,MAYS G C. Strengthening of reinforced concrete beams in shear by the use of externally bonded steel plates: Part 2-Design guidelines[J]. Construction and Building Materials,2006,20(6): 403-411.

[61] ADHIKARY B B,MUTSUYOSHI H,SANO M. Shear strengthening of reinforced concrete beams using steel plates bonded on beam web: experiments and analysis[J]. Construction and Building Materials,2000,14(5): 237-244.

[62] NGUYEN N T,OEHLERS D J,BRADFORD M A. An analytical model for reinforced concrete beams with bolted side plates accounting for longitudinal and transverse partial interaction[J]. International Journal of Solids and Structures,2001,38(38-39): 6985-6996.

[63] SU R,LI L,LO S. Longitudinal partial interaction in bolted side-plated reinforced concrete beams[J]. Advances in Structural Engineering,2014,17(7): 921-936.

[64] SU R K L,SIU W H,SMITH S T. Effects of bolt-plate arrangements on steel plate strengthened reinforced concrete beams[J]. Engineering Structures,2010,32(6): 1769-1778.

[65] SU R K L,LI L Z,LO S H. Shear transfer in bolted side-plated reinforced concrete beams[J]. Engineering Structures,2013,56(6): 1372-1383.

[66] SIU W H,SU R K L. Effects of plastic hinges on partial interaction behaviour of bolted side-plated beams[J]. Journal of Constructional Steel Research,2010,66(5): 622-633.

[67] ARSLAN G,SEVUK F,EKIZ I. Steel plate contribution to load-carrying capacity of retrofitted RC beams[J]. Construction and Building Materials,2008,22(3): 143-153.

[68] AYKAC S,OZBEK E. Strengthening of reinforced concrete T-beams with steel plates[J]. TEKNIK DERGI,2011,22(1): 5319-5334.

[69] MALEK A M,SAADATMANESH H,EHSANI M R. Prediction of failure load of R/C beams strengthened with FRP plate due to stress concentration at the plate end[J]. ACI Structural Journal,1998,95(2): 142-152.

[70] ZHANG J-P. Diagonal cracking and shear strength of reinforced concrete beams[J]. Magazine of Concrete Research,1997,49(178): 55-65.

[71] T LJSTEN B. Strengthening of beams by plate bonding[J]. Journal of Materials in Civil Engineering,1997,9(4): 206-212.

[72] ADHIKARY B B,MUTSUYOSHI H. Shear strengthening of RC beams with web-bonded continuous steel plates[J]. Construction and Building Materials,2006,20(5): 296-307.

[73] WU Y,CHANG X. Debonding inhibiting mechanism of strain localization plating system[J]. Journal of Structural Engineering,2014,140(9): 4014049.1-4014049.14.

[74] ABU-OBEIDAH A,HAWILEH R A,ABDALLA J A. Finite element analysis of strengthened RC beams in shear with aluminum plates[J]. Computers & Structures,2015,147: 36-46.

[75] 卢玉符. 钢筋混凝土受弯构件外部粘钢加固技术的试验研究[J]. 施工技术,1984(5): 11-16.

[76] 王天稳,王晓光. 钢筋混凝土梁粘钢加固研究[J]. 武汉水利电力大学学报,1996(2): 75-78.

[77] 欧新新,张文华,王纪锋.钢筋混凝土梁粘钢加固受弯性能强度研究[J].浙江工业大学学报,1999(1):25-29.

[78] 李文盛.粘钢加固钢筋混凝土梁的试验研究与理论分析[D].武汉:武汉理工大学,2002.

[79] 刘来君,秦煜,张艳,等.二次受力对粘贴钢板加固梁承载力的影响[J].长安大学学报(自然科学版),2011,31(1):46-50.

[80] 古松,苏有文.粘钢加固钢筋混凝土梁 M-ϕ 曲线的计算[J].浙江工业大学学报,2008(4):431-435.

[81] 廖明进.锚固钢板加固钢筋混凝土梁的弯曲性能研究[D].武汉:武汉大学,2005.

[82] 陈伟.锚贴钢板加固钢筋混凝土梁受弯性能的研究[D].郑州:郑州大学,2006.

[83] 余术刚.铆粘钢板加固钢筋混凝土梁受力性能的试验研究[D].郑州:郑州大学,2009.

[84] 王超峰.混锚薄板加固混凝土梁受力分析[D].长沙:中南大学,2013.

[85] 鲁恒.混锚钢板加固混凝土梁受力性能分析[D].长沙:中南大学,2014.

[86] 任伟,贺拴海,赵小星,等.黏贴钢板加固持荷钢筋混凝土 T 型梁模型试验[J].中国公路学报,2008(3):64-68.

[87] 单成林.粘贴钢板加固 RC 梁受弯裂缝宽度计算方法[J].西南交通大学学报,2010(4):508-513.

[88] 任伟,闫磊.粘贴钢板加固计算模式不确定性分析[J].中国科技论文在线,2009,4(7):538-542.

[89] 马乐为,刘瑛,周小真,等.钢筋混凝土框架中节点粘钢加固抗震性能试验研究[J].西安建筑科技大学学报,1996(4):62-66.

[90] 刘瑛.粘钢板增强钢筋混凝土组合梁的抗剪承载力研究[J].工程抗震,1998(2):7-9+48.

[91] 肖建庄,秦灿灿,刘祖华,等.钢筋混凝土梁抗剪加固试验研究[J].同济大学学报(自然科学版),1999(4):407-411.

[92] 王天稳,贺敏旭,王晓光.混凝土梁斜截面粘钢加固斜粘钢板的锚固方式[J].建筑技术,1999(6):16-17+40.

[93] 曹双寅,孙永新,朱海峰,等.粘钢加固钢筋混凝土梁斜截面承载能力的试验研究[J].建筑结构,2000(8):45-48.

[94] 潘金炎,曾宪纯.外粘整块钢板加固钢筋混凝土梁受剪试验研究[J].建筑结构,2003(10):39-42.

[95] 甘元初,刘立新,宋会莲.锚贴钢板和粘钢加固钢筋混凝土梁受剪性能的比较[J].南华大学学报(自然科学版),2006(2):62-65.

[96] 朱勇,周云.侧向钢板加固钢筋混凝土连梁的抗剪强度[J].华中科技大学学报(城市科学版),2008(4):115-118.

[97] 桑大勇,王仁义,刘立新.锚贴钢板加固钢筋混凝土梁受剪性能的试验研究[J].建筑结构,2007,37(S1):294-297.

[98] 尹道林.粘钢加固钢筋混凝土梁斜截面抗剪承载力计算分析[J].建筑结构,2010(5):29-30.

[99] 林于东,宗周红,陈宏磊.粘钢加固混凝土梁受剪性能试验研究[J].建筑结构学报,2011(8):90-98.

[100] 孙川东.直剪型锚栓钢板加固 RC 梁斜截面抗剪承载能力研究[D].重庆:重庆大学,2014.

[101] 任艳霞.钢板和碳纤维加固混凝土梁抗剪性能研究[D].天津:河北工业大学,2015.

[102] 刘海祥,洪晓林,陆采荣.外贴钢板加固钢筋混凝土梁有限元分析[J].水利水运工程学报,2003(3):27-31.

[103] 刘敏.粘钢加固钢筋混凝土结构的有限元分析[D].重庆:重庆大学,2003.

[104] 鲍安红.粘贴加固混凝土梁的剥离研究[D].重庆:重庆大学,2005.

[105] 雷开贵,邓子辰,徐红巾.粘钢加固钢筋混凝土梁剥离的有限元分析[J].西北工业大学学报,2005(1):125-128.

[106] 杜青,蔡美峰,李晓会.粘贴钢板加固钢筋混凝土梁的分离式有限元模型[J].工程力学,2007(3):154-158+119.

[107] 钟伟,耿纪恩,黄慧峰.基于 ANSYS 的粘钢加固钢筋混凝土梁的应力分析[J].水利与建筑工程学报,2009,7(1):124-126.

[108] 黄亚,陈耀庆,郑威,等.胶层厚度对粘钢加固钢筋混凝土梁的影响[J].工业建筑,2010(S1):1140-1142+1096.

[109] 张鹏.直接剪切型锚栓钢板加固 RC 梁抗弯承载力研究[D].重庆:重庆大学,2015.

[110] 王佶,卢哲安,王二磊.高速公路桥涵加固后可靠度分析[C].第四届亚太可持续发展交通与环境技术大会,中国西安,F,2005.

[111] 孙晓燕,黄承逵.既有钢筋混凝土桥梁正常使用极限状态可靠度分析[J].湖南大学学报(自然科学版),2006(4):21-25.

[112] 张宇,李思明.粘钢加固钢筋混凝土梁可靠性分析[J].湖南大学学报(自然科学版),2005(6):11-14.

[113] 郭修武.公路桥梁恒载的统计分析[J].公路,1993(12):36-39.

[114] 国家质量技术监督局,中华人民共和国建设部.公路工程结构可靠度设计统一标准:GB/T 50283—1999[S].北京:人民交通出版社股份有限公司,2020.

[115] A. S. NOWAK. Live load model for highway bridges[J]. Joumal of Structural Safety,1993,1(13):53-66.

[116] MIAO T J,CHAN T H T. Bridge live load models from WIM data[J]. Engineering Structures,2002,24(8):1071-1084.

[117] 梅刚,秦权,林道锦.公路桥梁车辆荷载的双峰分布概率模型[J].清华大学学报(自然科学版),2003(10):1394-1396+1404.

[118] 王硕.桥梁运营荷载状况研究[D].上海:同济大学,2007.

[119] 中华人民共和国建设部.建筑结构可靠度设计统一标准:GB 50068—2018[S].北京:中国建筑工业出版社,2018.

[120] 中华人民共和国住房和城乡建设部.工程结构可靠性设计统一标准:GB 50153—2008[S].北京:中国建筑工业出版社,2008.

[121] 孙晓燕,董伟伟,王海龙,等.侵蚀性环境下桥梁 CFRP/BFRP 加固后的长期性能试验[J].中国公路学报,2013(2):77-84.

[122] 邓宗才,李朋远.CFRP 加固锈蚀钢筋混凝土柱抗腐蚀性能试验研究[J].北京工业大学学报,2010(1):18-24.

[123] 潘金龙,王路平,袁方,等.FRP 加固锈蚀钢筋混凝土梁的受弯性能分析(英文)[J].Journal of Southeast University(English Edition),2014,30(1):77-83.

[124] 卢亦焱,齐波,李杉,等.FRP 加固混凝土柱钢筋锈蚀电化学特性[J].华中科技大学学报(自然科学版),2015,43(1):34-38.

[125] 邓宗才,李凯.FRP 加固锈蚀 RC 梁抗弯疲劳性能研究进展[J].建筑技术开发,2008(8):24-26.

[126] STEINER W. Strengthening of structures with CFRP strips[J].1996.

[127] SOUDKI K A,SHERWOOD T G. Behaviour of reinforced concrete beams strengthened with carbon fibre reinforced polymer laminates subjected to corrosion damage[J]. Canadian Journal of Civil Engineering,2000,27(5):1005-1010.

[128] ALMASSRI B,BARROS J A O,AL MAHMOUD F,et al. A FEM-based model to study the behaviour of corroded RC beams shear-repaired by NSM CFRP rods technique[J]. Composite Structures,2015,131:731-741.

[129] ALMASSRI B,KREIT A,AL MAHMOUD F,et al. Behaviour of corroded shear-critical reinforced concrete beams repaired with NSM CFRP rods[J]. Composite Structures,2015,123:204-215.

[130] PENG J,TANG H,ZHANG J. Structural Behavior of Corroded Reinforced Concrete Beams Strengthened with Steel Plate[J]. Journal of Performance of Constructed Facilities,2017,31(4):4-17.

[131] 中华人民共和国住房和城乡建设部.混凝土结构设计规范:GB 50010—2010[S].北京:中国建筑工业出版社,2012.

[132] CAO S,CHEN J,TENG J,et al. Debonding in RC Beams Shear Strengthened with Complete FRP Wraps[J]. Journal of Composites for Construction,2005,9(5):417-428.

[133] ZHANG R,CASTEL A,FRAN OIS R. Concrete cover cracking with reinforcement corrosion of RC beam during chloride-induced corrosion process[J]. Cement and Concrete Research,2010,40(3):415-425.

[134] 宋波.锈蚀 RC 梁合理维修加固时机的确定方法[D].长沙:长沙理工大学,2013.

[135] TORRES-ACOSTA A A,NAVARRO-GUTIERREZ S,TER N-GUILL N J. Residual flexure capacity of corroded reinforced concrete beams[J]. Engineering Structures,2007,29(6):1145-1152.

[136] RODRIGUEZ J,ORTEGA L M,CASAL J. Corrosion of Reinforcing Bars and Service Life of Reinforced Concrete Structures:Corrosion and Bond Deterioration[M]//RODRIGUEZ J,ORTEGA L M,CASAL J. International Conference on Concrete Across Borders. Odense,Denmark,1994.

[137] ANDRADE C,ALONSO M C,RODRIGUEZ J,et al. Cover cracking and amount of rebar corrosion:importance of the current applied accelerated tests[C]. Concrete Repair,Rehabilitation and Protection,London(UK):E&FN Spon,F,1996.

[138] MALUMBELA G,MOYO P,ALEXANDER M. A step towards standardising accelerated corrosion tests on laboratory reinforced concrete specimens[J]. Journal of the South African Institution of Civil Engineering,2012,54:78-85.

[139] AL-SULAIMANI G J,KALEEMULLAH M,BASUNBUL I A,et al. Influence of corrosion and cracking on bond

behavior and strength of reinforced concrete members[J]. ACI Struct J,1990,87(2): 220-231.

[140] CABRERA J G, GHODOUSSI P. The effect of reinforcement corrosion on the strength of the steel/concrete bond[C]. Proceding: bond in concrete-from research to practice,F,1992.

[141] VECCHIO F J, COLLINS M P. The modified compression-field theory for reinforced concrete elements subjected to shear[J]. Journal Proceedings,1986,83(2): 219-231.

[142] 张建仁,唐皇,彭建新,等.钢板加固锈蚀RC梁短期挠度计算方法和试验研究[J].中国公路学报,2015,28(10):41-50.

[143] V. VAL D, E. MELCHERS R. Reliability of deteriorating RC slab bridges[J]. Journal of Structural Engineering,1997,123(12): 1638-1644.

[144] 彭建新,阳逸鸣,张建仁.锈蚀钢筋截面面积分析及强度概率模型[J].中外公路,2015,35(5):124-129.

[145] 彭建新,张建仁,张克波.锈蚀RC桥梁弯曲抗力时变概率模型与试验研究[J].工程力学,2012,29(6):125-131.

[146] Canadian Prestressed Concrete Institute (CPCI). Prestressed concrete basics: Ottawa, Ontario, Canada,: Collins,M. P. and Mitchell,D.,1987.

[147] CAN/CSA23.3-94. Design of concrete structures for buildings[M]//CAN/CSA23.3-94. Canada: Rexdale,1994.

[148] 张伟平,商登峰,顾祥林.锈蚀钢筋应力—应变关系的研究[J].同济大学学报(自然科学版),2006,34(5): 586-592.

[149] 张建仁,唐皇,彭建新,等.锚贴钢板加固RC锈蚀梁承载力计算方法与试验研究[J].工程力学,2015,32(3): 97-103.

[150] NIELSEN M P. Limit analysis and concrete plasticity[J]. Magazine of Concrete Research,1984,36(129): 249-250.

[151] 高轩能,周期源,程明华.粘钢加固RC梁承载性能的理论和试验研究[J].土木工程学报,2006,39(8): 38-44.

[152] SWAMY R N, JONES R, CHARIF A. Shear adhesion properties of epoxy resin adhesives[M]//SWAMY R N, JONES R, CHARIF A. Adhesion between polymers and concrete / Adhésion entre polymères et béton: Bonding · Protection · Repair/Revêtement · Protection · Réparation. Boston,MA: Springer US,1986: 741-755.

[153] ZHANG S, RAOOF M, WOOD L A. Prediction of peeling failure of reinforced concrete beams with externally bonded steel plates[J]. Proceedings of the Institution of Civil Engineers-Structures and Buildings,1995, 110(3): 257-268.

[154] 张建仁,张克波,彭晖,等.锈蚀钢筋混凝土矩形梁正截面抗弯承载力计算方法[J].中国公路学报, 2009,22(3): 45-51.

[155] CAPM. Residual service-life assessment of existing R/C structures[D]. Milan,Italy: Milan University of

Technology,1999.

[156] LIU Y P,RICHARD E W. Modeling the time-to-corrosion cracking in chloride contaminated reinforced concrete structures[J]. Materials Journal,1998,95(6).

[157] ZHANG S S,TENG J G. Finite element analysis of end cover separation in RC beams strengthened in flexure with FRP[J]. Engineering Structures,2014,75: 550-560.

[158] FENG Z. Technological development strategy of bridges in China [C]. Beijing: Ministry of Transport of the People's Republic of China,2019.

[159] PARK R,PAULAY T. Reinforced concrete structures[M]. New York: John Wiley Sons,1975.

[160] International Fedevation for Structural Concrete,2010.

[161] ALMUSALLAM A A,AL-GAHTANI A S,AZIZ A R,et al. Effect of reinforcement corrosion on bond strength [J]. Construction and Building Materials,1996,10(2): 123-129.

[162] CORONELLI D,GAMBAROVA P. Structural assessment of corroded reinforced concrete beams: modeling guidelines[J]. Journal of Structural Engineering,2004,130(8): 1214-1224.

[163] LI C,YANG S,SAAFI M. Numerical behavior of reinforced concrete structures considering corrosion effects on bonding[J]. Journal of Structural Engineering,2014,140(12): 04014092.

[164] YUBUN AUYEUNG,BALAGURU P,LAN C. Bond behavior of corroded reinforcement bars[J]. Materials Journal,2000,97(2).

[165] VAL D,CHERNIN L. Serviceability reliability of reinforced concrete beams with corroded reinforcement[J]. Journal of Structural Engineering,2009,135(8): 896-905.

[166] ABAQUS analysis user's manual 6.14-EF[M]. Providence,RI,USA: Dassault Systems Simulia Corp,2014.

[167] LUBLINER J,OLIVER J,OLLER S,et al. A plastic-damage model for concrete[J]. International Journal of Solids and Structures,1989,25(3): 299-326.

[168] BIRTEL V,MARK P. Parameterised finite element modelling of RC beam shear failure[M]// BIRTEL V, MARK P. 2006 ABAQUS Users' Conference, 2006: 95-108.

[169] FILIPPOU F,POPOV E,BERTERO V. Analytical studies of hysteretic behavior of R/C Joints[J]. Journal of Structural Engineering,1986,112(7): 1605-1622.

[170] 李扬海,鲍卫刚,郭修武,等. 公路桥梁结构可靠度与概率极限状态设计[M]. 北京:人民交通出版社,1997.

[171] 牛荻涛,王庆霖. 一般大气环境下混凝土强度经时变化模型[J]. 工业建筑,1995(6): 36-38.

[172] THOFT-CHRISTENSEN P,JENSEN F M,MIDDLETON C R,et al. Assessment of the reliability of concrete slab bridges[J]. Reliability and optimization of structural systems,1996,91(7): 27-101.

[173] STEWART M G. Mechanical behaviour of pitting corrosion of flexural and shear reinforcement and its effect on structural reliability of corroding RC beams[J]. Structural Safety,2009,31(1): 19-30.

[174] 迟丽华,孙艺,王元战. 钢筋混凝土结构钢筋锈蚀模型及影响因素分析[J]. 港工技术,2007(1): 17-21.

[175] 牛狄涛. 混凝土结构耐久性与寿命预测[M]. 北京:科学出版社,2003.

[176] 惠云玲,林志伸,李荣.锈蚀钢筋性能试验研究分析[J].工业建筑,1997(6):11-14+34.

[177] 马亚飞.基于信息更新的 RC 受弯构件抗力衰减概率模型[D].长沙:长沙理工大学,2011.

[178] 中华人民共和国交通运输部.公路桥涵设计通用规范:JTG D60—2015[S].北京:人民交通出版社股份有限公司,2015.

[179] 中华人民共和国交通运输部.公路钢筋混凝土及预应力混凝土桥涵设计规范:JTG 3362—2018[S].北京:人民交通出版社股份有限公司,2018.